Mein HAMBURG

100 ENTDECKUNGEN FüR FEIERABENDFLANEURE & WOCHENENDHANSEATEN

Hans-Jürgen Fründt

Vorwort

Hamburg *kann* glänzen! Nun ja, wenn mal wieder Schmuddelwetter herrscht, wird's schwierig ... Aber ansonsten schon, und dann so richtig. Denn dann gerät man ins Schwärmen: die Alster mit den schönen Gebäuden und den schneeweißen Schwänen, die Elbe mit dem leicht rauen Hafenflair, die verspielt-verschnörkelte Fassade des Rathauses, das geschwungene Dach der Elbphilharmonie. Und überall Wasser. Das vor allem ist schon einzigartig in Hamburg, weit ist es nie bis zur nächsten Brücke und zum nächsten Wasserlauf. Gerne schaut man in die Wellen, spürt einen Hauch von Fernweh und Wind in den Haaren.

Neben all den bekannten und berühmten glänzenden Schmuckstücken hat Hamburg aber noch so viel mehr Sehenswertes zu bieten, also quasi unzählige kleinere Perlen, um im Bild zu bleiben. Manchmal liegen sie etwas versteckt in einer Seitenstraße, da braucht es nur ein paar Schritte, um sie aufzustöbern: ein wenig bekannter Aussichtspunkt, ein kaum besuchter Park, ein außergewöhnliches Gebäude. Manchmal liegen die Juwelen auch so deutlich und eigentlich klar erkennbar auf dem Präsentierteller, dass man sich wundert, warum sogar langjährig gediente Hamburger achtlos daran vorbeilaufen. Da sieht man dann tatsächlich nur das, wovon man weiß.

Dieses Buch möchte helfen, diese kleinen Besonderheiten zu finden und zu entdecken. Oft verbirgt sich eine spannende Geschichte hinter einem unscheinbaren Bild, einem Relief oder einem Monument. Und diese Geschichten werden hier erzählt. Spannendes ist darunter, Historisches, Erstaunliches, manchmal auch Trauriges.

Vieles lässt sich mit Bussen oder per U-Bahn entdecken, man muss nur wissen, welche Linie wohin fährt, wir geben dazu Anregungen.

In diesem Buch sind 100 Tipps zusammengestellt für Entdeckungen jenseits der „Üblichen Verdächtigen". Vieles liegt in der Innenstadt, einiges auch außerhalb, und ein paar Ausflugstipps ins Umland werden auch vorgeschlagen.

Wenn man sich also mit Neugierde auf Entdeckungstour begibt, steht einem ganz besonderen Hamburg-Erlebnis nichts mehr im Wege.

Viel Spaß beim Entdecken!

Hans-Jürgen Fründt

Inhalt

Reeperbahn und St. Pauli

Blankenese

Rund um die Alster

Dammtor und Uni-Viertel

Altona

1

Traumhafter Blick über die Binnenalster

Das ganz große Drei-Minuten-Kino

Wie komme ich dahin?

Praktisch alle Fernzüge passieren die Lombardsbrücke zwischen Hauptbahnhof und Hamburg Dammtor, auch die S-Bahn-Linien S11, S21 und S31. Es führt auch eine Straße über die Lombardsbrücke, aber man kann hier als Autofahrer nicht anhalten. Wer den Blick länger als drei Minuten genießen will, sollte zu Fuß über die Brücke gehen.

„Das Beste kommt zum Schluss", so sagt man doch. Aber warum eigentlich nur zum Schluss? Kann das Beste nicht auch schon zu Beginn kommen? Zum Beispiel am Beginn einer Hamburg-Reise? Doch, kann es. Und wie! Wir stellen vor: Das ganz große Drei-Minuten-Kino zu Hamburgs Schönheiten, besonders zu empfehlen für **Bahn-Reisende.** Wobei man dieses Kino auch als Auto-, Motorrad- oder Radfahrer genießen kann, sogar als Fußgänger, aber irgendwie fehlt dabei ein wenig der letzte Pep, verglichen mit der Bahn. Außerdem sitzt man im Zug höher, gewissermaßen auf einem Logenplatz.

Zur Sache: Hamburg hat eine eisenbahntechnische Besonderheit, denn für die meisten Züge ist der Hauptbahnhof nicht die Endstation. Nur einige Regionalzüge aus der Umgebung starten und enden hier. Alle ICE und sonstige Fernzüge fahren vom Hauptbahnhof noch weiter über Hamburg Dammtor nach Hamburg-Altona. Dort ist tatsächlich Endstation, und dort beginnen auch alle Verbindungen. Und genau dies ist entscheidend für das versprochene Drei-Minuten-Kino. Denn ungefähr so lange dauert eine **Fahrt vom Hauptbahnhof nach Hamburg Dammtor.** Ganz gemächlich schiebt sich der Zug aus dem Hauptbahnhof, rollt langsam an der Hamburger Kunsthalle vorbei in Richtung **Lombardsbrücke** (→ **Tipp 67**). Diese historische Brücke überspannt die **Alster** (→ **Tipp 66**), und darauf kommt es an. Jetzt bitte alle **nach links gucken.** Rechts ist es zwar auch schön (Blick über die Außenalster), aber links eröffnet sich ein wunderbares Panorama, und der Blick und wandert weit über die Binnenalster. Ein paar Bäume stehen anfänglich noch etwas im Weg, aber dann hat man eine tadellos freie Sicht.

Die Alsterfontäne zischt tagsüber meterweit in die Luft und kann gut vom Zugfenster aus gesehen werden

Hamburger, die nicht im Hauptbahnhof ausgestiegen sind, erkennt man immer daran, dass sie nun schweigend mit fast andächtigem Blick dasitzen. Bitte nicht stören jetzt!

Im Vordergrund sieht man die historischen fünfarmigen Kandelaber am Geländer der Lombardsbrücke, dahinter die ausgerollte **Binnenalster** in ganzer Breite und mit der in die Luft schießenden Fontäne in der Mitte. Links der **Ballindamm** mit seinen Lindenbäumen und das mächtig-prächtige Gebäude von **Hapag-Lloyd** (abends hübsch beleuchtet), rechts das schicke **Hotel Vier Jahreszeiten.** Vielleicht schiebt sich auch noch passgenau ein rot-weißer Alsterdampfer durchs Bild, eine Schleppe aufgewühlten Wassers hinter sich herziehend. Weiter im Hintergrund der **Jungfernstieg** mit dem Kaufhaus Alsterhaus und davor direkt am Alsterufer das legendäre **Lokal Alsterpavillon.** Ganz im Hintergrund erheben sich die Türme des **Rathauses** und der innerstädtischen Kirchen; wer genau hinschaut, erkennt so halbrechts auch die Spitze vom Michel und halblinks das geschwungene Dach der Elbphilharmonie. Ein Anblick zum Niederknien! **Drei Minuten, die alles zeigen, was Hamburg ausmacht,** verdichtet wie unter einem Brennglas: Wasser und weiter Himmel, Häuser von gediegenem Kaufmannsstolz und dezentem Wohlstand, nüchterne, spitze Kirchtürme und vereinzelt höchst wagemutige, fast absurd teure Bauten (Rathaus, Elbphilharmonie).

Aber leider klappt es mit dem Drei-Minuten-Kino nicht immer: Es darf kein Gegenzug kommen, der versperrt nämlich die Sicht. Jeder Besucher hat aber noch eine weitere Chance, denn mehrere Linien der **S-Bahn** verkehren ebenfalls zwischen Hauptbahnhof und Hamburg Dammtor. Da kann man dann sogar mehrfach hin- und herfahren.

oben: Alsterdampfer warten auf Mitfahrer am Anleger Jungfernstieg
unten links: Zwischen Binnenalster (vorne) und Außenalster fahren die Züge über die Lombardsbrücke
unten rechts: Die Alsterschwäne und -enten paddeln friedlich in der Binnenalster

2

Gottfried Semper

In Hamburg durchgefallen, in Dresden berühmt geworden

„Der Prophet gilt nichts im eigenen Land", weiß schon der Volksmund, und auf den **Architekten** *Gottfried Semper* trifft diese Weisheit voll und ganz zu. Am 29. November 1803 wurde er als fünftes von acht Kindern eines wohlhabenden Wollfabrikanten geboren. Sein Geburtshaus stand am Neuen Wall, heute eine exklusive Shoppingmeile, damals noch von bescheidenen Mietshäusern gesäumt. Knapp drei Jahre später bezog die große Familie dann ein eigenes Haus, ging aber schon zu Beginn der französischen Besatzungszeit 1806 (→ **Tipp 5**) nach Altona, damals kein Teil Hamburgs, sondern eine eigenständige Stadt.

Gottfried Semper besuchte zunächst eine Schule außerhalb von Hamburg, aber ab 1819 die ehrwürdige Gelehrtenschule **Johanneum.** Ab 1825 war er für ein **Architekturstudium in München** eingeschrieben. Er reiste viel im europäischen Ausland und studierte dort die architektonischen Stile und Bautechniken. Das genügte offensichtlich, denn 1833 bekam er tatsächlich von dem Bankier *Conrad Hinrich Donner* (dessen gleichnamige Bank 1798 gegründet wurde und noch heute in einer fusionierten Form existiert) den Auftrag, auf dessen Landsitz in Altona ein kleines Privatmuseum zu bauen.

1834 folgte *Semper* einem Ruf als **Professor für Baukunst** an der Königlichen Akademie der bildenden Künste nach **Dresden.** In den folgenden Jahren erhielt er dort mehrere Aufträge zu großen Bauten, darunter die Synagoge, das Stadtpalais sowie eine Villa für den Bankier *Oppenheim.*

1842 brannte in Hamburg ein Großteil der Innenstadt ab (→ **Tipp 11**). Daraufhin reiste *Semper* in seine Geburtsstadt und wollte beim Wiederaufbau helfen, beispielsweise bei der

---

Wie komme ich dahin?

Über den Hauptbahnhof, wo viele S-Bahnen und U-Bahnen halten.
Das Semperhaus liegt in der Fußgängerstraße Spitalerstraße 10.
Im Eingang des Semperhauses steht eine Skulptur zu Ehren von Gottfried Semper, wenn auch etwas versteckt.

SEMPERHAUS A

zerstörten **Nikolaikirche.** Er entwarf einen Plan, der sich optisch an der Dresdener Frauenkirche orientierte; hierbei sollten die Reste der Kirche erhalten und in einen Neubau integriert werden. Es gab einen **Wettbewerb,** an dem 44 Architekten teilnahmen, und **Sempers Entwurf gewann.** Nun hätte gebaut werden können, aber dazu kam es dann doch nicht. In Köln wurde im gleichen Jahr der Dom fertiggestellt, nach 300-jähriger Baupause. Er zeigte sich im gotischen Stil mit sehr hohem Turm. *Sempers* Entwurf sah eher eine verspielte, kleinere Kirche vor. Es entbrannte ein heftiger Streit über die angemessene Bauweise, und am Ende wurde der Entwurf des drittplatzierten **Georg Scott** genommen. Dessen Kirche ähnelt mehr einem mittelalterlichen Dom mit einem schlanken und sehr hohen Turm (147, 30 Meter). Dieses Gotteshaus wurde schließlich in 36 Jahren Bauzeit errichtet.

Daraufhin kehrte *Semper* wieder nach **Dresden** zurück, wo er 1849 in die Wirren der **Deutschen Revolution** verwickelt wurde. Er ließ Barrikaden umbauen, sodass diese wirkungsvoller verteidigt werden konnten. Nachdem der Aufstand gescheitert war, floh *Semper* ins **Ausland.** Er wurde danach 14 Jahre als einer der Haupträdelsführer per Steckbrief gesucht.

Als 1869 das von ihm erbaute **Dresdener Hoftheater** abbrannte, beauftragte Sachsens König trotz allem *Gottfried Semper* mit dem Wiederaufbau. *Semper* erstellte dann auch die Pläne, die Bauleitung übernahm aber sein Sohn *Manfred Semper,* denn der Vater durfte immer noch nicht ins Land zurückkehren. Das Theater wurde 1878 fertiggestellt und ist mit seiner prächtigen Innenausstattung heute als **„Semperoper"** weltweit bekannt.

In Hamburg erinnert nicht viel an *Gottfried Semper,* prächtige Bauten gibt es nicht, aber eine Semperstraße und einen Semperplatz. Mitten in der City steht an der Fußgängerstraße Spitalerstraße unter der Hausnummer 10 das **Semperhaus,** ein 1907 erbautes, eher schlicht-funktionales Kontorhaus, das Semper gewidmet ist. Im Eingangsbereich befindet sich eine große sitzende Bronzestatue des Architekten, der in seiner Geburtsstadt nicht zum Zuge kam. Fast schon folgerichtig ist dieses Denkmal denn auch ein wenig verschämt versteckt und nicht sofort sichtbar. Als Orientierungspunkt dient oben an der Hauswand das quadratische Logo des Senders „Radio Hamburg", der hier seinen Sitz hat.

Hoch ragt sie auf, die Ruine der Nikolaikirche

3

Das Hulbe-Haus

Ein Narr, ein Mönch und Hummel Hummel

Die **Mönckebergstraße** ist eine der wichtigsten Einkaufsstraßen Hamburgs. Viele große Kaufhäuser liegen hier, ebenso Filialen bekannter Marken und vereinzelt auch noch kleine Shops. Die Gebäude sind zumeist eher nach pragmatischen Gesichtspunkten gebaut, schnörkellos und rechteckig, einige haben aber durchaus auch architektonische Schmuck-Elemente. Die Straße wurde nach der schlimmen Cholera-Epidemie 1892 (→ **Tipp 10**) geschaffen, als ein Großteil des damaligen Gängeviertels abgerissen wurde und dadurch die Innenstadt ein neues städtebauliches Gesicht bekam. Die meisten Gebäude sind für Ladengeschäfte und Büros gebaut, es gibt kaum Wohnungen. Die Straße verläuft zwischen Hauptbahnhof und Rathaus auf etwa 800 Meter Länge, sie ist etwa 30 Meter breit und hat sehr großzügige Fußwege. Die Mönckebergstraße wurde benannt nach dem ehemaligen Hamburger Bürgermeister *Johann Georg Mönckeberg* (1839–1908). Das ist wichtig, dazu gleich mehr.

Mitten an dieser Einkaufsstraße steht ein auffälliges Haus unter der **Hausnummer 21,** das sich völlig von den umliegenden Bauten unterscheidet. Dieses Gebäude im **holländischen Renaissance-Stil** wurde in den Jahren 1910–1911 erbaut und ist nach dem Bauherren **Georg Hulbe** (1851–1917) benannt. Dieser war Buchbinder und Leder-Kunsthandwerker mit eigener Werkstatt. Er zog mehrmals innerhalb Hamburgs um und fand schließlich hier an der Mönckebergstraße einen Platz, an dem er ein **Haus ganz nach seinen Vorstellungen** bauen konnte. Und dieses Gebäude fällt noch heute sofort auf mit seinen Treppengiebeln,

---

Wie komme ich dahin?

Mit der U3 bis „Mönckebergstraße".

Das Relief am Hulbe-Haus hängt ganz rechts am Haus über dem Schaufenster zur Mönckebergstraße. Das Familienwappen der Mönckebergs wird auch gezeigt am Rathaus an der Außenfassade oberhalb des vierten Fensters von links, gesehen vom Rathausplatz.

THOMAS I PUNKT

den verspielten Elementen, dem seitlichen Turm und einer vergoldeten Kogge ganz oben.

Georg Hulbe war sehr erfolgreich in seinem Beruf, er erschuf hochwertige Lederarbeiten, darunter auch das Goldene Buch der Stadt Hamburg. Aber dann bekam er **Streit** mit dem Rechtsanwalt *Rudolf Mönckeberg*. Es gibt noch eine zweite Version, nach der *Hulbe* sich sogar mit Bürgermeister *Johann Georg Mönckeberg* höchstselbst gestritten haben soll. Worum ging es? *Hulbe* hatte in einem Schaufenster seines Geschäftes **Bildnisse von leicht bekleideten Damen** gezeigt. Für ihn Kunst, für *Mönckeberg* **Erregung öffentlichen Ärgernisses.** Die Causa konnte nicht friedlich beigelegt werden, *Hulbe* wurde zu 50 Mark Strafe verurteilt.

Diese Schmach konnte *Hulbe* scheints nicht auf sich beruhen lassen: Er schrieb einen empörten **Brief an die Nachwelt,** in dem er sich besorgt über die Zukunft der Kunst äußerte, „… da sich immer mehr Theoretiker einmischten". Dieser Brief wurde zusammen mit anderen Dokumenten oben in der Kogge deponiert und diese verschlossen. Entdeckt wurden diese Papiere erst Jahrzehnte später bei Renovierungsarbeiten, heute befinden sie sich im Museum für Kunst und Gewerbe.

Aber dieser versteckte Brief genügte *Hulbe* nicht als Rache. Direkt an seinem Haus ließ er ein **Relief** anbringen, das eine deutliche Botschaft vermittelt: Es zeigt einen Narren, der einen Esel am Zügel führt, auf welchem ein Mönch reitet. Im Hintergrund reißt ein Wasserträger seinen Mund zu einem Schrei auf, und was er schreit, ist jedem Hamburger bekannt, nämlich „Mors, Mors" (→ **Tipp 22**). Das ist die verkürzte Version des plattdütschen „Klei mi an Mors!", auf Hochdeutsch: „Leck mich am Arsch!" Wer war gemeint? Das wird sofort klar, wenn man weiß, dass im Familienwappen der Familie *Mönckeberg* (Monck = Mönch) ein betendender Mönch abgebildet ist. *Hulbe* zeigte mit diesem Relief etwas verschlüsselt, aber dann doch deutlich, was er von der Mönckebergschen Einmischung hielt.

4

Der Domplatz, die Keimzelle Hamburgs

Einst ein schnöder Parkplatz, heute eine kleine Grünanlage mitten in der City

Wie komme ich dahin?
Mit der U3 bis „Mönckebergstraße“

Der Domplatz liegt recht unscheinbar mitten in der Innenstadt hinter der Kirche St. Petri. Er ist heute eine **Rasenfläche**, auf der 39 Sitzquader aus Acryl verteilt sind. Dieser Platz wird zwar gerne zur Mittagspause von den Angestellten der umliegenden Büros genutzt, aber kaum jemand ist sich der Tatsache bewusst, dass hier die **über 1000 Jahre alte Keimzelle Hamburgs** liegt. Kein Wunder, es erschließt sich auch nicht sofort.

Um das Jahr 900 war Hamburg eine kleine Siedlung, **Hammaburg** genannt, und der Domplatz war von einem Wall eingefasst, der etwa 130 Meter Durchmesser gehabt haben soll. Darauf deuten archäologische Funde aus der Mitte des 20. Jahrhunderts hin. Die Hammaburg war keine mächtige Burg, wie man sie vielleicht aus Filmen kennt, sondern nur eine Art kleiner, befestigter Ort an einem Gewässer, erschaffen um 817. Im Schutz dieser Burg stand auch eine **Kirche,** die schon sehr früh als Mariendom bekannt war. Von dort aus wurde der Norden bis hoch nach Skandinavien missioniert. Hier tat sich vor allem **Ansgar** hervor, der Missionar des Nordens, der 831 in der Hammaburg eine erste schlichte Kirche aus Holz errichtete oder vorfand, da ist man sich nicht so ganz sicher. 845 überfielen **Wikinger** die kleine Siedlung und schlugen alles kurz und klein. *Ansgar* flüchtete nach Bremen, kehrte aber zurück und baute ab 858 eine neue Kirche. Der Bischofssitz wurde allerdings nach Bremen verlegt, in Hamburg verblieb das Domkapitel, eine Art Vertretung des Bischofs. Auch dieser Neubau blieb nicht lange stehen, wurde dann wieder relativ bescheiden aufgebaut. Später wuchs die Siedlung Hamburg, und der Wunsch nach einem repräsentativen Dom wurde laut. **Ab 1245** wurde dann ein massives Steingebäude aus Backstein im frühgotischen Stil erbaut, und 1329 wurde der fertige **Dom** geweiht. Das mächtige und eindrucksvolle Gotteshaus stand bis ins frühe 19. Jahrhundert, davon sind historische Bildnisse überliefert.

Aber dann kamen die **Reformation** und Verschiebungen der Glaubensrichtungen, u.a. auch durch Einwanderung von Glaubensflüchtlingen. Neue – protestantische – Kirchen entstanden, und die Dom-Gemeinde wurde kleiner. Die Gottesdienste fanden seltener statt, das Gebäude verfiel ab dem späten 18. Jahrhundert. Ab 1790 fanden kaum noch Messen statt, eine wertvolle Bibliothek musste sogar verkauft werden, damit überhaupt noch etwas Geld in die Kasse floss. **1803** wurde der Dom **säkularisiert,** das Gelände ging an die Stadt Hamburg. Ein Jahr später ordnete der Senat den **Abriss** an, die Gemeinde war einfach zu klein geworden. Im Juni 1804 fand der letzte Gottesdienst statt, danach wurden die Überreste der hier Bestatteten geborgen und umgebettet, und im Mai 1805 begann der Abriss. 1806 war die Kirche vollständig abgebaut, einschließlich der Fundamente. Ein kleiner Rest dieses Fundaments befindet sich im heutigen Mariendom, der unweit vom Hautbahnhof im Stadtteil St. Georg steht.

Nach dem Abriss wurden mehrere Vorschläge eingereicht, wie nun mit der

Am Domplatz lag die Wiege der stolzen Hansestadt Hamburg, heute eine Grünfläche mit 39 Acrylquadern

freien Fläche mitten in der Innenstadt zu verfahren sei. Eine Idee war, hier ein großes und prächtiges Theater zu bauen, was abgelehnt wurde – zu pompös! Man ist schließlich in Hamburg, da darf es schon etwas sachlicher sein, gerade und vor allem bei den „brotlosen“ Künsten. Dann ein neuer Vorschlag: Ein offener „Deutscher Ehrenplatz“ mit prächtigen Denkmälern unter anderem für *Johannes Gutenberg* und *Martin Luther* sollte hier entstehen, aber auch dafür konnten sich die Hamburger Kaufleute nicht recht begeistern. War ihnen wohl zu viel Ehren-Gedöns, sie waren schon immer stolz auf ihre Freiheit, die sich ja auch im Namen der „Freien und Hansestadt“ Hamburg ausdrückt. Fast schon folgerichtig kam 1816 die Idee auf, hier einen Marktplatz einzurichten, aber auch daraus wurde nichts. Noch einmal tauchte die Idee zu einem Theater auf und wurde abermals abgelehnt. Um 1825 ging es aber doch voran. Die Gelehrtenschule Johanneum sollte neu erbaut werden. Auch hier ging es einige Jahre hin und her, bis man einen gangbaren Vorschlag absegnete und schließlich auch tatsächlich baute. Das **Johanneum** und die **Staatsbibliothek** erhielten hier am Domplatz einen Neubau, der damals als hochmodern galt. Fast ein Jahrhundert stand das Gebäude in dieser Nutzung; in den Bombennächten von **1943** wurde es schließlich **komplett zerstört.** Nach dem Krieg wurden zwar die Trümmer weggeräumt, aber Pläne für einen Neubau hatte man nicht. Es mussten vordringlich Wohnraum und Straßen geschaffen werden, den Domplatz vergaß man erstmal. Er blieb viele Jahre eine freie Fläche und wurde schließlich ganz profan-pragmatisch als **Parkplatz** genutzt.

Aber es gab sehr wohl auch Hamburger, die seine ursprüngliche Bedeutung nicht vergessen hatten. Nach einer lange geführten Diskussion um eine würdigere Nutzung wurde der Domplatz **2008 umgestaltet.** Die Idee war, einen offenen, für alle zugänglichen Platz zu gestalten, der doch auch an seine historische Vergangenheit erinnert. So schuf man eine Grünfläche, auf der **39 helle Sitzquader aus Acryl** verteilt sind. Sie stehen jeweils dort, wo sich früher die **Säulen des Mariendoms** befanden. Diese Sitzquader werden nachts beleuchtet, und in dem nördlichsten, der am nächsten zur Petrikirche liegt, befindet sich ein Fenster, durch das man noch den Überrest einer dieser Säulen erkennen kann. Außerdem symbolisieren kurze Wände aus Stahlblech den früheren Wallring, der diesen Bereich einst schützte.

Auch, wenn der frühere Mariendom fast ganz verschwunden ist, ein Detail ist doch erhalten und wird, auch dies typisch Hamburg, mit einer Tradition in Ehren gehalten. Der **Lukasaltar** aus dem Dom steht noch heute in der nahen Kirche St. Jakobi (→ **Tipp 98**). Lukas ist auch der Schutzpatron der Maler, und deshalb erfolgt immer noch die Freisprechung der Gesellen vom Berufszweig der Maler, Lackierer und Glaser nach bestandener Lehrzeit vor eben diesem Lukasaltar.

Tipp: An der Seite zur Straße Alter Fischmarkt steht ein magentafarbenes, schwenkbares Gerät, ein **Archäoskop.** Dort kann man kostenlos hineinschauen und in einem dreiminütigen Film über die Hammaburg sehen, wie diese vor 1200 Jahren wohl ausgesehen haben könnte.

Gelehrtenschule Johanneum

Die Gelehrtenschule des Johanneums ist die älteste höhere Schule in Hamburg. Sie wurde 1529 durch *Johannes Bugenhagen* gegründet, einen Weggefährten *Martin Luthers,* der in Hamburg als Reformator wirkte. Ursprünglich befand sich die Schule am heutigen Rathausmarkt, damals noch Standort des Klosters St. Johannis, woraus sich der heutige Name „Johanneum" ableitet. Im 19. Jahrhundert zog die Schule in ein neues Gebäude am Domplatz seit 1914 befindet sich das Johanneum an der Maria-Louisen-Straße 114 im Stadtteil Winterhude. Vor dem Johanneum steht ein Denkmal aus dem Jahr 1885 zur Erinnerung an den Schulgründer *Bugenhagen.*

5

Schreckliches Weihnachten 1813

Vertreibung von armen Hamburgern an Heiligabend zur Franzosenzeit

Wie komme ich dahin?

Die Kirche St. Petri wird mit der U-Bahn-Linie U3 bis „Rathaus" erreicht.
Öffnungszeiten der Kirche: Mo, Di, Do, Fr 10–18.30, Mi 10–19, Sa 10–17, So 9–20 Uhr.

Die **Hauptkirche St. Petri** steht mitten in der Innenstadt, sie ist die älteste Pfarrkirche Hamburgs. Erstmals urkundlich erwähnt wurde sie 1195, aber bereits im 11. Jahrhundert hat es hier vermutlich eine Kirche gegeben. Es existiert sogar die These, dass hier die allererste Holzkirche von Bischof *Ansgar* aus dem 9. Jahrhundert gestanden haben könnte. Im Inneren zeigt sich die Kirche relativ schmucklos, aber es gibt mehrere Kunstwerke, die zwischen drei und fünf Jahrhunderten alt sind. Ein auf den ersten Blick etwas schlichtes **Gemälde,** das eine große Gruppe Menschen zeigt, stammt aus dem Jahr 1817. Es erinnert an eine fürchterliches Ereignis aus Hamburgs Geschichte, die **Vertreibung der Armen** im bitterkalten Winter 1813.

Die Jahre **1806 bis 1814** gelten in Hamburg als **„Franzosenzeit"**, denn die Stadt war in dieser Zeit, mit kurzen Unterbrechungen, von französischen Truppen besetzt. Nach historischen Quellen waren **4000 Soldaten** in der Stadt, die alle versorgt werden mussten, was erhebliche Probleme verursachte. Die Stadt litt sehr unter der Besatzung, viele Hamburger konnten nicht ihren gewohnten Geschäften nachgehen. Unter anderem war den Kaufleuten der Handel mit England untersagt, welches damals der zweitwichtigste Handelspartner war. Dadurch **verarmten** sogar bislang wohlhabende Kaufleute.

Die Franzosen stellten sich zum Ende ihrer Besatzungszeit ab Dezember 1813 auf die **Belagerung durch eine anrückende Nordarmee** ein, in der vor allem russische Soldaten dominierten. Dazu wurden am Stadtrand für ein freies Schussfeld Bäume gefällt und Häuser abgerissen, deren Bewohner nun von einem Tag auf den anderen ohne ein Dach über dem Kopf dastanden. Außerdem wurden die Schanzen verstärkt, zu dieser Arbeit wurde die männliche Bevölkerung gezwungen. Die Lage spitzte sich Ende Dezember dramatisch zu. Kirchen wurden zu Munitionsdepots und auch als Pferdeställe genutzt, die Menschen durften sich nicht in Gruppen von mehr als sechs Personen zusammenfinden. Und kurz vor Weihnachten erließen die Franzosen schließlich eine sehr **harte Anordnung:** Alle Bewohner Hamburgs mussten nachweisen, dass sie **Lebensmittel für sechs Monate vorrätig** hatten. Wer dies nicht konnte, musste die **Stadt verlassen.** Die Franzosen wollten „30.000 unnütze Esser" bis zum Jahreswechsel aus der Stadt vertrieben haben. Auch alle Bettler, Lehrlinge und fremde Handwerksgesellen sollten gehen.

Die Franzosen forderten von allen Haushalten schriftliche Nachweise über die Menge der Lebensmittel. Am **24. Dezember** lief das Ultimatum ab, und tatsächlich wurde kontrolliert. Die Franzosen gingen von Haus zu Haus und überprüften die Vorräte. Wer nicht genug hatte, wurde mitgenommen. Die Menschen wurden zunächst in der Kirche St. Petri zusammengetrieben und von dort zum Stadttor geführt. So wurden in der bitterkalten Weihnachtsnacht etwa **5000 Menschen aus der Stadt gejagt.** An den folgenden Tagen setzte sich die Vertreibung fort; bis Ende März sollen insgesamt **30.000 Menschen** die Stadt verlassen haben, ein gutes Viertel der Bevölkerung. Viele zog es in die benachbarte Stadt Altona (heute ein Hamburger Stadtteil), andere flüchteten nach Norden, versuchten beispielsweise Lübeck zu erreichen (70 km entfernt). Viele schafften es nicht: Mehr als 1000 Menschen kamen bei der Vertreibung um.

Die ganze Aktion der Franzosen erwies sich letztlich als **vergebens.** Am 6. April 1814 dankte *Napoleon* ab, und am 31. Mai 1814 übergaben die Franzosen Hamburg an **russische Truppen** und verließen die Stadt.

In der Kirche St. Petri hängt an einem Pfeiler, am rechten Gang vom Haupteingang kommend, das oben erwähnte **Gemälde** von *Siegfried Detlev Bendixen,* das den Titel „Weihnachten 1813“ trägt. Es zeigt das Zusammentreiben der Hamburger in der Kirche. Die Menschen stehen dicht gedrängt, mit verängstigten Gesichtern, bewacht von wenigen französischen Soldaten. Dieses Bild wurde 1817 vom Amt der Müller und der Martins-Bruderschaft gestiftet.

In der Kirche St. Petri wird der Vertreibung von 5000 Hamburgern an Weihnachten 1813 gedacht

6

Aufstieg zur Spitze des Petri-Kirchturms

Fantastischer Rundblick aus 123 Meter Höhe

Wie komme ich dahin?

Die Kirche St. Petri liegt an der Mönckebergstraße, Ecke Bergstraße. Per U-Bahn bis „Rathaus". Turmbesteigung: Do–So zu jeder vollen Stunde, Eintritt: 3 €. Info: www.sankt-petri.de.

Beeindruckend: Blick vom Petri-Kirchturm Richtung Rathaus

Hoch ragt der Turm der Kirche St. Petri auf, sehr hoch sogar. Und doch ist es nicht der höchste Kirchturm der Stadt. Der Michel ist ebenso hoch, und die ehemalige Kirche St. Nikolai (heute: Mahnmal St. Nikolai, → **Tipp 17**) überragt sie sogar recht deutlich (147 Meter gegenüber 132 Metern der Kirche St. Petri). Aber in einem ist der Petri-Kirchturm spitze: Er hat **die höchstgelegene Aussichtsplattform.** Sie liegt auf 123 Metern, deutlich höher als die Aussichtsebenen vom Michel (83 Meter) und vom Mahnmal St. Nikolai (76 Meter). Höher hinaus ginge es nur noch auf dem Fernsehturm, und der ist schon seit vielen Jahren geschlossen.

Und wo ist der Haken? Nun ja, ein wenig Mühe muss man schon aufwenden, es sind immerhin **544 Stufen** bis ganz nach oben, einen Fahrstuhl gibt es nicht ... Aber man muss ja nicht bis ganz nach oben steigen, die ersten Bullaugen, durch die man auch schon einen wunderbaren Blick auf Hamburgs Dächer werfen kann, werden nach 330 Stufen erreicht. Es lohnt sich in jedem Fall, also: Auf geht's!

Zuerst steigt man eine recht enge Wendeltreppe hoch, immer stur im Kreis. Zu sehen gibt es nichts, hier werden nur Meter gemacht. Nach 111 Stufen erreicht man dann einen kleinen **Ausstellungsbereich** („Museum" genannt) mit einigen wenigen kirchlichen Exponaten. Ab jetzt steigt man über hölzerne Treppen hoch und erreicht den ersten Boden über dem Museum nach 141 Stufen. Es ist der Platz mit der **Türmer- und Wächterstube,** die hier nachgebildet ist. Damals waren hier Aufpasser stationiert, die Feuer und andere Gefahren erkennen und die Menschen warnen sollten. Ebenfalls steht hier ein **kleines Auto,** ein Smart, was auf den ersten Blick natürlich überrascht. Es war der Dienstwagen der Landesfeuerwehrpastorin, aber kein Einsatzfahrzeug der Feuerwehr. Als das Fahrzeug in die Jahre kam, wurde es ab 2013 hier ausgestellt. Wieso das? Es gab schon vor dem Großen Brand 1842 eine **Feuerwache** im Turm. Etwa ab 1637 waren Türmer in den Kirchtürmen bekannt. Diese Wachen waren rund um die Uhr hier und mussten bei einem Feuer die Bevölkerung warnen. Nach dem Großen Brand 1842 bekamen sie Signalhörner und Flaggen, in der Nacht wurden Laternen und Sturmglocken genutzt. Mit den Flaggen bzw. nachts mit den Laternen zeigten sie die Richtung des Feuers an. 1906 brannte der Michel ab, wobei der Turmwächter sein Leben verlor. Danach wurden die Turmwächter nicht mehr eingesetzt. Das kleine rote Fahrzeug hat also einen **historischen Bezug zur Feuerwehr.**

Es geht weiter hoch über Holztreppen bis zum nächsten Boden (177 Stufen), wo die **großen Glocken** hängen.

Sie sind gewaltig, die größte wiegt gewaltige 6275 Kilogramm. Da sollte man möglichst nicht bei einem Geläut danebenstehen. Der **nächste Boden** (218 Stufen) trägt die 3400 Kilogramm schwere **Stundenglocke.**

Nun müssen wieder ein paar Meter gemacht werden bis zum ersten **Boden mit Bullaugen.** Man steigt weiterhin Treppen hoch, erreicht den großen **Boden mit der Turmuhr** (254 Stufen), dann den **Beginn der Kupferabdeckung** des Turms (289 Stufen, kein Boden), und dann folgt nach 330 Stufen endlich **Boden Acht.** Dort kann man sich erstmal auf einem Stuhl ausruhen, etwas verschnaufen und den sagenhaften Blick aus einem der Bullaugen genießen. Weit schaut man über Hamburgs Dächer, erkennt das Rathaus, die Alster, die anderen Kirchtürme und im Hintergrund auch den Hafen. Vor den Bullaugen sind **Infotafeln** angebracht, die vertiefende Erklärungen liefern. Der Blick ist schon schön, aber es geht noch besser! Nach 370 Stufen steht man auf dem zweiten Boden mit Bullaugen, der dritte ist nach 424 Stufen erreicht. Das ist schon fast Spitze, aber bis ganz nach oben fehlt noch ein Stückchen. Wer es bis hierher geschafft hat, packt auch noch die letzten Stufen, oder? Ganz oben liegt der höchste Aussichtspunkt auf etwa 123 Metern Höhe, und der wird nach 544 Stufen erreicht, zum Schluss erneut über eine Wendeltreppe. Dann aber ist es geschafft, und **Boden 21** ist erreicht. Es ist ein wenig eng dort oben, aber man wird belohnt mit einem Blick durch Bullaugen zum Niederknien. Ja, da kann man sich kaum sattsehen und ist dann doch froh, bis zur Spitze durchgehalten zu haben. Zurück geht es, na klar, auf dem gleichen Weg, etwas flotter, wenn die Knie mitspielen.

Kirche St. Petri

Sie ist die älteste Pfarrkirche Hamburgs und stand wohl schon im frühen 11. Jahrhundert als bescheidenes Holzgebäude. 1195 wurde sie erstmalig urkundlich erwähnt, und ab 1310 baute man die Kirche deutlich aus. Der Turm wurde ab 1342 errichtet. Schon 1516 entstand eine kupfergedeckte Turmspitze, die höher war als die aller anderen Kirchen, damals waren das immerhin 127 Meter. 1842 brannte die Kirche beim Großen Brand fast völlig ab, sie wurde aber rasch wieder aufgebaut. Der Kirchturm (132 Meter) wurde 1878 fertiggestellt.

Über 544 Stufen musst du gehen – bis zur Spitze vom Petri-Turm. Gewaltige Glocken hängen im Turm, hoffentlich läuten sie nicht gerade beim Aufstieg

7

Der Bischofsturm

Ältestes Fundament eines Steinhauses

Wie komme ich dahin?

Per U-Bahn der Linie U3 bis „Mönckebergstraße".

Das Fundament des Bischofsturmes liegt am Speersort 10.

Derzeit wird die begleitende Ausstellung umgestaltet, wann sie wieder eröffnet wird, war zum Zeitpunkt der Drucklegung noch offen.

Aus den ganz frühen Anfängen der Hamburger Historie ist nicht viel überliefert. Und über die wenigen Fundstücken gab es auch mehr Spekulationen denn Fakten. So auch beim Bischofsturm, der gar keiner ist. Das weiß man aber erst seit einiger Zeit, anfänglich dachte man, diese archäologische Fundstätte stamme von einer frühen Bischofsburg, woraus sich dann auch der Name des Fundortes ableitete. Übrigens bis heute, obwohl man es nun besser weiß. Die Fundstätte liegt normalerweise frei zugänglich im Untergeschoss eines Wohn- und Geschäftsgebäudes Ecke Kreuslerstr./Speersort und ist sogar von außen einsehbar. Es ist das **älteste erhaltene Fundament eines Steinhauses aus Hamburg,** ein ringförmiges Turmfundament von 19 Metern Durchmesser, direkt neben der Kirche St. Petri (→ **Tipp 5**). In unmittelbarer Nachbarschaft befand sich die Keimzelle Hamburgs, die damals so genannte „Hammaburg" am Domplatz (→ **Tipp 4**). Dort erbaute Bischof *Ansgar* vor etwa 1200 Jahren eine erste Holzkirche, und aus dieser frühen bescheidenen Siedlung entwickelte sich im Laufe der Zeit eine **Ortschaft,** die durch einen starken Wall geschützt wurde. Im Laufe der Jahrhunderte ging fast alles von dieser Ur-Bauten verloren, zumal das meiste aus Holz gebaut war. Allerdings gab es einige wenige Ausnahmen. Die Zone, wo einst die **Hammaburg** stand, wurde **überbaut und völlig neu gestaltet.** Im Zweiten Weltkrieg wurden große Teile Hamburgs zerbombt, auch das Gebiet der Innenstadt. Noch Jahre später mussten Trümmer beseitigt werden, und bei Aushubarbeiten im Jahr 1962 entdeckte man schließlich Gebäudeteile, die seitdem als „Bischofsturm" bezeichnet werden. Ab 1969 gab es einen Schauraum, der über eine Treppe im Untergeschoss erreicht wurde und wo man diese Funde besichtigen konnte. Dieser Raum lag etwas versteckt und wurde auch nicht sehr attraktiv präsentiert. 2011 wurde der St.-Petrihof umgestaltet, wo auch der Schauraum lag, und seitdem befindet sich diese Fundstelle schön hell beleuchtet im Untergeschoss, 2021 wurde der Ausstellungsbereich erneut umgestaltet.

Nach dem Auffinden 1962 nahmen Archäologen zunächst an, es handele sich um den Rundturm des steinernen

Hauses von Erzbischof *Bezelin-Alebrand* aus dem frühen 11. Jahrhundert; dieses Steinhaus wurde in einer Kirchenchronik von *Adam von Bremen* im Jahr 1074 beschrieben. Diese These gilt nicht mehr, jedoch blieb der Name „Bischofsturm". Heute vermutet man, dass das Fundament **Teil einer Stadtbefestigung** aus dem 12. Jahrhundert war und wahrscheinlich zu einem Stadttor gehörte. Es hat einen Durchmesser von 19 Metern, außen gemessen, und 11 Metern innen. Die Mauer war immerhin mächtige 4 Meter dick, und sie bestand ausschließlich aus Findlingen, wie auch das gefundene Fundament. Die Findlinge sind außen dicker als innen. An der Westseite liegt ein halbrunder Anbau von 4,40 Metern Durchmesser, dessen Bedeutung nicht ganz geklärt ist. Es könnte ein Brunnenschacht sein, oder aber auch das Fundament zu einem Treppenturm.

Die Hammaburg

Hamburgs frühe Siedlung lag auf einem Landstreifen zwischen den Flüssen Alster und Elbe. Im frühen 9. Jahrhundert wurde hier die Hammaburg angelegt, aus der sich später der Name „Hamburg" ableitete. Anfänglich war es nur eine kleine **Siedlung,** die durch einen Ringwall von wohl 130 Metern Durchmessern und einer Höhe von etwa 5 Metern geschützt war. Im Inneren standen schlichte Holzgebäude und auch eine ebenso schlichte Holzkirche, erbaut von Bischof Ansgar. Diese Anlage war an drei Seiten von Wasserläufen geschützt und nach Osten obendrein durch einen ca. 300 Meter langen Wall, der **„Heidenwall"** genannt wurde. 845 überfielen die **Wikinger** die Hammaburg und zerstörten sie, aber die Siedlung und auch die Kirche wurden wieder aufgebaut. Nach und nach siedelten sich mehr Menschen hier an, die Ortschaft wuchs, ein noch größerer und massiverer Wall wurde gebaut, und schließlich entstand auch an einem Seitenarm der Alster ein erster Hafen. Im 11. Jahrhundert ließ sich der Bischof ein Steinhaus bauen. Daher glaubte man zunächst, es handele sich bei den Stein-Funden um einen Teil dieses Gebäudes.

8

Der Sprinkenhof

Da führt eine Straße mitten durchs Haus

Wie komme ich dahin?
Per U-Bahn mit der U1 bis Meßberg oder Steinstraße

Der Sprinkenhof ist Teil des **Kontorhausviertels,** das gegenüber der Speicherstadt unweit vom Hafen liegt. Das Backsteingebäude entstand in drei Bauabschnitten zwischen 1925 und 1943, es ist das größte Kontorhaus in diesem Viertel.

Das Gebäude hat drei große Innenhöfe; der Architekt soll sich bei der Gestaltung am Dogenpalast in Venedig orientiert haben. In einem ersten Bauabschnitt entstand der mittlere Teil zwischen 1927 und 1928. Auf historischen Fotos erkennt man diesen Bau als Solitär, damals noch ohne Seitenflügel. Es ist ein neunstöckiger, oben offener Kubus, die beiden seitlichen Flügel kamen später hinzu, zwischen 1929 und 1932 der westliche Flügel, zwischen 1939 und 1943 der östliche. Mitten durch das mittlere Gebäude und den Innenhof verläuft die für Autos gesperrte **Straße Springeltwiete** in zwei Durchfahrten, an dem sich ein paar Lokale und Geschäfte befinden. Diese Durchfahrten wurde bereits beim Bau so eingeplant und führten von der Burchardstraße bis zur Altstädterstraße durch den Innenhof, außerhalb dann weiter hoch zur Steinstraße. Ursprünglich war hier einmal eine Tiefgarage geplant, heute befindet sich hier eine einzige große Freiluftterrasse.

Die Backsteinfassade des Gebäudes ist vor allem im Innenhof mit **Ornamenten** geschmückt, die Motive aus der Welt des Handels und des Handwerks zeigen. Der Sprinkenhof war seinerzeit das größte Bürogebäude Hamburgs und teilweise sogar Europas.

Das umliegende **Kontorhausviertel** mit seinen Büros wurde ab dem frühen 20. Jahrhundert erbaut. Früher befand sich an gleicher Stelle einer der ärmeren Stadtteile Hamburgs, das **Gängeviertel.** Es lag zwischen Steinstraße und Messberg und im Bereich der damals noch nicht existierenden Mönckebergstraße, ein zweites Gebiet befand sich in der Nähe des heutigen Johannes-Brahms-Platzes (→ **Tipp 24**). Geprägt waren diese Viertel durch sehr schmale, dunkle Gänge, enge Fachwerkhäuser und unhaltbare hygienische Zustände. 1892 grassierte hier die **Cholera** und forderte Tausende von Opfern; danach wurde das Gebiet radikal saniert und das komplette Viertel abgerissen. Auf den nun freien Flächen errichtete man die Kontorhäuser, wuchtige Backsteinbauten. Damit kam die Stadt den Hamburger Kaufleuten entgegen, die ihre Kontore, wie man damals die Büroräume bezeichnete, in der Nähe des Hafens haben wollten. Zugleich wurde auch ein jahrhundertealtes **Prinzip** aufgebrochen. Bislang besaßen die wohlhabenden Kaufleute eigene Speicherhäuser, in denen sie selbst wohnten (zumeist unten) und in deren oberen

„Böden“ ihre Waren zwischenlagerten. Dieses Prinzip wurde nun geändert. In den Kontorräumen wurde ausschließlich Büroarbeit verrichtet (anfänglich gab es auch einige wenige Wohnungen dort, aber das wurde schnell wieder geändert), und Waren wurden im Hafen oder in der Speicherstadt gelagert. Diese Bürohäuser befinden sich beim zentralen Burchardplatz, nur wenige Schritte von der imposanten Speicherstadt entfernt. Hintergrund war der Hamburger **Zollanschluss an das Deutsche Reich,** wobei die Hamburger Kaufleute sich das Privileg sicherten, ihre Waren im sogenannten „Zollausland“ in der Speicherstadt lagern zu dürfen. Nun fehlten nur noch die passenden Kontorhäuser, und die erschuf Baudirektor *Fritz Schumacher.* Neu wurden auch einige Straßen gezogen, wie die Burchardstraße oder die Altstädter Straße. Dadurch entstanden einige „schief verlaufende“ Grundstücke, sodass die Architekten zu kreativen Lösungen kommen mussten. Das beste Beispiel hierfür ist das spitz zulaufende Chilehaus. Das ganze Viertel wurde in mehreren Schritten erbaut, alle Gebäude im klassischen Backstein. Innovativ waren die oberen Staffelgeschosse, die man noch heute an mehreren Gebäuden gut erkennt. Heute gehört ein Großteil des Kontorhausviertels zusammen mit der Speicherstadt zum UNESCO-Weltkulturerbe.

Twiete

Eine Twiete bezeichnet nicht nur in Hamburg, sondern auch in anderen norddeutschen Orten eine schmale **Gasse** zwischen zwei Grundstücken oder zwei Straßen. Twieten hatten früher nur selten einen eigenen Namen. Damit sie aber unterscheidbar blieben, benannte sie die Bevölkerung nach lokalen Ereignissen, beispielsweise die Knochenhauertwiete (zweigt von der Mönckebergstraße ab), die nach früher dort ansässigen Schlachtern benannt ist. Heute existieren in Hamburg 110 offizielle Gassen- bzw. Straßennamen mit dem Zusatz „Twiete“. Die **Springeltwiete** ist nach dem ersten Besitzer des Grundstücks benannt. 1384 kaufte der Schmied *Johann Sprink* die Immobilie vom Domkapital, und ihm zu Ehren hieß die Straße deshalb anfänglich auch „Sprinkentwiete“, woraus dann „Springeltwiete“ wurde.

9

Kaiser Barbarossa und der gefälschte Brief

Hamburgs Rathaus und der Hafengeburtstag

Wie komme ich dahin?

Per U-Bahn mit der Linie U3 bis zur Station „Rathaus" oder mit verschiedenen U- oder S-Bahnlinien bis „Jungfernstieg".

Hamburger zeigen nicht gerne, was sie haben. Selbst schwerreiche Hanseaten halten sich dezent zurück, wenn es um die Zurschaustellung von Wohlstand geht. Nur einmal, da machten die Hamburger Kaufleute eine Ausnahme und zogen die ganz weiten Spendierhosen an. Beim **Bau des Rathauses** wurde an nichts gespart und dem klammen Senat äußerst großzügig unter die Arme gegriffen. Nach heutigem Wert kostete der Bau etwa 80 Millionen Euro, der Gesamtwert des Rathauses allerdings ist gar nicht schätzbar, angesichts all der kostbaren Spenden, die in seinem Inneren zu finden sind.

Das imposante Gebäude wurde **1897 eingeweiht.** Ein Neubau war fällig geworden, da das alte Rathaus beim großen Brand 1842 komplett zerstört worden war. Von außen fällt zunächst die reich verzierte Fassade auf, fast ein wenig untypisch für das sonst recht nüchtern gebaute Hamburg. Insgesamt 20 Statuen von Kaisern und Königen des alten Deutschen Reiches säumen die Fassade, und genau in der Mitte erhebt sich ein 112 Meter hoher Turm. Der jüngste unter diesen 20 Regenten (*Franz II.*, deutscher Kaiser 1792–1806) findet sich ganz rechts. Der Dienstälteste, *Karl der Große* (deutscher Kaiser 768–814), steht in der Rathaus-Mitte am Turm, dort auf der linken Seite. Gleich neben ihm (rechts am Turm) thront **Friedrich Barbarossa** (1152–1190, am Fuß der Skulptur steht „Friedrich Rotbart“), und zu ihm haben die Hamburger **ein ganz besonderes Verhältnis.** Eines, dessen sich ehrbare Kaufleute eigentlich ein wenig schämen müssten. Tun sie aber nicht, jedenfalls heute nicht mehr, soweit bekannt. Denn ihr früheres, etwas unehrbares Handeln bescherte Hamburg über Jahrhunderte den Wohlstand, der die Stadt noch heute prägt. Und dieser Tatsache gedenkt Hamburg alle Jahre wieder.

Jedes Jahr begeht Hamburg um den 7. Mai sein **großes, dreitägiges Hafenfest,** auf dem Tausende „ihren“ Hafen und seinen Geburtstag feiern, und das nun schon seit 830 Jahren. Richtig feierlich begangen wird dieses Ereignis allerdings erst seit 1977. Eine lange Tradition, möchte man meinen, und doch beruht diese auf einer **Fälschung.** Die Hamburger berufen sich nämlich auf einen **Freibrief,** der ihnen Zoll- und Wegefreiheit auf der Elbe garantierte, ausgestellt am 7. Mai 1189 von Kaiser

Friedrich Barbarossa. Besagter Freibrief existiert aber nicht mehr, sondern nur eine Abschrift, die knapp 70 Jahre später angefertigt wurde und heute im Staatsarchiv lagert. Darin fanden Forscher jedoch **einige Ungereimtheiten.** Das kaiserliche Siegel stammt gar nicht von *Barbarossa,* sondern von seinem Enkel *Friedrich II.* Der Kaiser selbst weilte auch gar nicht am angegebenen Ausstellungsort der Urkunde, sondern bereitete sich ganz woanders (in Regensburg) auf einen Kreuzzug vor. Zudem war die Anzahl der genannten Zeugen zu gering für eine derart wichtige Urkunde. Und der Inhalt? Nun, der hatte es in sich, es ging immerhin um ein Vorrecht auf der stark befahrenen Elbe und damit um sehr viel Geld. Der benachbarten Stadt **Stade** war 1259 das **Stapelrecht** vom Bremer Bischof zugesprochen worden. Alle Schiffe, die die Elbe befuhren, mussten daher zuerst in Stade ihre Waren stapeln und anbieten, was existenzgefährdend für den Hamburger Hafen war. Also musste schnellstens ein ähnlicher Brief her, möglichst von einer noch höher gestellten Persönlichkeit unterzeichnet und vor allem rückdatiert. Der Trick klappte, die Stader verzichteten, und der Hamburger Hafen prosperierte. Also geht man heute davon aus, dass die Hamburger Ratsherren den Brief ganz einfach dreist hatten **fälschen** lassen.

Bis über die Toppen geflaggte Windjammer zeigen sich den staunenden Hamburgern beim Hafengeburtstag an den Landungsbrücken

10

Der Hygieia-Brunnen im Rathaushof

Erinnerung an die schlimmste Cholera-Epidemie der Hansestadt

Wie komme ich dahin?
Per U-Bahn mit der Linie U3 bis zur Station „Rathaus" oder mit verschiedenen U- oder S-Bahnlinien bis „Jungfernstieg".

Das Hamburger Rathaus ist eines der prächtigsten Gebäude der ganzen Stadt. Es ist mit vielen Skulpturen und bedeutsamen Elementen geschmückt, die meisten sind vom Rathausplatz gut sichtbar. Ein geschichtsträchtiges Denkmal steht etwas versteckt im Innenhof des Rathauses, ist aber gleichwohl offen zugänglich. Dazu nur einmal links oder rechts ums Gebäude herumgehen. Im Hof steht zentral der Hygieia-Brunnen, gewidmet der griechischen Göttin für Gesundheit und Reinheit, erschaffen 1895/96 vom Bildhauer *Joseph von Kramer* (1841–1908).

Dieser Brunnen erinnert an die schlimme **Cholera-Epidemie von 1892.** Damals brach diese Viruserkrankung in Hamburg vor allem im sogenannten Gängeviertel aus (→ **Tipp 23**), einem Gebiet in Hafennähe, in dem Zehntausende unter ärmlichsten Bedingungen mehr hausten als lebten. An der Straße standen meist Fachwerkhäuser, dahinter lagen Hinterhöfe, die durch Gänge, „Twieten", erreicht wurden. Hier wurden nach und nach weitere kleine Gebäude errichtet, „Buden" genannt. Alle Häuser standen sehr eng zusammen, sodass durch die schmalen Gänge und Hinterhöfe nicht einmal Fuhrwerke fahren konnten. Die Zimmer waren klein, feucht und dunkel, sehr viele Familien hausten mit vielen Personen in einem einzigen Raum ohne fließendes Wasser und Toiletten. Viele Hafenarbeiter lebten hier, denn die Fußwege zur Arbeit waren kurz.

Trinkwasser wurde damals für ganz Hamburg überwiegend aus der Elbe gewonnen, und zwar ungefiltert. Die Folge: Im Gängeviertel brach 1892 die Cholera aus. Zuerst waren nur wenige Menschen betroffen, aber die Zahl stieg rasant an. Dennoch reagierte der Hamburger Senat sehr zögerlich. Schließlich schickte die Reichsregierung in Berlin den bekannten Bakteriologen **Robert Koch.** Die hygienischen Zustände im Gängeviertel waren derart katastrophal, dass *Koch* entsetzt feststellte: „Ich habe noch nie solche ungesunden Wohnungen, Pesthöhlen und Brutstätten für jeden Ansteckungskeim angetroffen (…). Ich vergesse, dass ich mich in Europa befinde." Im Sommer 1892 waren 1100 Menschen erkrankt, knapp die Hälfte starb. *Robert Koch* erließ **drastische Maßnahmen:** Der Hafen wurde gesperrt, Schulen wurden geschlossen, Versammlungen verboten, der Reise- und Warenverkehr nach Hamburg unterbunden. Er ließ abgekochtes Wasser verteilen und Desinfektionsstellen errichten. Und endlich baute man dann auch Trinkwasserfilter (→ **Tipp 39**). Nach zehn Wochen zeigten die Maßnahmen Wirkung. Bis dahin erkrankten jedoch 17.000 Menschen, 8600 von ihnen verstarben.

Als Folge wurde in Hamburg das **Institut für Hygiene und Umwelt** ge-

Am Hygieia-Brunnen kann man viele Details entdecken

gründet. Das Gängeviertel wurde in mehreren Schritten abgerissen. Heute existieren nur noch zwei sehr kleine Häuserzeilen. Eine steht am Bäckerbreitergang unweit vom Denkmal „Hummel Hummel" (→ Tipp 22), die andere sind die Krameramtsstuben beim Michel (→ Tipp 42). Obendrein existieren noch einige wenige historische Häuser in einem alternativen Viertel am Valentinskamp, das sich ebenfalls „Gängeviertel" nennt.

Der Hygieia-Brunnen **symbolisiert die Verbesserung der hygienischen Situation in Hamburg** durch die reinigende Kraft des Wassers. Dieses fließt aus einer Schale, die von der Göttin Hygieia gehalten wird, in ein Auffangbecken. Das Wasser besiegt die Cholera-Viren, die hier durch einen Drachen versinnbildlicht sind. Rund um den Brunnen sind sechs sitzende Figuren abgebildet, die symbolhaft zeigen, wie Wasser genutzt werden kann. Ganz unten im Sockel befindet sich ein Gitterwerk vor einer halbbogenförmigen Öffnung. Dort wird die durchs Wasser gekühlte Luft angesaugt und ins Rathaus geleitet.

11

Eine Straße namens „Brandsende“

Wie ein Feuer die Hamburger City komplett veränderte

Wie komme ich dahin?

Das Restaurant „Zum Brandanfang“ liegt in der Deichstraße, wo das verheerende Feuer ausbrach.
U-Bahn: Rödingsmarkt

Unweit vom Hauptbahnhof verläuft eine relativ kurze Straße mitten durch ein typisches innerstädtisches Büroviertel in Richtung Binnenalster. Neben Büros findet man hier einige Wohnungen, auch kleinere Geschäfte, sogar das eine oder andere Lokal. Eigentlich nichts Besonderes. Und doch ereignete sich hier derart Bedeutsames, dass es das Antlitz der Innenstadt komplett veränderte.

Am **5. Mai 1842** brach mitten in der Nacht ein **Feuer** in einem Fachwerkhaus aus, das an der Deichstraße (→ **Tipp 34**) im **Nikolaiviertel** stand, ca. 1,6 Kilometer Luftlinie entfernt von Brandsende. Dort in der Deichstraße standen viele Häuser mit einem **Speicher,** in denen **Waren gelagert** wurden, zumeist leicht entzündliche Materialien. Zudem herrschte schon seit Wochen eine große Trockenheit, sodass das Feuer reichlich Nahrung fand. Die Nachtwächter entdeckten den Brand recht schnell und alarmierten die Spritzenleute. „Füer, Füer in de Diekstroot!" („Feuer, Feuer in der Deichstraße!") schallte der Ruf durch die Nacht, aber vergebens. Es war einfach zu trocken, und auch ein starker Wind fachte die Flammen immer wieder an. Das Feuer sprang von einem Holzhaus zum nächsten. Am heraufdämmernden Morgen waren schon viele Häuser im Nikolaiviertel abgebrannt. Und es hörte nicht auf. Das Feuer arbeitete sich weiter vor bis zur Nikolaikirche, in der am Morgen noch Gottesdienste gefeiert worden waren. Am Nachmittag erreichte es die Kirche, fraß sich am Turm hoch, der schließlich krachend einstürzte. Schließlich bedrohte das Feuer auch das damalige Rathaus an der Trostbrücke. Deshalb wurde der Vorschlag laut, durch Sprengung mehrerer Häuser eine **Brand-Schneise** zu schaffen, was aber zunächst verworfen wurde – man befürchtete Regressansprüche durch die Hausbesitzer. Als das Feuer sich aber ungebremst weiter vorarbeitete und nun sogar die gerade erbaute **Börse** bedrohte, genehmigte man doch die Sprengung, sodass das Vordringen nach Norden unterbunden wurde.

Die Börse (das Gebäude steht noch heute) war ein wuchtiger Neubau aus Stein, gerade ein halbes Jahr zuvor (Dezember 1841) eröffnet. Der Kaufmann *Theodor Dill* und neun weitere Freiwillige verblieben im Gebäude, schleppten alles, was brennen konnte, nach draußen und löschten entstandene Brandnester im Inneren. Es klappte, das Feuer sprang zwar weiter, das Steingebäude aber überstand die Feuersbrunst. Auf einer der wenigen noch existierenden historischen Aufnahmen sieht man

Hier stoppte das Feuer nach vier Tagen
Die Straße Brandsende liegt nahe beim Hauptbahnhof, wo viele S- und U-Bahnlinien halten

die Börse als einziges Gebäude weit und breit zwischen heruntergebrannten Trümmern stehen. In Erinnerung an *Theodor Dill* ist die Dillstraße im Stadtteil Rotherbaum benannt, außerdem steht seine Büste an der Straße Kajen, unweit der Deichstraße, wo *Dill* ein Haus besaß.

Das Feuer arbeitete sich währenddessen nach **Osten** vor, in Richtung des heutigen Hauptbahnhofs und der Binnenalster. Dabei brannte auch die **Kirche St. Petri** ab (sie steht heute wiederaufgebaut an der Mönckebergstraße) sowie die **Gertrudenkapelle** (diese wurde nicht wiederaufgebaut). Erst in Höhe der Binnenalster konnte das Feuer schließlich am 8. Mai, also am vierten Tag, gestoppt werden. Genau zum richtigen Moment hatte sich der Wind gedreht und trieb die Flammen nicht weiter voran, sondern zurück. Jetzt endlich konnten auch die völlig erschöpften Spritzenleute den Brand löschen, und zwar in der **Straße Kurze Mühren.** Später wurde genau dieser Teil der Straße umbenannt in **„Brandsende“.**

Es war die bis dahin **fürchterlichste Katastrophe in Hamburgs Geschichte.** Ein gutes Viertel des Stadtgebietes brannte ab, 51 Menschen starben, 1700 Häuser wurden zerstört und 20.000 Menschen obdachlos. Mehrere Feuer-Versicherungen gingen bankrott. Die Hamburger Feuerkasse (ältestes Versicherungsunternehmen der Welt, 1676 gegründet) ermittelte einen Gesamtschaden, der umgerechnet heute etwa einer Milliarde Euro entspricht. Sie musste für die Schadenszahlungen Kredite aufnehmen, an denen sie noch 40 Jahre zurückzahlte. Die Innenstadt war komplett zerstört und musste völlig neu gebaut werden. Und das begriff man in Hamburg auch als Chance. So wurde die **Innenstadt völlig neu geplant,** teilweise ohne auf frühere Straßenzüge und Besitzverhältnisse Rücksicht zu nehmen. So wurde die Binnenalster in ihrer heutigen Form als eine Art Rechteck gestaltet, neue Straßenzüge gebaut, alte aufgegeben, Fleete zugeschüttet, eventuelle Alt-Eigentümer einfach enteignet und schicke Gebäude teils im italienischen Stil gebaut, wie die Alsterarkaden beim heutigen Rathaus. Apropos Rathaus: Auch das heutige Rathaus entstand nach dem Brand, allerdings erst 44 Jahre später. Es ist heute eines der prächtigsten Gebäude in der gesamten Innenstadt.

Das Straßenschild „Brandsende" erinnert an das Ende des Großen Brandes, in der Deichstraße hängt ein kleines Emailleschild am Haus Nummer 25; es erinnert an den Ausbruch des Feuers, das die Hamburger City veränderte.

12

Der Eichenpfahl an der U-Bahn

Die Jungfern vom Jungfernstieg

Der Jungfernstieg, oberirdisch eine Flaniermeile, ist unterirdisch einer der wichtigsten **Verkehrsknotenpunkte** für die U- und S-Bahnen in Hamburg. Zur Rushhour passieren den weitläufigen, verwinkelten Bahnhof wahre Menschenmassen, doch auch sonst fahren viele Hamburger bis „Jungfernstieg“, denn hier im Umfeld liegen die großen **Kaufhäuser** der Innenstadt.

Die wenigsten Menschen achten in all dem Trubel auf dem Bahnsteig, an dem die U1 abfährt, auf einen **dunklen Pfahl.** Das ist ungerecht, immerhin handelt es sich hier um **einen der ältesten archäologischen Funde in Hamburg.** Es ist ein historischer Eichenpfahl, der 1932 beim Bau des Bahnhofs Jungfernstieg freigelegt wurde. Der Pfahl stammt aus dem Zeitraum um 1250, vielleicht auch schon aus dem Jahr 1235. Genutzt wurde er, um ein **Stauwehr** zu bauen, den damaligen Alstermühlendamm. Dieser wurde durch den Fluss gebaut, um hier eine Mühle zu betreiben, und noch heute ist der Damm (Reesedamm) benannt nach dem ersten Müller.

Einer der damals in den Boden gerammten Eichenpfähle hat all die Jahrhunderte überlebt. Vier Jahre nach seiner Entdeckung wurde dieser historische Fund in eine bildliche Erinnerung an die vergangenen Jahrhunderte verwandelt; heute würden Archäologen wahrscheinlich darüber in Ohnmacht fallen. Aber 1936 bekam der Bildhauer Professor *Richard Luksch* den Auftrag, und er schnitzte **sieben Frauenfiguren** in den Pfahl. Inspiriert wurde er dabei von einem Gedicht von *Hermann Claudius,* das auf einer Tafel in der Nähe des Pfahls geschrieben steht:

„De Jahrhunnert de sünd söwen.
Jungfern sünd de sülwen blewen.
Und ick ole eeken Pahl
Stah hier op dat sülwe Mal.“

(Die Jahrhundert' die sind sieben.
Jungfern sind die selben geblieben.
Und ich alter Eichenpfahl
Steh' hier an dem selben Mal.)

Jungfernstieg

Der Jungfernstieg existiert seit Jahrhunderten als **Flaniermeile** am südlichen Alsterufer. Die mit ca. 300 Metern gar nicht so lange Straße war in den Anfängen nichts weiter als ein durch die Alster gebauter Damm, auf dem später eine Kornmühle betrieben wurde. Einer der ersten Müller war ein Herr *Reese*, und seitdem heißt der Damm Reesedamm; auch eine Reesedammbrücke gibt es noch heute. **1655 verschönerte** man den **Weg** über den Damm, pflanzte Bäume an, baute schickere Häuser, und so entstand schließlich eine echte Flaniermeile. Dort führten am Sonntag die feinen und reichen Hamburger Familien ihre **unverheirateten Töchter** spazieren, in der Hoffnung auf einen genehmen Heiratskandidaten. So entstand alsbald der **Name „Jungfernstieg".** 1838 asphaltierte man die Straße, als erste in ganz Deutschland.

Heute sind die Bäume verschwunden, dafür die Fußwege deutlich breiter gestaltet. Neben einigen schicken Geschäften steht hier seit Jahrzehnten das renommierte Kaufhaus Alsterhaus. Das Terrassenlokal Alsterpavillon liegt direkt am Ufer, und gleich nebenan auch der Anleger der Alsterdampfer (→ Tipp 67).

Unter der Straße Jungfernstieg liegt der große unterirdische **U- und S-Bahnhof** gleichen Namens, einer der wichtigsten Knotenpunkte in Hamburgs Verkehrsnetz. Er ist verwinkelt gebaut, hat drei miteinander verbundene Bahnsteighallen auf mehreren Ebenen. Der erste Bahnsteig wurde 1931 eröffnet, er war zugleich der erste unter Wasser gelegene Bahnhof Deutschlands. Heute liegen die Bahnsteige der U2 und U4 auf der tiefsten Ebene in 16 Metern Tiefe unterhalb der Binnenalster.

Wie komme ich dahin?
Bahnsteig U1, Jungfernstieg.

13

Die Mellin Passage

Klein, aber fein

An Einkaufsmöglichkeiten herrscht in Hamburg nun wahrlich kein Mangel, eher schon an Sonnenschein. Vielleicht ist dies auch der Grund, warum es in der Innenstadt eine Vielzahl von **Shopping-Passagen** gibt. Sie konzentrieren sich grob zwischen Mönckebergstraße, Rathaus und dem Gänsemarkt. Manche sind riesig, wie beispielsweise die mehrstöckige Europa-Passage mit 120 Shops, die meisten anderen sind aber nicht so groß. Sie alle haben überwiegend ein breit gefächertes Angebot von zumeist kleinen Einzelhändlern und weniger Filialen großer Marken. Oft wird eine hervorragende Qualität geboten, was dann auch seinen Preis hat, richtige Billig-Anbieter finden sich in diesen Passagen nicht. Und auch nicht zu verachten ist, dass es überall Cafés und Restaurants gibt, wo man sich vom anstrengenden Shoppingbummel erholen und natürlich auch am Sehen-und-Gesehenwerden-Spielchen teilnehmen kann.

So gut wie alle Passagen entstanden in den letzten Jahrzehnten, sie sind modern und elegant gestaltet, bieten wirklich eine ganze Menge und sind nicht zuletzt auch ein Ruhepol in der oft recht quirligen Hamburger City. Nur eine fällt da aus dem Rahmen: Die Mellin Passage ist die **kleinste und zugleich die älteste Passage der Hansestadt,** und für viele Hamburger ist sie auch die schönste! Die Mellin Passage verbindet die luxuriöse Einkaufsstraße Neuer Wall mit den ebenfalls ausgesprochen schönen Alsterarkaden vor dem Alsterfleet mit Blick aufs ebenso schöne Rathaus. Die Passage wurde 1864 eröffnet und benannt nach dem englischen Biscuitbäcker *Mellin* aus London, der hier ein Geschäft betrieb. Vielleicht liegt darin auch ein Grund, warum manche Hamburger dieser Passage ein britisches Flair zusprechen. Die Passage ist ziemlich kurz, vielleicht 30 Meter lang, aber ausgesprochen

---

Wie komme ich dahin?

Mellin Passage, Neuer Wall 13, verschiedene Linien der U- oder S-Bahnen stoppen am „Jungfernstieg", von dort noch wenige Schritte in den Neuen Wall.

schön gestaltet. Es lohnt sich, innezuhalten und vor allem den Blick wandern zu lassen, auch nach oben. Sie ist nämlich mit hübschen **Wand-** und **Deckenmalereien** im Jugendstil geschmückt. Auch die verspielt gestalteten Leuchter sind einen Blick wert. Noch gut lesbar ist auch die frühere Werbung für Mr. *Mellin* und seine Bäckerei, „Mellin‘s biscuits“ steht recht deutlich an der Decke. Diese Deckenmalereien wurden erst Anfang der 1990er Jahre bei Renovierungsarbeiten entdeckt, nachdem ein Feuer 1989 große Teile der Passage vernichtet hatte.

Aber damit nicht genug des Sehenswerten! Auch die **Schaufenster** der wenigen Geschäfte sind **bemerkenswert gestaltet.** Die großen Fenster sind etwas vorkragend und aus dunklem Holz gehalten. Passend zum äußeren und optischen Ambiente gibt es hier auch **besondere Geschäfte.** So beispielsweise die **Buchhandlung Felix Jud Antiquariat,** gegründet 1923. Sie bietet ein ausgesuchtes Programm, verbindet Literatur mit Kunst. Schon der neugierige Blick ins Schaufenster macht deutlich, dass hier etwas Besonderes angeboten wird. *Karl Lagerfeld* soll diese Buchhandlung einmal als „intellektuelles Delikatessengeschäft“ bezeichnet haben.

Ein paar Schritte weiter in Richtung Alsterarkaden befindet sich ein Geschäft der **Königlichen Porzellan Manufaktur Berlin** (KPM, gegründet 1763), das handgefertigtes Porzellan verkauft. Und genau gegenüber liegt das **syrische Restaurant Saliba,** mittlerweile eine Institution in Hamburg. Unvergleichlich das fantastische Mazza-Menü (viele kleine Schälchen mit verschiedensten Häppchen, überwiegend vegetarisch), eine wahre „Karawane der Köstlichkeiten“ (Zitat von der Homepage), was keinesfalls übertrieben erscheint.

Die Mellin Passage zweigt von den Alsterarkaden (links) ab

14

Die Trostbrücke

Zwei Herrscher, zwei Siedlungen, eine Brücke

Wie komme ich dahin?

Die beiden nächstgelegenen U-Bahnstationen sind „Rödingsmarkt" oder „Rathaus", beide werden von der Linie U3 angefahren.

In der heutigen Altstadt gibt es eine kurze, aber geschichtsträchtige Brücke. Die Trostbrücke überspannt heute das Nikolaifleet und **verband einst die Altstadt mit der Neustadt** und damit auch zwei verschiedene und vor allem **konkurrierende Herrschaftsbereiche.** Die **Altstadt** um den Dom war **bischöfliches Gebiet,** während die **Neustadt** vom **Grafengeschlecht von Schauenburg** gegründet wurde. Schon vorher lag in der Neustadt (nahe des heutigen Mahnmals Nikolaikirche) ein Burgwall, der „Neue Burg" genannt wurde, erschaffen vom Geschlecht der *Billunger.* Die Neue Burg entstand nach neuesten wissenschaftlichen Erkenntnissen um 1021 und existierte bis ins 12. Jahrhundert, dann wurde sie aufgegeben, das Land planiert und an neue Siedler vergeben. Das Geschlecht der *Billunger* starb 1106 aus, als Nachfolger wurde der Graf *von Schauenburg* durch Kaiser *Lothar III.* ausgewählt. So erhielt Graf *Adolf I. von Schauenburg* die Grafschaft Holstein und Stormarn, zu der auch Hamburg zählte. Sein Sohn *Adolf II.* warb neue Siedler an, und um 1187 gründete dessen Sohn, *Adolf III.,* hier an der neuen Siedlung einen kleinen Hafen an einer Alsterschleife, dem heutigen Nikolaifleet. 1195 wurde an Stelle der Neuen Burg eine erste Nikolaikirche gebaut, denn die Siedlung prosperierte. Es entwickelten sich weiträumige **Handelsaktivitäten** über die Alster und die Elbe, da sich hier viele **Seeleute** und **Händler** niederließen, während in der bischöflichen **Altstadt** mehr **Handwerker** und **Fischer** siedelten. Es herrschte aber auch reger Austausch zwischen beiden Siedlungen, sodass etwa zwischen 1190 und 1200 eine erste hölzerne Brücke erbaut wurde.

Beide Siedlungen entwickelten sich unterschiedlich, und der **Wasserlauf** wurde auch als **Trennlinie** wahrgenommen. Folgerichtig hatten beide Siedlungen eine eigene **Verwaltung** und auch eigene **Münzen.** Da sich aus diesem Grund auch **Geldwechsler** bei der Brücke niederließen, trug diese auch den Namen „Wechslerbrücke".

Die Händler der Neustadt erhielten schließlich sogar das Recht, die Elbe bis zur Mündung zu befahren, und vor allem erwarben sie 1189 durch einen nicht ganz legalen Trick (→ Tipp 9) das **Stapelrecht.** Dieses sogenannte „Barbarossa-Privileg" besagte, dass alle Waren, die über die Elbe angeliefert wurden, zunächst in Hamburg angeboten (gestapelt) werden mussten, bevor sie auch in andere Städte gingen.

1201 eroberten die **Dänen** Hamburg und nahmen *Adolf III.* gefangen. Im Gegenzug für seine Freiheit verzichtete dieser auf die Grafschaft Holstein und Stormarn (inklusive Hamburg), und die Dänen setzten einen Statthalter ein, der die **Altstadt mit der Neustadt vereinte** und um 1220 das Barbarossa-Privileg auf die ganze Stadt übertrug. Und damit wurde die heutige **Trostbrücke** nicht mehr als trennendes, sondern als **verbindendes Element** wahrgenommen.

1266 wurde die Brücke erstmals als „Trostbrücke" urkundlich erwähnt. Die **Namensgebung** ist nicht eindeutig geklärt. Eventuell erinnert sie an ein **Kruzifix,** das hier auf der Brücke stand und allen Vorbeikommenden den Trost der Christenheit spendete.

Die heutige Brücke entstand **1882,** nach dem Großen Brand im Jahr 1842, bei der die Vorgängerbrücke zerstört worden war. Auf ihren beiden **Geländern** stehen heute die **Statuen** der beiden **Gründer von Hamburg:** Bischof *Ansgar,* Domherr der Altstadt, und Graf *Adolf III. zu Schauenburg,* Gründer des Hafens in der Neustadt. Diese Skulpturen wurden 1833 von *Engelbert Pfeiffer* (1830–1896) erschaffen.

Direkt bei der Brücke stehen auch einige **markante Gebäude,** so beispielsweise der **Laeiszhof** (1898 erbaut) mit seiner markanten Pudel-Skulptur auf dem Dach (→ Tipp 15). Weiterhin der **Globushof,** 1908 für die Globus-Versicherung erbaut, später von der Allianz übernommen. Und bei Hausnummer 4–6 befindet sich das **Gebäude der Patriotischen Gesellschaft** genau an dem Ort, wo früher das Hamburger Rathaus stand, welches im Großen Brand 1842 gesprengt wurde. In Sichtweite zur Trostbrücke liegt auch die **Zollenbrücke** am Nikolaifleet, sie entstand 1633 und gilt als älteste Brücke in der Hamburger Innenstadt.

Die beiden Gründer von Hamburg: Graf Adolf III. zu Schauenburg (oben) und Bischof Ansgar, friedlich vereint an der Trostbrücke

15

Der Laeiszhof und die Flying-P-Liner

Da steht ein Pudel auf dem Dach

Das sieht man auch nicht alle Tage, dass ganz oben auf dem Dach eines ehrwürdigen Hamburger Kontorhauses ein Pudel steht. Also natürlich kein lebendiger, aber als Skulptur. Wie das?

Das Kontorhaus ist Sitz der **Reederei F. Laeisz,** die heute noch weltweit tätig ist. Gegründet wurde die Firma 1824 von *Ferdinand Laeisz,* der damals Zylinderhüte herstellte und diese u.a. auch nach Südamerika verkaufte. Bezahlt wurde er oftmals in Naturalien, sodass sich im Laufe der Zeit ein Handelshaus für Im- und Export entwickelte. Nach 15 Jahren erwarb *Laeisz* ein erstes Schiff, eine Brigg namens „Carl". Das Geschäft florierte, Sohn *Carl* wurde in die Firma aufgenommen, und ab 1857 baute *Ferdinand Laeisz* eigene **Schiffe.** Das erste erhielt den **Namen „Pudel",** nach dem **Spitznamen der Ehefrau** von *Carl Laeisz. Sophie Laeisz* trug diesen Namen wegen ihrer krausen Haare. Weitere Schiffe kamen hinzu, und es wurde zur firmeneigenen Tradition, ihnen allen einen **Namen zu geben, der mit P begann,** u.a. „Pamir", „Passat", „Peking", „Padua" oder „Preußen". Vor allem ließ *Laeisz* große Frachtsegler bauen, meist Viermaster. Es waren große und schnelle Segler von etwa 100 Metern Länge, die bald als **Flying-P-Liner** bekannt wurden. *Laeisz* setzte sie im Salpeterhandel mit Chile ein und im Weizentransport aus Australien. Auf der Strecke von Australien nach England lieferten sich die Großsegler der unterschiedlichen Firmen und Natio-

---

Wie komme ich dahin?

Die Kirche St. Petri wird mit der U-Bahn-Linie U-3 bis „Rathaus" erreicht.

Öffnungszeiten der Kirche: Mo, Di, Do, Fr 10–18.30, Mi 10–19, Sa 10–17, So 9–20 Uhr.

nen ein Wettrennen, genannt **„Weizenregatta"**. Die Schiffe starteten im Juni zusammen von Australien und erreichten nach etwa 90 Tagen England. Wenn es sehr gut lief, auch etwas früher, wenn der Wind ungünstig blies, benötigten selbst die schnellsten Segler etwa 110 Tage. Die „Pamir" und die „Passat" nahmen insgesamt siebenmal teil, die „Passat" gewann viermal, die „Pamir" einmal. Weitere Flying-P-Gewinner waren die „Pommern" (1930) und die „Parma" (zweimal Sieger).

Insgesamt gab es 83 Großsegler der Flying-P-Liner, 1900 wurde mit der „Preußen" sogar ein Fünfmaster gebaut. 1926 lief mit der „Padua" der letzte Großsegler vom Stapel, da die Dampfschifffahrt sich immer stärker durchsetzte; die Schiffe konnten unabhängig vom Wind fahren und waren letztlich schneller.

Heute sind noch **vier Schiffe** der Flying-P-Liner **erhalten.** Die „Passat" liegt als Museumsschiff in Lübeck-Travemünde, die „Pommern" als ebensolches in Mariehamn auf den Ålandinseln in der nördlichen Ostsee. Die „Peking" lag lange Zeit in New York, allerdings zuletzt stark vernachlässigt. Mitte 2017 wurde das Schiff unter großem Aufwand und finanzieller Unterstützung durch den Bund nach Hamburg zurückgeholt. Es liegt nach aufwendiger Restauration derzeit im Hafenmuseum (→ Tipp 83) und soll ab etwa 2025 im neuen Deutschen Hafenmuseum in Hamburg ausgestellt werden. Die „Padua" ging 1946 als Reparationszahlung an die UdSSR und fährt noch heute unter russischer Flagge als Segelschulschiff „Krusenstern". Übrigens alljährlich als gern gesehener Gast beim Hamburger Hafengeburtstag um den 7. Mai, wo Gäste das Schiff gegen Eintritt besichtigen können.

Ein tragisches Schicksal erlitt die **„Pamir"**, die als frachtfahrendes Segelschulschiff fuhr. 1957 sank sie in einem Orkan, und 80 der 86 Seeleute ertranken, darunter sehr viele junge Kadetten. In Lübeck befindet sich ein Rettungsboot der „Pamir" in der Jakobikirche, es wird als nationale Gedenkstätte gepflegt. In der Katharinenkirche in Hamburg erinnert eine Gedenktafel an den Untergang der „Pamir".

Das **Kontorhaus** an der Trostbrücke 1 entstand 1897/98. Seine Architektur folgt dem geschwungenen Wasserlauf des Nikolaifleets, an der Nordseite wird das Haus von der Trostbrücke begrenzt (→ Tipp 14). Über dem Haupteingang sind Skulpturen von damals mächtigen Männern angebracht (*Bismarck*, Kaiser *Wilhelm* Eins und Zwo und Generalfeldmarschall *von Moltke*), aber die wichtigste und symbolträchtigste Figur, der **Pudel**, die steht auf der Rückseite und kann am besten von der Zollenbrücke, Ecke Domstraße gesehen werden.

Da hockt er, der kleine Pudel, direkt neben der stolzen Hamburger Fahne auf dem Dach des Laeiszhofes, dem Sitz der Reederei

16

Vierländerin-Brunnen

Eine Tracht als Qualitätssiegel

Woher bekam Hamburg früher seine Lebensmittel? Antwort: Zum großen Teil von den Bauern der Umgebung, herangeschafft auf kleinen Schiffen und Booten über die Elbe oder per Pferd und Wagen durch eines der Stadttore. Verkauft wurde u.a. auf dem Markt direkt vor der Nikolaikirche (heutiges Mahnmal St. Nikolai). Seit Mitte des 19. Jahrhunderts befand sich dort ein großer **Obst- und Gemüsemarkt,** der vor allem von den Bauern aus den Vier- und Marschlanden beschickt wurde. Noch früher (ab dem 14. Jahrhundert) wurde hier hauptsächlich Hopfen für die vielen ansässigen Bierbrauer gehandelt, daher leitet sich auch der noch immer gültige Name **„Hopfenmarkt"** ab. Auf dem Gemüsemarkt gab es sehr viele Verkaufsstände, um 1900 sollen es mehrere Hundert gewesen sein. Auf historischen Fotos kann man ein unglaublich dichtes Markttreiben sehen, das sich direkt vor der Nikolaikirche abspielte. Das hielt an bis 1911, als das Marktgeschehen zum Deichtorplatz verlegt wurde. Damit schwand die Bedeutung des Hopfenmarktes, aber bis 2014 fand hier immer noch ein Wochenmarkt statt.

Heute ist der Hopfenmarkt eine freie Fläche, auf der fast nichts mehr an die frühere Bedeutung erinnert, nur der denkmalgeschützte, 1878 erbaute **Vierländerin-Brunnen.** Dieser stand ursprünglich an anderer Stelle, kam erst 1975 zum Hopfenmarkt. Der achteckige Sockel steht in einem Becken, vier Enten aus Bronze hocken auf ihm und lassen aus ihren Schnäbeln Wasser fließen. Darüber steht die Figur einer jungen Bäuerin mit Gemüsekorb in der typischen Tracht der Vierlanden.

Die **Vier- und Marschlande,** die im Namen des Brunnens auftauchen, liegen im Süden von Hamburg im Bezirk Bergedorf. Es ist ein ländlich geprägtes Gebiet mit sehr fruchtbaren Böden, weitestgehend von der Elbe umgeben, welche die Zone in einem weiten Bogen umfließt. Zusätzlich fließen die Dove Elbe und die Gose Elbe mitten durchs Gebiet. Die **Vierlande** leiten ihren Namen von den vier **Kirchspielen** Altengamme, Curslack, Kirchwerder und Neuengamme ab, heute Hamburger Stadtteile. Die **Marschlande** be-

Wie komme ich dahin?

Die beiden nächstgelegenen U-Bahnstationen sind „Rödingsmarkt“ oder „Rathaus“, beide werden von der Linie U3 angefahren.

stehen heute aus acht Stadtteilen und aus weitläufigem Marschland, ähnlich wie die Vierlande.

Diese ganze Zone war früher **Sumpfgebiet,** da es ständig zu Überschwemmungen kam. Ab dem 12. Jahrhundert begann man mit ersten Eindeichungen, die ab dem 14. Jahrhundert systematisch durchgeführt wurden. Dadurch blieb das Land weitestgehend trocken und konnte urbar gemacht werden, sodass zwischen dem 14. und 17. Jahrhundert hier Hopfen und Gerste angebaut werden konnte. Die Ernte verkauften die Bauern dann in Hamburg an die dortigen Bierbrauer. Ab dem 15. Jahrhundert wurde Getreide angebaut, ab dem 18. Jahrhundert vor allem Gemüse, später auch Obst und Blumen, 1693 baute man erstmals Erdbeeren an.

All diese Waren wurden auf Hamburger Märkten verkauft. Manche Bauern wurden durch den Handel sehr wohlhabend und konnten sich prächtige Höfe und Wohnhäuser leisten. Noch heute leben in den Vier- und Marschlanden viele Gemüsebauern und Blumenzüchter, sie verkaufen ihre Waren noch immer in Hamburg, aber oftmals auch in eigenen Hofläden. Jetzt kommen die Hamburger zu ihnen ...

Die **Tracht** der Frauen entstand im 18. Jahrhundert. Sie wurde bewusst angelegt, wenn es nach Hamburg zum Markt ging. Die Waren aus den Vier- und Marschlanden genossen einen sehr guten Ruf, sodass manche Händler mit eher minderwertigen Waren vorgaben, diese stammten ebenfalls aus dieser Region. Auch deswegen trugen die Verkäufer ihre typische Kleidung, denn sie war eine Art **Gütesiegel und Erkennungszeichen.** Die Tracht bestand aus einem weiten Rock mit Falten und einer Schürze. Dazu ein weißes Hemd, überdeckt von einer Weste und/oder engen Jacke mit filigran gearbeitetem Brustlatz. Auf dem Kopf trugen die Frauen einen ausladenden Strohhut oder eine Haube mit schwarzer Schleife. Anhand dieser konnte man die Trägerinnen sofort identifizieren. Und so setzte sich auch bald eine stolze – plattdeutsche – Haltung durch, die noch heute überliefert ist:

„Wer ick bünn, wat ick will un woher ick kumm, mi de Frog to stellen is eegentlich to dumm.Wer de Tracht hör wohl kennt, de süht dat mie an, ick kumm ja direkt ut Verlann, Verlann!“

(Wer ich bin, was ich will und woher ich komme, mir die Frage zu stellen ist eigentlich dumm. Wer die Tracht wohl kennt, der sieht es mir an, ich komme aus den Vierlanden, Vierlanden!)

Und genau diese Tracht trägt auch die **Skulptur** auf dem Hopfenmarkt. Aus dem Alltag ist die Tracht heute verschwunden, sie wird aber bei Festen und kulturellen Veranstaltungen stolz getragen. Noch heute wird dieses Brauchtum in der Vierländer Trachtengruppe gepflegt.

17

Ein Carillon am Mahnmal St. Nikolai

Tägliches Konzert in einer Kriegsruine

Wie komme ich dahin?

Die beiden nächstgelegenen U-Bahnstationen sind „Rödingsmarkt“ oder „Rathaus“, beide werden von der Linie U3 angefahren.

Die frühere Hauptkirche St. Nikolai ist heute ein **zentraler Erinnerungsort für die Opfer von Krieg und Gewaltherrschaft während der Zeit des Nationalsozialismus.** Die Kirche wurde während der fürchterlichen Luftangriffe und Bombardierungen im Jahr 1943 völlig zerstört, aber wundersamerweise blieb ihr 147 Meter hoher Turm fast unbeschädigt stehen. Die Kirche wurde in der Nachkriegszeit nicht wieder aufgebaut, doch auch der immer noch rußgeschwärzte Turm ragt nach wie vor wie ein deutliches Mahnmal aus der Ruine. Oben hat man in 76 Metern Höhe eine **Aussichtsplattform** eingerichtet, von der Besucher einen formidablen Fernblick genießen, ein gläserner Fahrstuhl fährt in wenigen Sekunden nach oben. Unten befindet sich im Kellergewölbe eine **Dauerausstellung** zu den Bombennächten von 1943 unter dem Titel „Gomorrha 1943 – Die Zerstörung Hamburgs im Luftkrieg". „Operation Gomorrha" war der militärische Codename für die mehrtägigen Luftangriffe auf Hamburg durch die britische Royal Air Force.

Das ist alles äußerst eindrucksvoll dargestellt und unbedingt sehenswert, hier aber soll das Augenmerk auf ein kleines **Detail** gelenkt werden, das an diesem Erinnerungsort des Kriegswahnsinns vielleicht ein wenig angenehmere Töne schwingen lässt, auf ein Carillon. Ein Carillon ist ein **Glockenspiel,** das mechanisch oder durch einen Musiker über eine Klaviatur bespielt wird. Bereits 1665 gab es hier ein Exemplar mit 25 Glocken, das heutige hat insgesamt 51 Glocken, die in den Niederlanden gegossen wurden. Die größte von ihnen wiegt 2002, die kleinste gerade mal 9 Kilogramm. Eingebaut wurde das Carillon 1993 an der Ostseite, dort, wo sich bis 1943 in der Kirche die Orgel befand. Es spielt jeden Tag zu festen Zeiten (9, 12, 15 und 18 Uhr) eine Melodie, und jeden **Donnerstag** gibt es um 12 Uhr ein halbstündiges **kostenloses Konzert** durch einen Musiker. Dann fließen für eine halbe Stunde zarte Melodien durch die Kriegsruine, und man vergisst vielleicht sogar für einen Moment den ganzen fürchterlichen Hintergrund dieses Mahnmals.

Nur der Kirchturm der Nikolaikirche überstand den Bombenhagel 1943

Kirche St. Nikolai

1195 wurde eine erste kleine Kapelle in der von Graf *Adolf III.* gegründeten Neustadt gebaut. Benannt wurde die kleine Kirche nach dem **Heiligen Nikolaus,** dem **Schutzpatron der Handel treibenden Seefahrer.** Das passte vortrefflich, denn die Siedlung der gräflichen Neustadt handelte im großen Stil über die Elbe und die Nordsee. Im Laufe der Zeit wuchs die Siedlung und mit ihr die Kirche; drei große Erweiterungen sind bis Anfang des 15. Jahrhunderts dokumentiert. Einen ersten Turm erhielt die Kirche 1517. Der aber hielt nicht lange, Feuer und Blitzschläge zerstörten ihn, genauso erging es mehreren Nachfolge-Türmen. Immer wieder wurden sie aufgebaut, auch nach dem verheerenden Großen Brand 1842 (→ **Tipp 11**), als der Turm in den Flammen krachend zusammenstürzte. Dass auch diesmal wieder aufgebaut werden sollte, darüber war man sich rasch einig, aber nicht über die Form. Es gab einen Ideen-Wettbewerb, den *Gottfried Semper* gewann, gebaut wurde dann aber doch nach einem anderen Plan (→ **Tipp 2**). Nach 36 Jahren Bauzeit war die neue Nikolaikirche fertig. Im Wortsinn herausragend war ihr Turm, er maß stolze 147,30 Meter und war damit kurzzeitig der höchste Kirchturm weltweit. Die Nikolaikirche wurde im Zweiten Weltkrieg leider in den fürchterlichen Bombennächten 1943 komplett zerstört, nur der Kirchturm überstand das Bombardement. Diese Zerstörung war zu groß, zu tiefgreifend, man fand keine Mehrheit für einen abermaligen Wiederaufbau. Lange Zeit passierte nichts mit der Ruine, bis 1977 hier eine Gedächtnisstätte eröffnete. Und in den späten 1980er Jahren wurden durch einen Förderkreis die verbliebenen Mauerreste saniert und als Mahnmal umgestaltet. Die Kirchengemeinde war da längst nach Harvestehude verlegt worden, wo am Klosterstern (→ **Tipp 89**) eine neue Hauptkirche St. Nikolai entstand. Zentraler Bestandteil des Mahnmals ist immer noch der hoch aufragende, rußgeschwärzte Turm und im Kellergeschoss die Dauerausstellung zu den Luftangriffen auf Hamburg. Zwischen 2011 und 2018 musste der Turm umfassend saniert werden, etwa 22000 Mauersteine tauschte man aus.

18

Die Rohrpost von Hamburg

Als Briefbüchsen durch Hamburg flogen

Wie komme ich dahin?
Per S-Bahn bis „Stadthausbrücke“, dann zur Graskellerbrücke.

Okay, das sei schon mal zugestanden: Unter eine Brücke krabbeln und sich schmutzige Rohre anschauen, ist sicherlich nicht jedermanns Sache. Wobei hier niemand krabbeln muss, sondern nur ein paar Stufen hinabsteigen. Aber ein ziemlicher Kontrast ist es schon, wenn man vom schicken Bereich der Fleetinsel (→ **Tipp 19**) oder gar von der noch schickeren Luxus-Einkaufsstraße Neuer Wall kommt. Beide Zonen liegen gleich „umme Ecke", wie man so schön in Hamburch sagt. Und viel zu sehen gibt es hier unten auch nicht, außer ein paar angejahrten dunklen Rohren unterhalb der Graskellerbrücke. Diese sind die letzten sichtbaren Überreste eines einzigartigen **Großversuchs: Briefe mittels Rohrpost zu verschicken.**

Ab 1962 erprobte die Bundespost dieses System. Man wollte Briefe durch die 45 Zentimeter dicken Röhren sehr viel schneller von Postamt zu Postamt schicken, als es oberirdisch auf der Straße mit Postautos möglich war. Deshalb baute man eine **1800 Meter lange Versuchsstrecke** zwischen dem Postamt 1 („Hühnerposten") nahe des Hauptbahnhofs und dem Postamt 11 beim Rödingsmarkt. Der Bau war deutlich komplizierter als zunächst gedacht, aber im Februar 1962 war die Stecke tatsächlich fertig und wurde auch erfolgreich getestet. Am 8. Februar reiste der damalige Bundespostminister *Richard Stücklen* aus Bonn an und eröffnete den Betrieb. Die Briefe lagen in 85 Zentimeter langen Büchsen, durch die sie mittels Druckluft befördert wurden; für die 1,8 Kilometer benötigten sie ungefähr 2½ Minuten. Etwa 1000 Briefe fasste eine Büchse, später verwendete man sogar 1,60 Meter messende „Langbüchsen", die 2000 Briefe transportierten.

Alles lief gut, aber nur neun Tage später, am 18. Februar, ereignete sich die schlimme **Sturmflut,** bei der weite Teile Hamburgs überschwemmt wurden. Auch im Postamt 11 standen die Kellerräume mit den Maschinen für die Rohrpostanlage voller Wasser. Ein Rückschlag, der aber überwunden wurde.

Die Anlage funktionierte und sollte eigentlich ausgebaut werden, aber die Deutsche Bundespost zögerte, denn die **Betriebskosten** waren einfach **zu hoch.** Auch war die Anlage durch Erschütterungen vom Straßenverkehr und der viel zu nahe vorbeiführenden U-Bahn **störungsanfällig.** Lange überlegte man, aber dann kam 1978 doch das endgültige Aus. Die Anlage wurde abgeschaltet, die Rohre mit Sand verfüllt, und sie verschwanden im Hamburger Erdboden. Nur die bescheidenen Rohrreste sind noch unter der Graskellerbrücke sichtbar und zeugen von einem mutigen Versuch, den man schlussendlich abbrach.

19

Die Fleetinsel

Eine Fast-Insel mitten in der City

Wie komme ich dahin?
Mit S-Bahn S1 oder S3 bis Station „Stadthausbrücke“ oder mehrere U- und S-Bahnen bis Station „Jungfernstieg“.

Um es gleich vorweg zu sagen, eine „echte“ Insel ist die Fleetinsel nicht. Eigentlich handelt es sich nur um einen Streifen Land von knapp 1000 Metern Länge mit der Einkaufsstraße Neuer Wall. Wer hier entlangspaziert, bei dem wird kaum Insel-Feeling aufkommen, obwohl der Neue Wall links und rechts von Wasser begleitet wird (wenngleich verdeckt hinter den Häusern). Um die Verwirrung noch ein wenig zu erhöhen, sei erwähnt, dass im allgemeinen Sprachgebrauch heute mit „Fleetinsel“ nur ein recht überschaubarer **offener Platz** gemeint ist, der (grob) zwischen S-Bahnstation „Stadthausbrücke“ und der Michaelisbrücke liegt. Dieses Quartier ist geprägt von Gastronomie, einem Hotel, einer Klinik, einem Buchladen, einer Boutique und mehreren Galerien in der abzweigenden Admiralitätsstraße. Ein netter Platz, an dem man wunderbar entspannen kann. In der Adventszeit findet hier immer ein sehr schöner **Weihnachtsmarkt** statt.

Außerdem stehen hier gleich ums Eck an der Admiralitätsstraße auch noch die letzten Überreste von **Speicherhäusern** aus dem 17. bis 19. Jahrhundert. Diese Häuser waren mehrgeschossig und hatten zur Wasserseite Luken für die einzelnen Speicherböden. Waren wurden per Schiff vom nahen Hafen gebracht und über Seilwinden zu den einzelnen Böden hochgezogen. Nach vorne zur Admiralitätsstraße lagen die Schreibstuben, heute würde man „Büros“ sagen. Die wasserseitige Rückfront dieser Gebäude kann man sehr schön von der Michaelisbrücke betrachten; hier fließt das Herrengrabenfleet vorbei zur Elbe. Der südliche Wasserarm ist das **Alsterfleet,** die Verbindung zwischen Binnenalster und der Elbe.

Früher durften nur die Ratsherren am Herrengrabenfleet fischen

Dieser Arm ist sogar schiffbar, aber nur für sehr kleine Boote, zumeist Ausflugsdampfer. Zwei Schleusen regeln hier den Wasserstand. In der City liegt unmittelbar beim Rathaus die Rathausschleuse, und dort kann man auch gelegentlich ein Ausflugsschiff beim Schleusen zuschauen, wenn der unterschiedlich hohe Wasserstand ausgeglichen werden muss, der sich durch die Tide in der Elbe ergibt. Am anderen Ende des Alsterfleets liegt die Schartorschleuse im Übergang in die Elbe und den Binnenhafen.

Auf der nördlichen Seite vom Neuen Wall liegen das Herrengrabenfleet und dessen Verlängerung in Richtung Alster, das Bleichenfleet. Das **Herrengrabenfleet** wurde 1499 als vorgelagerter Schutzgraben vor der Stadtmauer errichtet, dem Neuen Wall. Der Name „Herrengrabenfleet" erinnert an ein Fischerei-Privileg, das die Ratsherren genossen. 1546 wurde das Herrengrabenfleet verbreitert und mit dem **Bleichenfleet** in Richtung Alster mit einer Verbindung zur Elbe verlängert. Bereits im Jahr 1707 wurde die Befestigungsmauer abgetragen und durch eine **Straße** ersetzt, die den Namen **„Neuer Wall"** erhielt, sie gilt heute als die exklusivste Einkaufsstraße in Hamburg. Nach dem Großen Brand 1842 (→ **Tipp 11**) wurde die Stadt neu aufgebaut und auch einige Straßen völlig neu gezogen. Dazu schüttete man auch mehrere Fleete zu, vom Bleichenfleet wurde der obere Teil zur Alster geschlossen. Damit es trotzdem eine Wasserverbindung zur Alster gab, baute man zwei Tunnel, durch die das Wasser fließt, sodass es zu einem Austausch kommt. Das Bleichenfleet endet an der Poststraße, und heute genießt man genau von dort einen sehr schönen Blick auf das Fleet, auf dem sehr einladend eine schwimmende Gastronomie-Terrasse liegt.

Gemütlichkeit auf der Fleetinsel

20

Die Stadthöfe

Gedenkstätte zur ehemaligen Gestapo-Zentrale

Wie komme ich dahin?

Per S-Bahn bis „Stadthausbrücke“. Die Buchhandlung „Lesesaal“ an der Stadthausbrücke 6 ist geöffnet Mo–Sa 12–17 Uhr.

Die Stadthöfe sind ein sehr schön gestaltetes **Häuser-Ensemble,** das mit Innenhöfen zu einem großen Ganzen verbunden wurde. Es liegt zwischen den Straßen Neuer Wall, Stadthausbrücke, Große Bleichen und Bleichenbrücke. Hier findet man eine Mischung aus Einzelhandel, Gastronomie, Wohnen und Arbeiten mit einem besonderen Angebot, die sonst üblichen Ketten sind nicht vertreten.

Heute befindet sich dort eine schöne, stilvolle Welt, früher jedoch spielte sich ein finsteres Kapitel der Hamburger Geschichte ab, denn dort war während der Zeit des Nationalsozialismus die **Gestapo-Zentrale** untergebracht. Die Stadthöfe konnten nicht ohne eine Gedenkstätte an diese düstere Zeit entstehen, und so ist im Buchladen Lesesaal der **„Ort der Erinnerung“** eingerichtet worden.

Das sogenannte **Stadthaus** wurde bereits 1814 erbaut, damals als Erweiterungsbau für das 1710 errichtete Görtz-Palais. Das damals dreistöckige und sehr elegante Gebäude wurde für den Gesandten des Herrschaftshauses Schleswig-Holstein-Gottorf, den Minister *Georg Heinrich von Görtz,* gebaut. Es war damals das einzige Gebäude am Neuen Wall, was heute kaum vorstellbar ist. *Görtz* starb 1719 in Stockholm, danach stellte die Stadt Hamburg das Haus dem Kaiser zur Verfügung, was den Pfeffersäcken sicher nicht leichtfiel. Während der Franzosenzeit (1811–1814, → **Tipp 5**) hatte hier das Rathaus seinen Sitz, und ab 1814 wurde das Görtz-Palais in das neue Stadthaus integriert.

Als die **Nationalsozialisten** an die Macht kamen, etablierten sie hier zwischen 1933 und 1943 eine Zentrale der Folter und brutalen Verhörmethoden. Im Keller befanden sich spezielle Zellen, in denen viele Menschen misshandelt wurden. Zwischen den Verhörräumen und den Zellen verlief ein Verbindungsgang, der „Seufzergang“ genannt wurde; er existiert noch heute und kann auch besichtigt werden. 1943 zerstörten Fliegerbomben das Gebäude.

An diese grausame Epoche erinnert die kleine **Ausstellung** im Buchladen. Sie ist in acht thematische Inseln unterteilt und erklärt die Zeit und die Geschehnisse u.a. an Biografien von Betroffenen. Das Themenspektrum reicht von der Polizeistruktur über die Deportation von Juden, Roma und die Ausbeutung der Zwangsarbeiter bis zum Widerstand. Hintergrundinfos bekommt man über Bildschirme oder über beigefügte Hefte. Es ist sicherlich nur ein Ausschnitt aus der komplexen Zeit des Nationalsozialismus, aber der Platz ist begrenzt, und dafür ist es sehr gut gemacht. Zusätzlich befindet sich im Arkadengang im Gebäudeinneren neben der Buchhandlung eine **Dauerausstellung** mit großformatigen Infotafeln zur Bau- und Nutzungsgeschichte der Stadthöfe mit besonderem Augenmerk auf die Zeit des Nationalsozialismus.

21

Das Lied vom Tüdelband

Die heimliche Hamburger Hymne

Wie komme ich dahin?

Per U-Bahn U3 bis Haltestelle „St. Pauli", von dort ca. 500 m Fußweg zur Ludwig-Erhard-Straße. Die Tüdelband-Skulptur befindet sich oberhalb des Hauseingangs in der Straße Hütten 86, die direkt hinter dem großen Hotel Motel One (Ludwig-Erhard-Straße 26) verläuft. Schnellbus 37 hält ganz in der Nähe an der Michaeliskirche.

Hamburg hat eine **offizielle Hymne,** die aber selbst unter Hamburgern kaum bekannt sein dürfte, sie beginnt so: „Stadt Hamburg in der Elbe Auen, wie bist Du stattlich anzuschauen!"

Viele Jahre wurde vor jedem Heimspiel des HSV eine inoffizielle Hymne gespielt und von allen Fans mitgesungen: „Ohh Hamburg, meine Perle, du wunderschöne Stadt …" Nach dem Abstieg in die zweite Liga fanden die Vereinsbosse das Lied nicht mehr zeitgemäß und setzten es ab. Aber ein Lied gibt es dann doch, das uneingeschränkt als *die* heimliche Hymne der Stadt bezeichnet werden darf. Nicht nur Fußballfans, sondern nahezu alle Hamburger kennen es. Es ist das Lied vom „Jungen mit'n Tüdelband" (ein Tüdelband ist keine Leine, sondern ein Radreifen aus Eisen, mit dem Kinder früher spielten). Der Text lautet so:

„An de Eck steiht 'n Jung mit'n Tüdelband
In de anner Hand 'n Bodderbrood mit Kees,
wenn he blots nich mit de Been in'n Tüddel kümmt
un dor liggt he ok all lang op de Nees.
Un he rasselt mit'n Dassel op'n Kantsteen
Un he bitt sich ganz geheurig op de Tung,
as he opsteiht, seggt he: Hett nich weh doon,
ischa 'n Klacks för 'n Hamburger Jung.
Jo, jo, jo Klaun, klaun, Äppel wüllt wi klaun, ruck zuck övern Zaun,
Ein jeder aber kann dat nich, denn he mutt ut Hamburg sien."

(An der Ecke steht ein Jung mit'm Trudelreifen
In der anderen Hand ein Butterbrot mit Käse,
wenn er bloß nicht mit den Beinen ins Straucheln kommt und da liegt er auch schon auf der Nase.
Und er schlägt mit dem Kopf gegen den Bordstein
und er beißt sich ganz gehörig auf die Zunge,
als er aufsteht, sagt er: Hat nicht weh getan,
ist ja ein Klacks für einen Hamburger Jung.
Ja, ja, ja, klauen, klauen, Äpfel wollen wir klauen, ruck zuck übern Zaun,
ein jeder aber kann das nicht, denn er muss aus Hamburg sein.)

Geschrieben und gesungen wurde das Lied ab 1911 von den damals in Hamburg bekannten **Gebrüdern Wolf.** Da sie aus einer jüdischen Familie stammten, erhielten sie unter den Nationalsozialisten Auftrittsverbot. *James Wolf* wurde im KZ Theresienstadt ermordet. Einer der drei Brüder, *Leopold,* wohnte in der Straße **Hütten 86** unweit des Michels. Das war lange vergessen, dann aber bekam der Vermieter einen Tipp. Daraufhin ließ er ein blaues Emailleschild anbringen, auf dem die Geschichte der Brüder *Wolf* geschildert wird, natürlich auf Platt. Außerdem ließ er eine Skulptur von einem Hamburger Jungen anfertigen, der ein Tüdelband mit einem Stock vor sich her rollt und in der anderen Hand ein Käsebrot hält. Diese Skulptur hängt nun oberhalb des Hauseingangs – eine wunderbare Geste, die sowohl das Lied als auch die Gebrüder *Wolf* sehr eindrucksvoll würdigt.

22

Hummel Hummel

Ein Wasserträger und Götz von Berlichingen

Es ist noch gar nicht so lange her, dass sich Hamburger in der Fremde oft mit dem **„Hamburger Gruß"** bedachten. Gerne passierte das auch auf Autobahn-Rastplätzen, wenn die Hamburger gen Süden in die sommerlichen Ferien rollten und sich am gemeinsamen Kennzeichen HH (Hansestadt Hamburg) erkannten. Dann rief der eine augenzwinkernd dem anderen, ihm bis dato völlig Unbekannten zu: **„Hummel Hummel!"** Und der Angerufene musste pflichtschuldigst antworten: **„Mors, Mors!"** Aber was steckt dahinter?

Anfang des 19. Jahrhunderts war Wasser ein kostbares Gut und musste teilweise von weither herangeschleppt werden. In Hamburg arbeiteten **Wasserträger,** die diese schwere Tätigkeit für andere erledigten. Einer von ihnen war **Johann Wilhelm Bentz** (1787–1854). Er arbeitete in der Hamburger Neustadt und soll ein ziemlich mürrischer Mann gewesen sein. Genannt wurde er *Hans* (Kurzform von *Johann* oder *Johannes*) *Hummel.* Warum „Hummel", darüber gibt es verschiedene Theorien, die hier vernachlässigt werden sollten. Wenn er schwer bepackt mit seinen Wassereimern durch die Straßen ging, neckten ihn die vorlauten Jungen aus sicherer Entfernung und riefen ihm „Hummel Hummel!" hinterher. Sie wussten genau, dass er ihnen nicht folgen konnte, und so gab *Bentz* den frechen Burschen ein herzhaft gefluchtes „Mors Mors!" zurück. Das war die Sehr-Kurz-Form des plattdeutschen „Klei mi an'n Mors", was hochdeutsch dem Götz-von-Berlichingen-Zitat „... er kann mich im Arsche

---

Wie komme ich dahin?

Rademachergang. Direkt in der Nähe liegt kein Bahnhof, nächste Station wäre U-Bahnhof „Gänsemarkt" (U2).

lecken!“ entspricht, oder wie es heute wohl heißen würde: „Leck mich am Arsch!“ Tja, so wurde der arme Herr *Bentz* berühmt, denn dieser Spruch bürgerte sich über die Jahre ein, und die Kinder neckten *Hans Hummel,* so lange er Wasser tragen konnte.

1848 war damit Schluss, da bekam Hamburg eine vernünftige Wasserversorgung. *Hummel* starb ein paar Jahre später in verarmten Verhältnissen. Er gilt heute, genau wie die Zitronenjette (→ **Tipp 41**), als liebenswertes Hamburger Original. Am **Rademachergang** ist ihm ein **Denkmal** gewidmet: Der Wasserträger schleppt ein Tragejoch auf den Schultern, links und rechts hängt jeweils ein Eimer. Noch heute wird *Hans Hummel* stets in dunkler Tracht mit einem Zylinder dargestellt, und so ist auch das Denkmal am Rademachergang gestaltet. *Richard Kuöhl* erschuf es 1933, „übergeben an die Stadt am Sonntag, den 13. September 1938“, so steht es (hier übersetzt) auf Plattdütsch am Denkmal.

Schräg gegenüber befindet sich etwas erhöht an der Hausecke des **Memelhauses** eine **Kinderfigur** an der Wand, die dem Wasserträger ihren blanken Hintern entgegenstreckt.

„Aber warum nur eine Hans-Hummel-Skulptur aufstellen?“, so fragte man sich wohl im Jahr 2003. „Warum nicht gleich **hundert Wasserträger über die ganze Stadt verteilen?“** Gesagt – getan, als eine Art Gegenentwurf zum Berliner Bären, der dort überall steht. Einhundert Wasserträger-Skulpturen wurden aus Kunststoff erschaffen und in den buntesten Farben bemalt. Die ganze Aktion wurde von namhaften Firmen und Vereinen unterstützt, die Figuren in deren jeweiligen Farben bemalt. Diese bunten Wasserträger sollten ein Jahr verteilt auf Hamburgs Straßen stehen, aber da die Aktion so gut ankam, blieben sie gleich bis 2006. Dann wurden sie **versteigert,** der Erlös floss in die Obdachlosenhilfe, die Figuren gingen in Privatbesitz über und sind heute weitestgehend aus dem Straßenbild verschwunden. Einige wenige Skulpturen stehen aber doch noch im öffentlichen Raum. So finden sich gleich mehrere in der **Wandelhalle Nord des Hauptbahnhofs** (Ausgang Glockengießerwall) und ein Hummel als Superman auf dem **Dach der Barkhof-Passage,** Spitalerstraße 7, bzw. auch einer auf der anderen Seite zur Mönckebergstraße, also mitten in der City. Und ein weiterer befindet sich auf St. Pauli, er steht genau vor dem **Panoptikum am Spielbudenplatz.** Wenn das mal keine Karriere ist …

Diese Art von Figuren findet man überall in der Stadt

23

Das Gängeviertel

Hamburgs frühere Slums

Wie komme ich dahin?
Bäckerbreitergang und Valentinskamp per U-Bahn der Linie U2 bis „Gänsemarkt".

„Ich habe noch nie solche ungesunden Wohnungen, Pesthöhlen und Brutstätten für jeden Ansteckungskeim angetroffen. (…) Ich vergesse, dass ich mich in Europa befinde."

So entsetzt äußerte sich der bekannte Bakteriologe *Robert Koch,* als er 1892 anlässlich einer Cholera-Epidemie von Berlin nach Hamburg kam, um hier entscheidend zu helfen. Gemeint war das Gängeviertel, ein **Elendsquartier,** das man heute wohl als Slum bezeichnen würde. Es gab nicht nur ein Gängeviertel, sondern drei verschiedene Zonen. Sie entstanden ab dem **17. Jahrhundert** durch den ständigen Zuzug von Menschen in das damals doch recht begrenzte Stadtgebiet. Anfänglich verdichtete man die Bebauung oder teilte vorhandenen Wohnraum, aber Ende des 18. Jahrhunderts genügte auch das nicht mehr. Deshalb begann man, **Wohnungen auf den Hinterhöfen** zu bauen. Hinter den meist mehrgeschossigen Fachwerkhäusern an der Hauptstraße entstanden nun kleine, schmale Häuser, sogenannte **Buden.** Sie bestanden aus einem Erdgeschoss mit einem Giebel, später wurde hier auch noch ein weiteres Stockwerk draufgesetzt. Diese Wohnungen waren klein, oft feucht, und es drang kaum Licht hinein. Der Zugang bestand aus einem **schmalen Gang** vom Haupthaus aus, diese Gänge verzweigten sich teilweise sogar noch nach hinten. Sie waren derart schmal, dass kein Fuhrwerk mehr durchpasste.

Hier lebten arme, einfache **Arbeiter** mit ihren Familien, die keinen weiten Weg zur Arbeit im Hafen haben wollten. In einigen Häusern lebten bis zu 25 Familien mit ihren Kindern, jeweils nur auf einen oder zwei Räume verteilt. In dieser Elendsatmosphäre gediehen Prostitution, Alkoholismus und Kleinkriminalität. Es fanden sich aber auch kleine Handwerksbetriebe und einige Geschäfte.

Ein Gängeviertel lag im Gebiet der heutigen **Speicherstadt,** eine weitere große Zone entwickelte sich rund um den **Michel** und eine dritte in der **Altstadt.** Die Stadt nahm diese Situation lange Zeit einfach hin, denn die **Ratsherren** lebten in einer völlig anderen Welt. Viele von ihnen waren wohlhabend oder sogar schwerreich. Ihre Kontore und Handelshäuser standen in anderen Zonen der Stadt, die Wohngebäude teilweise auch außerhalb des Stadtgebietes. Einige bauten sich ganz bewusst Landhäuser weit außerhalb, u.a. in Blankenese an der Elbe (heute ein Hamburger Stadtteil) oder an der Oberalster, damals von kleinen Dörfern besiedelt, die heute ebenfalls Stadtteile von Hamburg sind.

In den Elendsvierteln musste alles von Hand besorgt werden, auch das Wasser, eine **Kanalisation gab es nicht.** Unter diesen desaströsen hygienischen Bedingungen brach 1892 die **Cholera** im Gängeviertel aus, und alles wurde anders. Zuerst waren nur wenige Menschen betroffen, aber die Anzahl der Erkrankten stieg schnell stark an, dennoch reagierte der Hamburger Senat sehr zögerlich. Schließlich schickte die Reichsregierung in Berlin den bekann-

Soziokulturelles Herzstück: Die 1903 erbaute und bereits sanierte FABRIQUE an der Speckstraße

ten Bakteriologen *Robert Koch.* Der erließ **drastische Maßnahmen,** die man heute als „Lockdown" bezeichnen würde, und nach zehn Wochen ebbte die Krankheit ab. Und danach war klar, **dass diese miesen Wohnungen verschwinden mussten.**

Bereits ab 1883 war das **Gängeviertel am Hafen auf dem Großen Grasbrook** für den Bau der neuen Speicherstadt abgerissen worden (→ **Tipp 27**), insgesamt etwa 1100 Häuser. 24.000 Menschen hatten dabei ihre Wohnung verloren. Nun hatten sie die Wahl: Entweder zogen sie in weiter entfernte Stadtviertel wie Barmbek oder auf die Elbinsel Veddel und nahmen deutlich längere Wege zur Arbeit in Kauf, oder sie zogen ins sowieso schon überbelegte **Gängeviertel am Michel.** Nun wurde es dort noch voller. Teilweise nahmen Hauptmieter die Zugezogenen als Untermieter mit in ihre eh schon zu kleinen Wohnungen auf. Spätestens nach der Cholera-Epidemie war die Situation dort aber **komplett unhaltbar** geworden, das Viertel rund um den Michel musste **saniert oder ganz abgerissen werden.** Und so geschah es auch, aber in mehreren Schritten. Die ersten Abrissarbeiten begannen 1893, als neue breite Straßen gebaut wurden. Die ersten Elendshäuser verschwanden, die Menschen wurden (abermals) gezwungen umzuziehen.

Von den entfernteren Stadtvierteln zur **Arbeit** zu kommen, war aber nicht so einfach. Das dämmerte schließlich auch den Stadtoberen, und man plante deshalb eine **U-Bahn** (damals „Hoch-

Ein farbenfroher Innenhof im Gängeviertel

bahn“ genannt). Am 15. Februar 1912 wurde sie eröffnet und befuhr die Strecke Barmbek – Rathausmarkt.

Bis 1911 wurde die gesamte südliche Neustadt saniert. Die alten Häuser wurden abgerissen, es entstanden aber auch neue Wohnblocks, u.a. durch den Bauverein Hamburg oder durch die Schiffszimmerer Baugenossenschaft, die noch heute einen großen Wohnungsbestand verwaltet und vermietet.

Die **nördliche Neustadt wurde bis 1936 saniert.** Der Bombenhagel im Zweiten Weltkrieg zerstörte auch diese neuen (und alten) Wohngebiete rund um den Michel, sodass kurz nach dem Krieg nur noch einige Überreste des ursprünglichen Gängeviertels existierten. Die allerletzten zusammenhängenden Gebäude wurden Ende der 1960er Jahre beim Valentinskamp abgerissen für den Bau des riesigen Unilever-Hochhauses mit damals 90 Metern Höhe (heute: Emporio-Hochhaus, 98 m).

Fast nichts ist heute mehr übriggeblieben vom früheren Gängeviertel. Eine kleine Budenzeile steht noch am **Bäckerbreitergang.** Ein weiterer kleiner historischer Gebäudekomplex liegt am **Valentinskamp.** Er wurde 2008 an einen Investor verkauft, der die meisten Häuser abreißen wollte. Dagegen wurde protestiert, indem man die Gebäude besetzte. Mit Erfolg: Der Kauf wurde rückabgewickelt, die Häuser saniert, und das kleine Viertel wandelte sich zu einem Kultur- und Kreativzentrum. Infos dazu: https://das-gaengeviertel.info.

24

Johannes Brahms

Aus prekären Verhältnissen …

Wie komme ich dahin?
Die Laeiszhalle und der Johannes-Brahms-Platz können mit der U-Bahn der Linie U2 bis „Gänsemarkt“ erreicht werden.

... zum verehrten Star. *Johannes Brahms* zählt zu den großartigsten Komponisten der Hansestadt, aber es dauerte, bis die Hamburger das merkten und auch anerkannten. Schnöde abgelehnt wurde er, als er einen Posten anstrebte, was den schwermütigen und sehr selbstkritischen *Brahms* schwer traf.

Geboren wurde *Johannes Brahms* am 7. Mai 1833 im Speckgang im Gängeviertel der Neustadt. Damals wahrlich keine feine Adresse. Er hatte aber kunstsinnige und musische Eltern. Klein *Johannes* bekam bereits mit sieben Jahren Klavierunterricht, und im zarten Alter von 15 Jahren trat er erstmals öffentlich auf. Es wird erzählt, er habe schon in jungen Jahren in Vergnügungslokalen rund um das Gängeviertel gespielt. Mit 20 Jahren lernte er das damals sehr bekannte Musikerpaar *Clara* und *Robert Schumann* kennen, das ihn unterstützte. Erste Kompositionen veröffentlichte er noch unter Pseudonym (G.W. Marks, Karl Würth). Von *Robert Schumann* ist folgendes Lob bekannt: „Er ist gekommen, ein junges Blut. Er heißt Johannes Brahms und kam von Hamburg her. Dort in dunkler Stille schaffend und er ist ein Berufener". So kann man es heute in einer Bodenstele nachlesen, die direkt vor der Laeiszhalle am Johannes-Brahms-Platz eingelassen ist. *Brahms* war dieses frühe Lob eher unheimlich, seine in jungen Jahren erhaltenen Lobpreisungen empfand er als „quälende Verpflichtung".

1862 bemühte er sich um einen Posten als Direktor des Philharmonischen Konzerts und als Dirigent der Hamburger Singakademie, dem ältesten Chor der Stadt (gegründet 1819). Doch nicht er bekam den Posten, sondern der befreundete *Julius Stockhausen,* der diesen von 1862 bis 1867 innehatte. 1869 zog *Stockhausen* weiter und wurde fest angestellter Kammersänger am Königshof Württemberg. Zu dieser Zeit war *Brahms* schon längst nicht mehr in Hamburg. Die Ablehnung hatte ihn so schwer getroffen, dass er die Stadt verließ und nach **Wien** übersiedelte. Dort war er Leiter des Singvereins, aber nur für kurze Zeit, denn er wollte komponieren. *Brahms* schrieb u.a. das „Deutsche Requiem" und die „Ungarischen Tänze", die ein großer Erfolg wurden. Ab 1872 lebte er fest in Wien und konnte von den Honoraren und Einkünften als freier Künstler leben, denn er hatte mittlerweile einen hervorragenden Ruf auch als Dirigent und Pianist.

So langsam dämmerte es auch den Hamburger Ratsherren, welch großartigen und mittlerweile berühmten Sohn der Stadt sie verloren hatten. 1889 verlieh man ihm die Hamburger **Ehrenbürgerschaft,** da er „... durch hervorragende Werke seiner Vaterstadt Ehre und Ruhm bereitet." Das war schon bemerkenswert, denn zum damaligen Zeitpunkt erhielten eigentlich nur Auswärtige die Ehrenbürgerschaft. Bei *Brahms* machte man eine Ausnahme, da er schon sehr lange Zeit nicht mehr in Hamburg lebte. Oder pochte da ein wenig auch das schlechte Gewissen? Man weiß es nicht. Am 3. April 1897 verstarb *Johannes Brahms* in Wien und wurde dort auch auf dem Wiener Zentralfriedhof in einem Ehrengrab bestattet.

Hamburg benötigte noch ein paar Jahre, um ihn dann aber gleich mehrfach zu würdigen. In unmittelbarer Nähe seines Geburtshauses (existiert heute nicht mehr, nur eine kleine Tafel in der Speckstraße 24 erinnert daran) steht eines der schönsten Konzerthäuser der Stadt, die **Laeiszhalle.** Der Platz vor dem Konzerthaus heißt seit 1997 **Johannes-Brahms-Platz,** vielen älteren Hamburgern dürfte er noch als Karl-Muck-Platz in Erinnerung sein. Direkt vor dem Konzerthaus erinnern **zwei Skulpturen** an *Brahms.* Eine von ihnen zeigt leicht geschwungene Wellen und trägt den Titel „Hommage an Brahms" (siehe Bild S. 86). Die Künstlerin *Maria Pirwitz* möchte so *Brahms'* Musik als Fluss aus Melodien darstellen. Weiterhin steht hier ein Granitwürfel mit vier Porträts des Komponisten aus unterschiedlichen Lebensphasen, erschaffen von *Thomas Darboven.* Außerdem gibt es ein **Brahmsmuseum** in der Peterstraße 39 (→ **Tipp 25**), und ganz in der Nähe der Laeiszhalle steht an der Caffamacherreihe 5–7 ein modernes Bürogebäude, das **„Brahmsquartier"** heißt (genau davor auch eine Stele, die an sein Geburtshaus erinnert), außerdem ist in Hamburg eine Schule nach ihm benannt. Schließlich wird in der Stadt seit 1928 die **Johannes-Brahms-Medaille** verliehen, ein Musikpreis für „Verdienste um das hamburgische Musikleben", so steht es auf der Münze. Viel Ehre also für einen Hamburger Jung aus dem Gängeviertel, der in jungen Jahren beleidigt seine Heimatstadt verließ und erst in der Fremde große Erfolge feierte.

Eine kleine Hommage an *Brahms* hören Hamburger Fernsehzuschauer jeden Abend und wissen vielleicht nicht einmal, wem sie diese Melodie verdanken. Täglich um 19.30 Uhr wird im NDR-Fernsehen als Auftakt für die **Sendung „Hamburg Journal"** ein Motiv der ersten Sinfonie von *Brahms* gespielt. Eine Art täglicher Verbeugung vor einem anfänglich verkannten musikalischen Genie.

25

Die Peterstraße

Historische Bürgerhäuser als Nachbau

Wie komme ich dahin?
Bus 112 bis Haltestelle „Museum für Hamburgische Geschichte“, genau gegenüber liegt die Peterstraße.

In Hamburg sind **nicht allzu viele historische Gebäude erhalten** und erst recht kein zusammenhängendes historisches Viertel, also eine echte Altstadt. Zu viel wurde zerstört durch die Weltkriegsbomben, durch ein schlimmes Feuer Mitte des 19. Jahrhunderts (→ **Tipp 11**) und nicht zuletzt auch durch schnöden Abriss. Kein Wunder, dass die Freie und Hansestadt Hamburg schon vor langer Zeit als „Freie und Abrissstadt" geschmäht wurde. Dieses Bonmot wird bereits *Alfred Lichtwark* (1852–1914) zugeschrieben. Und ganz falsch ist dieser Satz nicht: Im Zweifel hatte häufig genug kaufmännisches Denken Vorrang vor Historie, alte Bausubstanz war da eher hinderlich.

Aber es geht auch anders, und dies kann man sehr schön in der Peterstraße besichtigen. Diese kurze Straße in der Neustadt zeigt ein Hamburg, wie es in der Zeit vom **17. bis zum 19. Jahrhundert** ausgesehen haben mag, interessanterweise aber nicht hier an dieser Stelle.

Die Peterstraße liegt in der **Neustadt,** die noch heute so genannt wird, obwohl das Gebiet so neu nun auch nicht mehr ist. Zwischen 1615 und 1625 wurde der Hamburger Schutzwall vergrößert. Bislang außerhalb der Stadt liegende Ländereien wurden integriert, und diese Gebiete erhielten den pragmatischen Namen „Neustadt". Hamburg boomte in jenen Jahren, viele Menschen strömten in die Stadt, und diese Zuwanderer siedelten sich hier in der Neustadt an, wo es noch genügend Raum gab. Allerdings musste auch hier die Bebauung alsbald stark verdichtet werden, da der Zustrom stetig anhielt. So entstanden auf den Hinterhöfen kleine, gedrungene Wohnhäuser, damit entstand das spätere Gängeviertel (→ **Tipp 23**). Hier lebten viele arme Menschen in sehr beengten und hygienisch desaströsen Verhältnissen, bis das Viertel im 20. Jahrhundert komplett abgerissen wurde.

Und hier etablierte sich auch eine größere **jüdische Gemeinde.** 1775 wurde den Juden von der Stadt Hamburg das Wohnrecht für fünf Straßen in der Altstadt zugebilligt, zudem für 14 Straßen in der Neustadt. Rasch etablierte sich hier in der Elbstraße (heutige Neanderstraße, diese kreuzt die Peterstraße) auch ein **Markt,** der allgemein als „Judenbörse" bekannt war. Juden durften zu dieser Zeit keine Ladengeschäfte mit Auslagen führen, und sie durften auch nicht mit Waren handeln, die dem Zunftrecht unterlagen (→ **Tipp 42**). So mussten sie sich auf Gebrauchtwaren beschränken oder auf bestimmte Handwerksartikel. Das Marktgeschehen spielte sich mitten auf der Straße ab, gehandelt wurde auf kleinen Tischen, Karren u.Ä. Das Zunftwesen wurde 1864 aufgehoben, und mit der Gewerbefreiheit konnten nun auch jüdische Händler alles anbieten. Der Markt war sehr beliebt, er wurde aber 1925 geschlossen, da der Autoverkehr stark zugenommen hatte.

All dies zeigt, dass in der Neustadt eher ärmere oder bestenfalls kleinbürgerliche Strukturen herrschten und keine hochherrschaftlichen Häuser standen. Aber genau solche Häuser findet man heute in der Peterstraße. Sie stehen dort sehr schick und akkurat aufgereiht, manchem Besucher erschei-

Häuser in der Neanderstraße, nicht echt, aber akkurat nachgebaut

nen sie fast wie eine Filmkulisse. Es sind **detailgetreu nachgebaute Häuser** mit historischen Fassaden. Zwischen 1966 und 1982 restaurierte die Carl-Toepfer-Stiftung das Beyling-Stift, das einzige Originalgebäude aus der Peterstraße. Um das Bild abzurunden, baute die Stiftung weitere Rekonstruktionen Althamburger Bürger- und Kaufmannshäuser mit ihren verspielten historischen Fassaden des 17. bis 19. Jahrhunderts. Derartige Häuser standen aber nie in der Neustadt, sondern in der **Altstadt,** wo die damaligen Kaufleute oben die Waren lagerten, unten das Kontor betrieben und nach hinten hinaus auch ihre Wohnungen hatten. So gesehen ist der Eindruck einer Filmkulisse nicht ganz falsch, zumal hier auch tatsächlich bereits mehrfach Filmszenen gedreht wurden. Schick anzuschauen sind die Gebäude allemal.

Zwischen den Häusern gibt es schmale **Durchgänge zu Innenhöfen,** nicht alle sind zugänglich, aber beispielsweise der neben dem Brahmsmuseum, **Peterstraße 39.** Und dort im Gang zu einem sehr idyllischen, begrünten Hinterhof hängen **historische Fotos** an der Wand, die zeigen, wie das Leben im Gängeviertel der Neustadt tatsächlich ausschaute.

Heute sind etliche Wohnungen preisgünstig an Senioren vermietet, und obendrein befindet sich hier das **Komponistenquartier,** eine Museumslandschaft, die sich sieben Hamburger Komponisten widmet, darunter auch *Johannes Brahms* (→ **Tipp 24**), der hier ganz in der Nähe geboren wurde.

26

Das frühere Spinnhaus

Ein Haus zum Züchtigen gefallener Frauen

Früher war längst nicht alles besser. Und schon gar nicht für unverheiratete Frauen, die schwanger wurden. Oder gestohlen hatten oder gar bettelten. All das war in den Augen der Obrigkeit verwerflich und musste unbedingt ausgetrieben werden. Dafür gab es das Spinnhaus. Dorthin brachte man Personen, die ihre „Kost nicht verdienen konnten", wie es hieß, und andere, die man für zu faul zum Arbeiten hielt. Fleiß war ein wichtiger gesellschaftlicher Wert, dem stand das Betteln gegenüber, das als eine Ablehnung dieses Arbeitsethos wahrgenommen wurde. Diesen Menschen musste man, nach damaliger Überzeugung, den Wert von Arbeit wieder beibringen. Das hieß konkret, sie wurden bei karger Kost weggesperrt und zur **Zwangsarbeit** verpflichtet. Meist nicht für eine bestimmte Zeit, sondern bis zum Beweis der erfolgreichen Besserung. Die Frauen mussten tagein, tagaus Wolle spinnen, daher der Name dieses „Züchtigungshauses" (Spinnhaus). Es stand am Alstertor am Rande der heutigen City und wurde am 27. Januar 1670 eröffnet. Über dem Eingangsportal stand auf Latein der Sinnspruch: „Labore nutrior, labore plector" („Durch Arbeit werde ich ernährt, durch Arbeit werde ich gezüchtigt"). Damals galt das Spinnhaus als **humane Anstalt** im Vergleich zu den ansonsten drakonischen Strafmaßnahmen. So kamen Prostituierte sonst meist erst an den Pranger und wurden dann ausgepeitscht. Nun durften sie den Wert der Arbeit im Spinnhaus kennenlernen …

Der Hamburger Ratsherr **Peter Rentzel** wollte mit dieser Einrichtung die Lage der „gefallenen Frauen" verbessern, sie sollten arbeiten zur Sühne

Wie komme ich dahin?

U-Bahn-Linie U3 bis „St. Pauli" oder Bus 112 bis Haltestelle „Museum für Hamburgische Geschichte". Öffnungszeiten des Museums Mo, Mi–Fr 10–17 Uhr, Sa/So 10–18 Uhr.

und zur Besserung. Das Ganze wurde mit strenger Disziplin durchgeführt: Die Frauen trugen eine schlichte grüne Anstaltskluft und arbeiteten den ganzen Tag, unterbrochen nur vom zweimaligen Kirchgang und kargen Essenspausen. Arbeitsende war zwischen 19 und 20 Uhr. Gezahlt wurde ein kleiner Lohn. Wer sich unwillig zeigte, wurde gezüchtigt und eingesperrt. Es gab auch eine Abteilung für Männer, die ebenfalls Zwangsarbeit leisteten.

Diese Art der „Armenhilfe“ wurde lange Zeit überhaupt nicht hinterfragt. Erst 1788 entwickelte **Baron Voght** (→ **Tipp 53**) eine ganz andere Art der **Armenfürsorge.** Er gründete eine **Allgemeine Armenanstalt,** in der es medizinische Hilfe für Schwangere gab, sogar Schulunterricht und echte Hilfe in Form von Arbeitsangeboten (ohne Zwang). Diese Reform war so erfolgreich, dass die Zahlen der Insassen im Spinnhaus deutlich sanken und Baron *Voght* auch in anderen Städten seine Armenhilfe vorstellen und organisieren konnte.

1842 **brannte das Spinnhaus komplett ab,** nur das Sandsteinportal des Eingangs ist erhalten. Es befindet sich heute an der Außenseite des Museums für Hamburgische Geschichte, das Richtung St. Pauli weist. Das Portal wird seitlich von zwei korinthischen Säulen begrenzt, zwei Figuren halten Kränze, und oberhalb befindet sich das von zwei Löwen gehaltene Wappen des Stifterehepaars *Peter* und *Anna Maria Rentzel.*

Das Eingangsportal des früheren Spinnhauses ist heute Teil des Museums für Hamburgische Geschichte, welches in einer shönen Parkanlage liegt

27

Das ehemalige Zollamt in der Speicherstadt

Eine Auslandsgrenze mitten in der Innenstadt

Wie komme ich dahin?

Per U-Bahn mit der Linie U1 bis „Meßberg", dann über die Kornhausbrücke Richtung Speicherstadt. Das Deutsche Zollmuseum befindet sich an der Adresse „Alter Wandrahm 16", Di–So 10–17 Uhr.

Die Speicherstadt kann man, von der Innenstadt kommend, über insgesamt acht Brücken erreichen. Wer über die **Kornhausbrücke** geht und damit den Zollkanal quert, wird vielleicht etwas verwundert nach dem Überqueren links die **kleine Bude** mit den als Zöllner verkleideten Puppen entdecken. Und ganz in der Nähe steht ein größeres Gebäude mit der Aufschrift „Deutsches Zollmuseum". Und spätestens dann wundert man sich vielleicht auch noch über den Metallzaun, der hier in Ansätzen erkennbar ist. Man kann das alles aber auch schnell übersehen.

Vor einigen Jahren wäre dies unmöglich gewesen, denn damals standen hier an der Brücke tatsächlich **Zollbeamte,** die Ausweise und vor allem Waren kontrollierten. Was immer wieder für Überraschungen sorgte, wenn Touristen sich zufällig in die damals noch wenig touristische Speicherstadt verlaufen hatten und beim Verlassen an der Kornhausbrücke gestoppt wurden. Eigentlich wollten die Zöllner „echte" Schmuggler fangen, denn genau hier verlief tatsächlich eine Grenze. Das eingezäunte Gebiet der **Speicherstadt galt als Zollausland.** Wie kam es dazu?

Hamburg lebte schon immer vom Warenverkehr und vom Handel. Schiffe brachten exotische Güter, die in der Stadt umgeschlagen und weiterverkauft wurden, was den Grundstock für Hamburgs Wohlstand bildete. Dann kam *Otto von Bismarck.* Der Eiserne Kanzler schmiedete 1871 das **Deutsche Reich** zusammen, wozu auch die Mitgliedschaft im Deutschen Zollverein gehörte. Hamburg zierte sich diesbezüglich anfänglich ein bisschen, wurde dann aber doch Mitglied. Die Hamburger Kaufleute konnten aber durchsetzen, dass die Hansestadt zunächst **Zollausschlussgebiet** blieb. Mit anderen Worten: Die Hanseaten zahlten keine Zölle und Umsatzsteuer auf eingeführte Waren, was eigentlich zu den Regeln des Reiches gehörte. Das konnte natürlich nicht lange so akzeptiert werden, weshalb den Hamburgern eine **Übergangsfrist** bis zum 25. Mai 1881 gesetzt wurde.

Wie seit Jahrhunderten waren die Lager der Kaufleute über die Stadt verteilt. Wollten sie auch nach Ende der Übergangsfrist ihre Zollprivilegien behalten, musste nun eine begrenzte, bewachte Zone errichtet werden, in der sie zukünftig ihre Waren lagern, veredeln und verarbeiten konnten. Dieses Gelände sollte am Hafen entstehen auf den beiden **Elbinseln Wandrahm** und **Kehrwieder.** Speziell auf Kehrwieder wohnten zu dieser Zeit sehr viele Arbeiter und kleine Handwerker in beengten und teils auch ärmlichen Verhältnissen. Ein kleiner Vorteil waren die kurzen Arbeitswege zum Hafen.

Das war nun vorbei, etwa **20.000 Menschen mussten zwangsweise umziehen,** zumeist in weiter entfernte Stadtteile wie Barmbek oder Hasselbrook. Etwa **1100 Häuser wurden abgerissen** und danach auf 1½ Kilometern Länge in mehreren Schritten ein großer **Lagerkomplex aus Backstein gebaut,** genannt **„Speicherstadt".** Insgesamt 24 Speicherblöcke entstanden bis 1927. Sie hatten meist vier oder fünf Böden und wurden von der Wasserseite über Schuten (kleine Schiffe) oder von der Straßenseite durch Fahrzeuge beliefert. Das Stückgut, u.a. Tee, Kakao, Kaffee, Gewürze oder Teppiche, wurde mit Seilwinden hochgehievt und auf den Böden eingelagert.

Die Zone wurde am 29.10.1888 im Beisein von Kaiser *Wilhelm II.* feierlich eingeweiht, da standen aber längst noch nicht alle Speicher. Machte nichts, man ging schon mal in Betrieb. Das Gelände wurde eingezäunt und von Zollbeamten kontrolliert. Ein **Zollgebäude** befand sich im Gebäude neben der Kornhausbrücke (heute das Deutsche Zollmuseum). Und die Beamten kontrollierten tatsächlich, denn natürlich gab es Versuche, zu **schmuggeln.** Einige sehr schöne Beispiele hierfür sind im Zollmuseum zu bewundern.

In der **Nachkriegszeit** veränderte sich allmählich das Geschäft. Stückgut wurde vermehrt in Containern transportiert, die **großen Lagerhäuser wurden nicht mehr benötigt.** Nachdem Hamburg den Plan zur Entwicklung des neuen Stadtteils HafenCity veröffentlichte, der sozusagen im Rücken der Speicherstadt liegt, waren die Zollgrenzen sogar eher hinderlich. Am 1.1.2003 wurde die **Freihafengrenze verlegt,** die Speicherstadt war nicht mehr Teil des Freihafens, die Zöllner zogen ab. **2013** wurde auch der **Freihafen aufgelöst** und durch ein neues Zollsystem ersetzt.

Der frühere Zollkanal heißt noch immer so, das Zollamt ist zum Museum geworden, die Zollpuppen sind Dekoration, und aus einem kleinen Zollhäuschen auf der gegenüberliegenden Straßenseite wurde das „Bistro Zoll". Ausweis vergessen? Macht nichts, die alte Grenze ist verschwunden.

oben: Haben Sie was zu verzollen? – hieß es hier früher
unten links: Die Kornhausbrücke führt in die Speicherstadt direkt zum früheren Zollhäuschen
unten rechts: Das Zollmuseum zeigt kreative Schmuggelversuche

28

Die Oberhafenkantine

Die letzte Kaffeeklappe im Hafengebiet

Wie komme ich dahin?

Per U-Bahn mit Linie U4 bis „HafenCity Universität" oder Bus 111 bis „Koreastraße". Oberhafenkantine, Stockmeyerstraße 39, https://oberhafenkantine-hamburg.de

Die Oberhafenkantine ist ein kleines Haus, das man wohl als „windschief" beschreiben kann, ohne dem Gebäude zu nahe zu treten. Es ist tatsächlich einseitig weggesackt, hat also eine **deutliche Schräglage** und wird dennoch immer noch als Lokal betrieben. Es ist die letzte überlebende Kaffeeklappe im Hafengebiet, ein Relikt aus der Zeit, als im Hafen noch harte Handarbeit gefragt war.

Der Hamburger Hafen wurde über Jahrhunderte von Handelsschiffen angefahren, die Waren aus aller Herren Länder brachten und die Kaufleute, Reeder und Händler reich machten. Aber irgendwer musste all diese Waren ja auch ausladen und in die Handelshäuser befördern oder gleich weiter aufs nächste Schiff. Das machten die schwer schuftenden **Hafenarbeiter.** Sie waren bei keiner Firma angestellt, also echte **Tagelöhner.** Man heuerte sie für das Entladen eines bestimmten Schiffes an, war das leer, gab's Geld und man konnte am nächsten Tag bei einem anderen Schiff arbeiten. Oder auch nicht. Noch in den 1960er Jahren gab es zu bestimmten Uhrzeiten Meldungen im Radio wie etwa diese: „Morgen um 6 Uhr werden 80 Mann gebraucht am Schuppen 25 am Burchardkai." Dann konnte man sich dort melden und bekam mit Glück den Job. Die Arbeiter wollten natürlich möglichst nahe am Hafen wohnen, so beispielsweise auf der Wandrahminsel, wo heute das Ensemble der Speicherstadt steht.

Der Hafen wurde im Laufe der Zeit immer größer, die Wege immer weiter. Und die **Verpflegung?** Anfangs brachten die Frauen das Essen, aber das ging irgendwann auch nicht mehr, die Wege waren einfach zu weit. So nahmen die Männer das Essen im Henkelmann mit, konnten es aber vor Ort nicht aufwärmen. Dann wurde 1888 die Speicherstadt gebaut, die Häuser der dort wohnenden Arbeiter und ihrer Familien abgerissen, die Menschen wurden zwangsweise umgesiedelt und hatten nun noch längere Wege zur Arbeit. Was also tun? Die Lösung: Es mussten **Versorgungsstellen in der Nähe der Arbeitsplätze** geschaffen werden. Dort wurde kräftiges Essen zu bezahlbaren Preisen ausgeschenkt, aber kein Alkohol – zu trinken gab es Kaffee. So wurden die ersten **Volkskaffeehallen** eröffnet. Innerhalb der Speicherstadt war jegliches Gewerbe verboten, deswegen gründete man den Verein für Volkskaffeehallen, der diese Versorgungsstellen betrieb. Und sie wurden schnell sehr beliebt. Um 1914 gab es etwa 20 Kaffeeklappen, wie diese Läden genannt wurden, da **Speis und Trank durch eine Klappe nach draußen gereicht** wurden.

Die 1925 entstandene Oberhafenkantine ist heute die letzte ihrer Art im Hafengebiet. Ab den 1960er Jahren änderte sich die Arbeit im Hafen. Stückgut kam immer seltener, fast alles wurde nun in Containern transportiert, und die wurden per Kran entladen. Handarbeiter wurden immer seltener gebraucht, Kaffeeklappen auch nicht.

Nur die kleine Oberhafenkantine hat überdauert. Sie wurde im damals typischen Baustil **„Klinkerexpressionismus"** errichtet. Neben dem Erdgeschoss hat sie noch ein Staffelgeschoss, das ein wenig wie ein draufgesetztes Türmchen wirkt. Erster Betreiber war *Hermann Spahr*, dessen Name heute noch schwach über dem Eingang erkennbar ist. Seite Tochter *Anita* übernahm später das Lokal und betrieb es bis zu ihrem Tod 1997. Einige Jahre stand das Haus dann leer, war sogar einsturzgefährdet. Nachdem es unter Denkmalschutz gestellt worden war, fand es einen neuen Besitzer, der sanierte, und heute ist es wieder ein Lokal. *Anita* kochte bodenständige Gerichte, genau richtig für die schwer arbeitenden Hafenarbeiter. Und so ähnlich wird auch heute noch gekocht: **Hausmannskost,** saisonal und regional. Und Kaffee gibt es auch. Filterkaffee, „keinen Cappuccino oder Latte Macchiato", wie es demonstrativ auf der Homepage heißt. Bodenständig und gut, genau wie früher schon. Nur mit einem Unterschied: Alkohol wird mittlerweile doch ausgeschenkt.

29

Klaus Störtebeker

Denkmal für einen Piraten, der die Kaufleute ausplünderte

Wie komme ich dahin?

Die Hansekogge steht vor dem Störtebeker-Haus im Stadtteil Hamm, einige Kilometer östlich der HafenCity; eine Störtebeker-Skulptur steht in der HafenCity beim Maritimen Museum, siehe folgende Seite.

Denkmäler stehen wohl in jedem Ort, und sei er noch so klein. Meist erinnern sie an honorige Bürger, an lokale Berühmtheiten, gerne auch an Kaiser, Könige und Politiker. Dem „Eisernen Kanzler“ *Otto von Bismarck* schlug Ende des 19. Jahrhunderts gar eine derartige Verehrung entgegen („Schmied des Deutschen Reiches“), dass ihm rund 600 Stelen, Gedenksteine, Türme und Denkmäler gewidmet wurden. Einige von gewaltigen Ausmaßen, da macht auch Hamburg keine Ausnahme. Ein riesiges Bismarck-Denkmal steht am Elbhang unweit der Landungsbrücken. Überraschenderweise haben die ehrpusseligen Hamburger Kaufleute aber auch Denkmäler für etwas skurrilere Zeitgenossen erstellt. Beispielsweise für eine alkoholkranke Zitronenverkäuferin („Zitronenjette“, → **Tipp 41**) oder einen schwer schuftenden und genauso schwer fluchenden Wasserträger („Hummel Hummel“, → **Tipp 22**). Aber wirklich ungewöhnlich dürfte sein, dass man sogar eines Piraten gedenkt, nämlich des Seeräubers *Klaus Störtebeker*. Das Denkmal steht in der **HafenCity** und trägt die schlichte Bezeichnung: „Claas Störtebeker, Gödeke Michels 1401, Gottes Freund, der Welten Feind“.

Um den wohl bekanntesten deutschen Piraten *Klaus Störtebeker* ranken sich etliche **Legenden.** Es fängt schon mit seiner Herkunft an und endet noch nicht einmal mit seinem Tod. Bereits sein Name gibt Rätsel auf. „Störtebeker“ ist vielleicht abgeleitet von „Stürz den Becher“, womit ein großer Krug Bier von vier Litern Fassungsvermögen gemeint ist. Ebenso ist seine Herkunft unklar. Geboren wurde er wohl um 1360, aber wo? Auf Rügen? In Wismar? Oder ganz woanders? Es gibt Quellen, die für Wismar sprechen, aber zweifelsfrei ist dies nicht belegt. Er landete jedenfalls bei den Ostsee-Piraten und wurde zusammen mit *Gödeke Michels* einer der wichtigsten Anführer der **Vitalienbrüder,** die Ende des 14. Jahrhunderts Schiffe überfielen, zunächst in der Ostsee. Der Begriff „Vitalienbrüder“ lässt sich von ihrem ursprünglichen Auftrag ableiten. Ende des 14. Jahrhunderts herrschte das Königreich Dänemark auch über Schweden, nur die Stadt Stockholm widersetzte sich. Die Dänen blockierten daraufhin die Hafenzufahrt. Deshalb wurden *Störtebeker* & Co. vom schwedischen König angeheuert, die Blockade zu durchbrechen und Viktualien (Lebensmittel, „Vitalien“ ist eine Nebenform des Wortes) nach Stockholm zu liefern. Später tauchte auch der Begriff **„Likedeeler“** („Gleichteiler“) auf, da die Piraten nicht nur besagte Lebensmittel lieferten, sondern auch, ausgestattet mit einem schwedischen Kaperbrief, dänische Schiffe ausraubten und die Beute unter sich aufteilten bzw. auf den Märkten u.a. von Wismar verkauften. Die Piraten erhielten keinen Sold, sondern finanzierten sich durch diese Raubüberfälle. Als es 1395 zu einem Friedensschluss zwischen Hanse, Deutschem Orden, Dänemark und Mecklenburg kam, waren die Likedeeler überflüssig geworden und raubten nun auf eigene Faust weiter. Unter anderem **plünderten** sie die reich beladenen **Hanseschiffe,** und dies betrieben sie so gründlich, dass der **Handel in der Ost-**

Wie komme ich dahin?

Das Störtebeker-Denkmal steht am Störtebeker-Ufer, Höhe Busanbrücke vor der Osakaallee in der HafenCity beim Maritimen Museum. Die nächsten U-Bahn-Stationen sind „Messberg" (U-1) oder „HafenCity Universität" (U-4). Per Bus Nr. 111 (→ Tipp 100) Haltestelle „Osakaallee".

see fast vollständig zum Erliegen kam. Daraufhin stellte die Hanse ein schlagkräftiges **Heer** auf, das den Auftrag hatte, die Piraten zu vertreiben. Was auch gelang: Sie wechselten in die **Nordsee** und fanden beim ostfriesischen Häuptling *Keno tom Brok* Schutz, der ihnen einen Unterschlupf in Marienhafe anbot, einem Ort im Hinterland, nicht weit entfernt von der Küste. Von dort überfielen *Störtebekers* Mannen auch Schiffe, die die Ems befuhren. Die Hansestädte erhöhten den Druck auf die Piraten, verfolgten sie entschlossen, und schließlich mussten sie ihr Versteck in Marienhafe verlassen. *Gödeke Michels* floh nach Norwegen, *Störtebeker* nach Helgoland.

Und hier haben weitere **Sagen** und **Legenden** ihren Ursprung. Wo sollte man die zusammengeraubten **Schätze** unterbringen, während man sich auf der Flucht befand? Eine Geschichte, die darüber kursiert, ist, dass der Schatz eingeschmolzen in den Masten von *Störtebekers* Schiff verborgen sei und sehr viel später von einem Schiffszimmermann entdeckt worden. *Störtebeker* und seine Leute wichen jedenfalls im Jahr 1400 nach Helgoland aus, wurden aber von einem großen Verband Hamburger Schiffe verfolgt und schließlich besiegt. Eine bekannte Legende besagt, ein Verräter habe flüssiges Blei ins Ruder gegossen, weswegen *Störtebekers* Schiff manövrierunfähig geworden sei. Die Piraten wurden **gefangen genommen,** nach Hamburg gebracht und **zum Tode verurteilt.** Das Urteil wurde am 20. Oktober 1401 vollstreckt. Desweiteren erzählt man sich, *Störtebeker* habe dem Hamburger Senat im Gegenzug für seine Freilassung eine goldene Kette angeboten, die um die ganze Stadt hätte reichen sollen, was aber abgelehnt wurde.

Störtebeker und 72 weitere Piraten wurden auf dem Grasbrook (in der heutigen HafenCity) **durch das Schwert hingerichtet.** Eine bekannte Legende im Zusammenhang mit *Störtebeker* ist, dass allen Männern die Freiheit versprochen worden sei, an denen der Pirat noch vorbeigehen konnte, nachdem ihm der Kopf abgeschlagen worden war. Angeblich schaffte er es, elf Mann zu passieren, bevor ihm der Henker ein Bein stellte. Eine weitere Geschichte, die über die Exekution existiert, ist, dass der Hamburger Senat danach die Arbeit des Scharfrichters gelobt habe. Er soll daraufhin geantwortet haben, dass dies doch gar nichts sei, er könne auch noch den gesamten Rat „abarbeiten", wenn es sein müsse. Worüber dieser Rat gar nicht amüsiert gewesen sei und den Henker gleich selbst habe köpfen lassen. Die abgeschlagenen Köpfe der Seeräuber wurden jedenfalls entlang der Elbe aufgespießt und zur Abschreckung zur Schau gestellt. Einer dieser Schädel, von einem mächtigen Nagel durchbohrt, wird im Museum für Hamburgische Geschichte noch heute ausgestellt.

So viele Legenden sich auch um *Klaus Störtebeker* ranken, keine Legende ist, dass 2008 in der HafenCity ein neuer **Sportverein** gegründet wurde mit dem einzig passenden Namen: **Störtebeker SV.**

30

Hannoverscher Bahnhof

Gedenkstätte an die Deportationszüge während der Nazi-Zeit

Wie komme ich dahin?

Per U-Bahn der Linie U4 bis „HafenCity Universität". Von der U-Bahn kommend liegt der Erinnerungsort ganz rechts des Lohseparks.

Die HafenCity ist ein weitläufiges Gebiet mit vielen schicken Gebäuden, ein völlig neuer Stadtteil. Während der Zeit des Nationalsozialismus fand hier ein grausames Geschehen statt, das lange Zeit vergessen war. Auch in Hamburg gab es **Deportationen** von Juden, Sinti und Roma in Konzentrations-und Vernichtungslager. Die Menschen wurden in Züge gepfercht und deportiert. Diese **Züge** fuhren ab vom Hannoverschen Bahnhof auf dem Großen Grasbrook, einem Gebiet, das lange am Rande der Stadt lag. Hier gab es im 18. Jahrhundert mehrere Werften, aber als der Hafen im 19. Jahrhundert vergrößert wurde, mussten diese Werften umziehen.

Der Bahnhof, erbaut von *Hermann Lohse,* wurde 1872 als Kopf- und Endbahnhof für alle Züge aus dem Süden eingeweiht. Ursprünglich sollten von hier Verbindungen sogar bis nach Paris und Sankt Petersburg gehen, aber hauptsächlich rollten die Züge bis Hannover und ins Ruhrgebiet.

Das **Bahnhofsgebäude** war wuchtig, ein Backsteinbau mit einer 37 Meter langen Halle, hohen Fenstern, einer großen zentralen Uhr und mehreren Zugängen zu den fünf Gleisen. Ankunfts- und Abfahrtsbereiche waren getrennt. Außerdem gab es hier eine Güterabfertigung, die auch von der Nähe zum Wasser profitierte, weil auf diesem Wege die Güter und Waren rasch zu den Schiffen transportiert werden konnten.

1906 weihte man den neuen und sehr zentral in der Innenstadt gelegenen **Hauptbahnhof** ein, und der Hannoversche Bahnhof verlor seine Bedeutung im Personenverkehr, er wurde nur noch als Güterbahnhof genutzt und auf 14 Gleise verbreitert.

Während der Zeit des Nationalsozialismus, zwischen 1940 und 1945, wurde dieser Bahnhof gezielt für Deportationszüge gewählt, da er abseits der City lag. Es gab insgesamt 20 Deportationsfahrten mit etwa 8000 Menschen, von denen geschätzt 1000 überlebten. Die Deportationen wurden in Hamburg von staatlichen Stellen und Behörden organisiert, u.a. von der Gestapo (vom sogenannten „Judenreferat"), der Polizei und von der „Rassenhygienischen Forschungsstelle".

Das Bahnhofsgebäude wurde 1943 bei Bombenangriffen beschädigt und nach dem Krieg **abgerissen.** Die Gleisanlagen blieben weitestgehend erhalten, und das Gelände nutzte man noch mehrere Jahre zur Güterabfertigung, bis diese 1997 eingestellt wurde und die Gleise zurückgebaut wurden.

Auf dem frei gewordenen Gelände entstand im Zuge der Entwicklung des

Der noch erhaltene Bahnsteig 2

neuen Stadtteils HafenCity das Quartier Am Lohsepark mit Wohnhäusern und dem vier Hektar großen **Lohsepark** (benannt nach dem Erbauer des Hannoverschen Bahnhofs). Integrierter Bestandteil des Parks ist eine **Gedenkstätte,** die an die Deportationen von Juden, Sinti und Roma erinnert, die vom Hannoverschen Bahnhof erfolgten. Dazu wurde dessen letzter erhaltener Bahnsteig 2 als zentraler Bestandteil gewählt. Dort sind **20 Steintafeln mit den Namen der Deportierten** angebracht. Von diesem Bahnsteig führt eine sogenannte „Fuge" auf dem früheren Gleisverlauf zum ehemaligen Bahnhofsvorplatz. Für 2023 ist die Eröffnung eines großen Dokumentationszentrums mit einer Dauerausstellung zum Schicksal der Deportierten vorgesehen. Schon heute kann man sich in einem Pavillon über die Deportationen informieren (geöffnet: Mai–Okt. tägl. 10–12 Uhr), es hängen aber auch etliche Info-Tafeln außen am Gebäude.

31

Ökumenisches Forum

21 christliche Kirchen unter einem Dach

Wie komme ich dahin?

Shanghaiallee 12, per U-Bahn der Linie U4 bis „HafenCity Universität“ täglich geöffnet 8–18.30 Uhr, Mittagsgebet Mo, Mi, Fr 13–13.25 Uhr, Abendgebet Di, Do 18–18.15 Uhr.

Die HafenCity ist geprägt von modernen Gebäuden, viele davon sind sehr dominierend mit Glas verkleidet. Aber es gibt auch einige wenige Häuser aus Backstein, beispielsweise das Gebäude des Ökumenischen Forums. Dieses Forum bietet insgesamt **21 christlichen Kirchen einen gemeinsamen Treffpunkt,** darunter so unterschiedliche Glaubensrichtungen wie die Alt-Katholische Kirche, die Anglikanische Kirche, Griechisch-Orthodoxe Metropolie, die Koptisch-Orthodoxe Kirche, die Römisch-Katholische oder auch die Dänische Seemannskirche. Von außen betrachtet wirkt das Gebäude leicht gewölbt, fast so, als ob es eine Delle hätte. Ganz oben hängt eine Glocke, und über dem Eingang befindet sich ein großes Kreuz aus lasierten Ziegeln, das sich an die gewölbte Hausfassade anschmiegt.

Zentraler Treffpunkt ist eine **kleine, für jedermann geöffnete Kapelle,** ein stiller, angenehmer Ort zur Einkehr, zum Gebet oder um ganz einfach mal kurz zur Ruhe zu kommen. Die Kapelle ist schlicht gehalten und hat eine halbrunde Ziegelwand aus durchbrochenem Backstein, der Raum ist in einer freundlichen, goldenen Hintergrundfarbe gehalten. An den Türen sind mehrsprachige Zitate der Charta Oecumenica zu finden, die Leitlinien für die Zusammenarbeit der Kirchen bietet. Ausgestattet ist die Kapelle mit Altar, Lesepult und Kreuz, auch dies alles sehr schlicht gehalten. Die Wände schmücken links Ikonen und eine Reliquie, rechts vom Eingang sind biblische Worte in den Backstein eingearbeitet.

Vielleicht ist diese Schlichtheit genau das große Plus, denn man wird als Besucher nicht von prächtigen Kunstwerken abgelenkt, sondern kann sich für einen kurzen Moment auf sich selbst besinnen; Stühle dazu stehen auch bereit.

Neben der Kapelle gibt es noch das Café Elbfaire, falls einen nach der inneren Einkehr noch weltliche Gelüste überkommen ...

32

Das Kesselhaus

... zeigt ein großes Modell der HafenCity

Das Kesselhaus, ein denkmalgeschütztes Gebäude aus den Jahren 1886 bis 1887, steht in der Speicherstadt in der Straße „Am Sandtorkai“. Es wurde ausschließlich für die **Energieversorgung** der Speicherstadt gebaut, die somit unabhängig vom restlichen Hamburger Netz war. Kernstück des dreistöckigen Gebäudes war eine Halle mit neun Dampfkesseln, die mit Kohle befeuert wurden, welche von Schuten übers Wasser herantransportiert wurden. Den in den Kesseln erzeugten Dampf leitete man in einen Maschinenraum, wo Strom und Druckluft generiert wurden, um damit Kräne und hydraulische Winden an den Speicherhäusern zu betreiben. Das war eine große Hilfe, denn so konnten Speicher mit den einzulagernden Waren schneller be- und entladen werden.

Das Kesselhaus wurde im Jahr 2000 zu einem **Ausstellungsraum** umgestaltet. Dokumentiert ist hier heute die **Bauentwicklung der benachbarten HafenCity.** Es liegen Broschüren aus, zudem werden Führungen und Ausstellungen angeboten. Wichtigstes Exponat ist aber ein 8 mal 4 Meter großes **Modell der HafenCity im Maßstab 1:500.** Es zeigt deutlich die jeweiligen Baufortschritte, fertige Gebäude sind detailgetreu nachgebildet, geplante Projekte in Konturen skizziert. Wer sich hier mit Muße über das Modell beugt, wird viel wiedererkennen. Es lohnt sich also sowohl vor als auch nach einem Bummel durch die HafenCity hier vorbeizuschauen.

Wie komme ich dahin?

Per U-Bahn der Linie U4 bis „Überseequartier“. In nördlicher Richtung bis „Am Sandtorkai 30“. Ausstellung geöffnet Di–So 10–18 Uhr, Eintritt frei.

Der Leuchtturm der HafenCity ist die Elbphilharmonie

HafenCity

Die HafenCity entsteht auf einem großen Areal „hinter" der Speicherstadt. Sie hat eine gewaltige Baufläche von 157 Hektar und wird ein **ganz neuer Stadtteil** mit maritimem Flair. Alte Industriegebäude wurden abgerissen, Brachland neu erschlossen und das gesamte Projekt in ganz großem Stil angegangen. Gebaut werden wird wohl so um die 40 Jahre, bis alles fertig ist. In dem neuen Stadtteil sollen später etwa 45.000 Menschen arbeiten und in 7500 Wohnungen etwa 12.000 Menschen leben Die gesamte Investitionssumme liegt bei geschätzten 13 Milliarden Euro.

Die HafenCity ist auch ein **touristischer Magnet,** obwohl noch immer gebaut wird, was man schwerlich überhören kann. Neue **Museen** sind geplant, einige wie das Internationale Maritime Museum existieren bereits. Eine **Universität** für 2500 Studenten hat auch schon eröffnet. Außerdem entsteht ein großes **Kreuzfahrtterminal,** über das dann vor allem ausländische Gäste nach Hamburg kommen werden. Viele kleine Ladengeschäfte sind bereits geöffnet, ebenfalls etliche gastronomische Betriebe, eine Schule, Kita, Kinderspielplatz, drei U-Bahnhöfe und mit dem Lohsepark eine der größten Grünanlagen der ganzen Stadt (→ **Tipp 30**). Große Pläne also. Vor allem soll eben keine sterile Bürostadt entstehen, in der nach Feierabend die sprichwörtlichen Bürgersteige hochgeklappt werden, wie es mit der in den 1960er Jahren erbauten Bürostadt „City Nord" passiert ist. Nein, gewünscht ist ein lebendiges Viertel, in dem Menschen nach der Arbeit gerne ihre Freizeit verbringen und im Idealfall sogar wohnen. So wurde auch an Grünflächen, Kaipromenaden und nett gestaltete öffentliche Plätze gedacht.

Als eine Art „Leuchtturm" erstrahlt die **Elbphilharmonie** kulturell weit über Hamburgs Grenzen, auch wenn es um die Baukosten und die Verzögerungen bis zur Eröffnung ziemlichen Streit

Blick auf die Elphi über den Sportboothafen von der Überseebrücke

gab. Doch kaum war die „Elphi", wie sie auch genannt wird, fertig, wurde sie auch schon von den Hamburgern gestürmt. Konzerttickets sind schwierig zu bekommen, selbst für einen Besuch der Aussichtsterrasse Plaza muss man an bestimmten Tagen anstehen. Keine Frage, Hamburg hat „seine" Elbphilharmonie angenommen.

Viele Gebäude im neuen Stadtteil stehen schon, aber noch wird kräftig gebaut. Erste Kritik wurde auch bereits laut: Nicht jedem gefallen die (bislang vor allem errichteten) Glaspaläste, aber trotzdem ist die Nachfrage ungebremst hoch, obwohl viele Wohnungen eher hochpreisig sind. Es gibt auch genossenschaftlich und preisgeförderten Wohnraum, aber eben auch viele Eigentumswohnungen im gehobenen bis zum Luxussegment mit Preisen von 10.000 Euro pro Quadratmeter. Die ersten Büros sind schon bezogen und zwei ansprechende Plätze fertiggestellt, die **Magellan-Terrassen** und die **Marco-Polo-Terrassen.** Einige Gebäude stechen architektonisch deutlich heraus, so der Marco-Polo-Tower mit seinen überkragenden Stockwerken. Aber dies alles wird einmal vom **Elbtower** getoppt werden, der mit dann 240 Metern alles überragen und nur knapp kleiner sein wird als das derzeit höchste Hamburger Gebäude, der Fernsehturm. Gut, dass er eine Aussichtsplattform bekommen soll, der Fernblick muss gigantisch sein.

Etwas mehr als die Hälfte aller Projekte ist fertig, insgesamt entstehen **zehn Quartiere,** viele in direkter Wasserlage. 2009 wurde das erste Quartier fertiggestellt (Am Sandtorkai, Dalmannkai). Dort erhebt sich auch die Elbphilharmonie, die aber erst 2017 eröffnet werden konnte. 2011 folgte das zweite große Quartier Am Sandtorpark, Grasbrook. Und so ging es in den folgenden Jahren immer weiter, man arbeitet sich von Nordwesten nach Südosten. Die Arbeiten sollen zwischen 2025 und 2030 beendet sein; dann hätte Hamburg seine bewohnte innerstädtische Fläche um stolze 40 Prozent vergrößert.

33

Der Neue Kran

**Ein Kran,
eine Gäng, drei Plöge**

Wie komme ich dahin?

Neuer Kran, Bei dem Neuen Krahn 2, unweit der Brooksbrücke in die Speicherstadt. Per U-Bahn mit der Linie U3 bis „Baumwall".

Hamburgs **Wohlstand** speiste sich über Jahrhunderte aus den **Handelsaktivitäten** durch den Hafen. Schiffe brachten schon zur Zeit der Hanse exotische Waren nach Hamburg, die dort verarbeitet und weiterverkauft wurden. Aber vor alldem mussten sie zuerst einmal ausgeladen werden. Da war ordentlich „Knöf" gefordert, wie man in Hamburg sagt, ordentlich Kraft. Um die Sache ein wenig zu erleichtern, kamen schon frühzeitig Kräne zum Einsatz. Überliefert ist, dass im Hafen 1266 ein Zollhaus stand, 1269 eine Waage und **1291 ein erster Kran.** Soweit bekannt, wurde dieser durch ein über menschliche Muskelkraft betriebenes Laufrad bedient. 1353 baute man den **Neuen Krahn** (mit einem H geschrieben), der 1570 ersetzt wurde und bis 1858 im Einsatz war. Diesen betrieb man u.a. auch mit Pferden. Alle diese Kräne waren aus Holz und damit nur bedingt haltbar. Nach dem Großen Brand 1844 wurden **Kräne aus Eisen** gebaut, und sie konnten sogar auf **Schienen** bewegt werden. Das war eine deutliche Verbesserung, musste doch jetzt das Schiff nicht passgenau unterhalb des Krans am Kai festmachen, sondern man schob den Kran an die freie Liegefläche, wo das Schiff schließlich anlegte. 1891 wurde in Hamburg der erste Kran **elektrisch** betrieben, 1896 auch der **Neue Kran** am Binnenhafen, der noch heute dort steht.

Doch auch, wenn ein Kran die Ladung aus dem Schiffsbauch hievte: Diese musste zunächst für den Kran bereitgelegt werden, das heißt **auf Paletten gestapelt.** Aber nicht irgendwie, sondern nach einem festgelegten Muster, damit die schweren Säcke nicht ins Rutschen kamen. Das war knochenharte Arbeit; ein Kaffeesack beispielsweise wog damals 60 Kilogramm. Den konnte man nur zu zweit im beständigen Rhythmus schmeißen und stapeln. In einer Schiffsluke unter einem Kran arbeitete eine **„Gang"** (auf gut Hamburgisch auch „Gäng"' geschrieben), bestehend aus drei **„Plögen",** (ein Plog ist eine Zwei-Mann-Gruppe). Eine Gang bestand also aus sechs Mann, die sich beim Säckeschmeißen abwechselten. Sobald eine Palette gestapelt war (meist mit 15 Sack), wurde die „Hieve" vom Kran hochgezogen, und oben zählte ein Tallymann, ein Ladungskontrolleur, die Mengen und welche Plöge sie gestapelt hatte. Das war wichtig, denn so wurde der Lohn der einzelnen Männer berechnet. Da die Schiffe im Laufe der Jahrhunderte immer größer wurden, dauerte es teilweise sehr lange, bis der Schiffsbauch entladen war. Ein Schiff wie die „Cap San Diego", die heute als Museumsschiff an den Landungsbrücken liegt, fasste 3800 Sack Kaffee.

Es gab auch **unangenehmere Ladungen,** Bananenstauden beispielsweise. Sie wogen bis zu 40 Kilo und mussten auf dem Rücken einzeln rausgetragen werden. Oder Rinderhälften aus dem Kühlschiff, die nicht nur sehr schwer, sondern auch sehr kalt waren. Unangenehm und eine echte Drecksarbeit war auch das Ausladen von Kohle.

Die schwer schuftenden Männer wurden **„Schauerleute“** genannt. Sie waren im Wortsinn Tagelöhner und wurden auch „Unstetige“ genannt, denn die Arbeit wurde nicht stetig, sondern nur schichtweise oder bestenfalls schiffsweise vergeben, eine Festanstellung bekamen die Schauerleute erst Anfang des 20. Jahrhunderts nach dem großen Hafenarbeiterstreik.

Die Arbeit wurde von einem Vermittler, dem **„Baas“**, zugeteilt, oft in Hafenkneipen, wo es dann hinterher auch das Geld gab. Praktisch, denn nach einer harten zwölfstündigen Schicht war man ja durstig. Noch praktischer, wenn der Wirt zugleich der Baas war. Der Vorarbeiter der Schauerleute vor Ort wurde **Stauervize** genannt, oder kurz „Vize“.

Die größte Gruppe im Hafen neben den Schauerleuten waren die **Ewerführer.** Ewer waren kleine Schuten (offene Transportschiffe ohne Antrieb), die teils mit Stangen gestakt wurden, teils unter Segeln liefen. Sie transportierten Waren von Schiffen zu den Lagerhäusern in den Kanälen und Fleeten oder gleich zu anderen Schiffen. Nach Errichtung der Speicherstadt fuhren die Ewer die Waren nur noch in diese Lagerhäuser oder gleich weiter zu anderen Schiffen.

An Land wurde die Ware mit Fahrzeugen oder von Hand per **Sackkarre** weitertransportiert, teilweise auch mit einer **Schottschen Karre** (zweirädrige Karre aus Holz, die von Menschen bewegt wird). Es war alles harte Knochenarbeit, und die Kräne sorgten zumindest ein wenig für Erleichterung.

Heute wird fast alles in **Containern** transportiert, aber auch diese Blechboxen werden noch per Kran entladen, der heute aber „Containerbrücke“ heißt. Kaffee wird immer noch meist in 60-, alternativ in 69-Kilo-Säcken verschickt, ebenfalls in Containern. In einen Container passen zehn Paletten mit je zehn Säcken, also insgesamt 100 Sack Kaffee. Die kann eine moderne Containerbrücke heute in einer Zeit entladen, von der frühere Schauerleute und Kranbediener nicht einmal träumen konnten.

Der Neue Kran am Binnenhafen war bis 1974 im Betrieb und ist ein letztes Relikt aus einer völlig anderen Zeit.

34

Deichstraße

Wo Hamburgs älteste Bürgerhäuser stehen

Wie komme ich dahin?
Per U-Bahn mit der Linie U3 bis „Rödingsmarkt“

Die kurze Deichstraße gehört zu den ältesten Straßen Hamburgs. Traurigen Ruhm hat ihr die Tatsache eingebracht, dass hier 1842 das fürchterliche Feuer ausbrach, das sich tagelang durch die Innenstadt fraß und einen großen Teil der innerstädtischen Bebauung zerstörte. Die Deichstraße ist jedoch auch dafür bekannt, dass hier die **letzten Gebäude eines historischen Häuserensembles** erhalten sind. Diese stehen direkt an einem Wasserlauf, dem Nikolaifleet. Dieses Fleet war der Hauptmündungsarm der Alster in die Elbe, und hier befand sich auch der erste Hamburger Hafen. Da es immer wieder zu Überschwemmungen kam, baute man **1188 einen ersten Deich,** eine erste „Diekstroot“ (Deichstraße) wurde 1304 urkundlich erwähnt. Ab 1248 gab es eine Bebauung hinter dem Deich, und ab dem 15./16. Jahrhundert baute man auch auf dem Deich. Unter anderem standen hier viele Häuser, in denen **Bier gebraut** wurde. Diese Häuser hatten damals das **„Brauerbe“,** das Recht zum Brauen war nämlich an das Haus gekoppelt und nicht an den Besitzer, denn das Wasser zum Brauen wurde aus dem Fleet genommen.

Ab **1659** baute man dann **direkt am Deich** und damit auch direkt am Fleet schlanke, mehrgeschossige Häuser. Diese hatten eine **Mehrfachfunktion,** denn nun zogen hier Kaufleute ein. Unten und zur Straßenseite befanden

Hamburg kann auch historisch schick sein, wie hier in der Deichstraße

sich die Wohnbereiche und das Kontor, die Schreibstube. Waren konnten von der Straße angeliefert werden, aber auch von der Wasserseite durch Schuten. Um die Waren hoch auf die Böden zu ziehen, waren oben am Giebel Seilwinden angebracht. Vorn sahen die Häuser schicker, repräsentativer aus und „machten was her". Die Fassade zur Straße war im barocken Stil gehalten, die Rückseite eher schlicht, und man erkennt noch heute das Fachwerkmuster. Zwischen vielen Häusern verläuft ein schmaler Gang zum Fleet, an dem heute ein schwimmender Ponton liegt, eine Terrasse für die Lokale der Deichstraße. Haus Nr. 37 zeigt noch eine Besonderheit, einen herausragenden Erker. Das war früher die Toilette, wo auch der Müll entsorgt wurde, immer direkt hinein ins Fleet.

1842 brach in der Deichstraße 42 ein Feuer aus, das als **„Der große Brand"** in die Geschichte einging und einen beträchtlichen Teil der Hamburger Innenstadt in Schutt und Asche legte (→ **Tipp 11**); auch einige Häuser in der Deichstraße wurden zerstört. Man baute wieder auf, und die Innenstadt wurde neu gestaltet, vor allem wurden mehr Häuser aus Stein gebaut. 1888 wurde die Speicherstadt feierlich eröffnet, und damit schloss sich Hamburg dem Deutschen Reich und seinem Zollrecht an. Was zur Konsequenz hatte, dass die Kaufleute ihre Waren nicht mehr einfach unterm eigenen Dach lagern konnten, sondern nur noch in den Lagerhäusern der Speicherstadt. Nur dort lagerten die Güter zoll- und steuerfrei, wurden sie nach Hamburg oder ins Deutsche Reich eingeführt, waren Abgaben fällig (→ **Tipp 27**). Damit gab es für viele Kaufleute auch keine Notwendigkeit mehr, in den Häusern direkt am Fleet zu wohnen. Viele zogen deshalb in die Vororte außerhalb von Hamburg, wo einige bereits ihre Sommerresidenzen hatten, und lebten dort nun dauerhaft. Die **Häuser an der Deichstraße** wurden dann **umgestaltet,** oben richtete man Mietwohnungen ein, unten Ladengeschäfte, heute findet man dort auch Restaurants.

In den 1970er Jahren plante man, all die Häuser **abzureißen** für ein großes Projekt zur Straßenerweiterung, aber nach heftigen Protesten wurde dieser Plan wieder verworfen. Maßgeblichen Anteil hatte daran der Verein „Rettet die Deichstraße". Und das war auch sehr gut so, denn heute ist die kurze Straße mit ihren Häusern ein wahres Schmuckstück. Die Historie einiger Bauten reicht weit zurück: So birgt die Hausnummer 27 den ältesten noch erhaltenen Speicher Hamburgs (1465 erbaut). Im 18. Jahrhundert erwarb *Caspar Voght,* der spätere Baron *Voght* (→ **Tipp 53**), das Haus. Oder nehmen wir das Gebäude Nummer 35: Es wurde

Wie gemalt: die Deichstraße und ihre schönen Häuser

bereits 1641 erbaut, vom Originalbau sind aber nur noch Teile erhalten. Das Haus überlebte den Großen Brand, erlitt jedoch schwere Bombenschäden im Zweiten Weltkrieg. 1977 brannte es ab, wurde aber wiederaufgebaut. Nummer 37 baute 1689 ein Gewürzkaufmann, im Haus Nummer 42 brach der Große Brand von 1842 aus, und Nummer 43 wurde auch schon 1697 erbaut; heute befindet sich dort das Restaurant „Althamburger Aalspeiche". Eine derart geballte Ansammlung von historischer Bausubstanz findet man sonst in Hamburg nirgends mehr. Man kann die Schönheit der Gebäude noch gut betrachten, sowohl von der Deichstraße als auch von zwei Brücken über das Nikolaifleet, wo man auf die Rückfront der Häuser schaut.

35

Die Flussschifferkirche

Eine Kirche im Fluss

Wie komme ich dahin?
Offizielle Adresse: Hohe Brücke 2. Per U-Bahn mit der Linie U3 bis „Baumwall".
Gottesdienste jeden Sonntag um 15 Uhr, jeden vierten Sonntag auf Plattdeutsch.

Das passt: eine Kirche auf einem Schiff in einer Hafenstadt als Anlaufstätte für Seeleute, aber auch für Bürger und Besucher der Stadt. Dabei war es ursprünglich ganz anders gedacht, frei nach dem Motto: „Wenn die Menschen nicht zur Kirche kommen können, muss die Kirche zu den Menschen gehen". Diese Idee kam schon Ende des 19. Jahrhunderts auf. Unter anderem entwickelten einige ausländische Kirchengemeinden deshalb eigene Betreuungsbüros, aus denen schließlich sogar Kirchengebäude wurden, so wie die vier nordischen Kirchen bei den Landungsbrücken (→ **Tipp 45**). Heute existiert mitten im Hafengebiet auch ein interkonfessioneller Treffpunkt ausschließlich für Seeleute.

Davon war man **1870,** als die **Binnenschifferseelsorge** gegründet wurde, noch weit entfernt. Drei Jahre später fuhren die ersten **Hafen-Missionare** zu den Seeleuten auf den teils weit im Hafengebiet verstreut liegenden Schiffen. Das wird noch heute praktiziert, Ehrenamtliche schippern regelmäßig mit einer Barkasse durch den Hafen und besuchen Binnenschiffer. Sie betreuen die Menschen nicht nur seelsorgerisch, sie bringen auch Gastgeschenke mit, darunter auch eine aktuelle Tageszeitung in der jeweiligen Landessprache.

Anfang der 1950er Jahre kam der Wunsch nach einer **schwimmenden Kirche** und damit einem zentralen Anlaufpunkt für Seeleute auf. 1951 kaufte man einen 26 Meter langen und 7 Meter breiten Leichter aus dem Jahr 1906 und baute ihn um. Dieser Schiffstyp war für diese Funktion gut geeignet, denn es ist ein sehr flaches Schiff ohne eigenen Antrieb, das zum Warentransport zu den Hafenkais und Lagerhäusern von großen Schiffen mit Tiefgang diente. Diese Schiffe „erleichtern" sozusagen die größeren Schiffe. Der Leichter wurde nach seinem Umbau am 7. Dezember **1952 zur Kirche geweiht.** Das Schiff hat einen Altar, eine Kanzel, ein Taufbecken und auch eine Orgel. Als maritimes Symbol und Blickfang thront ein Ankerkreuz auf dem Dach des kleinen Gemeindehauses, das ebenfalls am Schiffsanleger steht. Erster Liegeplatz war bei den Elbbrücken, 1995 zog man um nach Billwerder, und 2006 kam das Schiff an seinen jetzigen Liegeplatz vor der Speicherstadt. Zwischen 1961 und 2007 war es eine eigenständige Kirchengemeinde, heute wird die Flussschifferkirche von einem Förderverein durch Ehrenamtliche betrieben, die neben Taufen und Hochzeiten auch Lesungen oder Konzerte veranstalten. Jeden Sonntag findet ein Gottesdienst für 130 Personen statt. Die „Flusi", wie die Flussschifferkirche liebevoll abgekürzt wird, liegt im Binnenhafen vor der Speicherstadt und ist zu erreichen über den Kehrwiedersteg.

36

Bei der Erholung

Ein Panoramaweg mit spektakulärem Hafenblick

Wie komme ich dahin?

Per S-Bahn bis „Reeperbahn" oder per S- bzw. U-Bahn bis „Landungsbrücken", dann den Panoramaweg in umgekehrter Richtung gehen.

Für einen so tollen Panoramaweg, der sogar hochoffiziell in jedem anständigen Stadtplan eingezeichnet ist, kommt „Bei der Erholung“ recht bescheiden daher. Man stolpert nicht zufällig über ihn, im Gegenteil, man muss sich schon ein wenig Mühe geben, ihn zu erreichen. Entweder von den Landungsbrücken kommend eine recht steile Zick-Zack-Treppe (Willi-Bartels-Treppe mit vollem Namen) hochsteigen, oder von der Reeperbahn kommend; dazu in Höhe der Polizeiwache Davidwache über die Davidstraße in Richtung Hafen gehen. Aber rechtzeitig einmal nach links schwenken in die Bernhard-Nocht-Straße, dann rechts halten und genau dort beginnt unser Panoramaweg. Er verläuft über 600 Meter parallel zum Hafen auf etwa 30 Meter Höhe entlang der Geestkante, und es bieten sich **fantastische Ausblicke** auf die Elbe, den Hafen, die Landungsbrücken und am Ende des Weges bis hinüber zur Elbphilharmonie. Soviel Hafen auf einmal ist selten! Also, auf geht's!

Der Weg wird beschrieben **von der Davidstraße kommend.** Er beginnt sozusagen im Schatten des hoch aufragenden **Empire Riverside Hotel Hamburg.** Dieses beeindruckende Gebäude hat ganz oben in der 20. Etage eine Cocktailbar mit dem passenden Namen „Skyline Bar 20up“. Von kaum einem anderen Lokal genießen Gäste eine ähnliche Aussicht, aber „unser“ Blick vom Panoramaweg ist auch nicht von schlechten Eltern. Unten erkennt man die letzten Meter der Landungsbrücken, die Elbe fließt träge vorbei, eine Hafenfähre gleitet durchs Bild, vielleicht auch eine beladene Schute oder gar ein hochhausgroßes Containerschiff. Auf jeden Fall ist es ein Blick wie gemalt, den man niemals satt hat. Kleine Info am Rande: Das gewaltige Gebäude auf der linken Wegseite ist das **Bernhard-Nocht-Institut für Tropenmedizin,** das größte seiner Art in Deutschland. Nach der schlimmen Cholera-Epidemie von 1892 (→ **Tipp 10**) war man sich rasch einig, dass gerade in einer Hafenstadt ein Standort zur Erforschung und Heilung von seltenen Tropenkrankheiten nötig sei. Der Marinearzt *Bernhard Nocht* wurde erster Leiter dieser wichtigen Forschungsstelle; das Institutsgebäude entstand zwischen 1910 und 1914. Etwas weiter geschlendert, blickt man nach unten auf das markante Eingangsgebäude des **Alten Elbtunnels** (→ **Tipp 46**), eine bautechnische Meisterleistung im Jahr der Eröffnung 1911. Und abermals lohnt ein Blick nach links auf das nächste wuchtige Gebäude: Hier sitzt die Hamburger Niederlassung des **Deutschen Wetterdienstes.** Meist hängt neben der Eingangstür ein aktueller Wetterbericht. Diese wichtige Institution wurde 1868 als Norddeutsche Seewetterwarte gegründet und saß zunächst dort, wo sich heute das Hotel Hafen Hamburg befindet, seit 1947 dann am jetzigen Ort.

Der Blick über die Elbe bleibt faszinierend. Im Vordergrund erkennt man die **Beach Clubs,** die auf dem Dach eines Parkhauses eingerichtet wurden, während auf der anderen Elbseite die **Trockendocks von Blohm + Voß** ein wahrer Blickfang sind. Beispielsweise das Dock 10 mit seiner stolzen Länge von 287,50 Metern; es wechselt häufiger die Außenbemalung und bleibt deshalb sogar für viele Hamburger immer wieder ein neuer, spannender Anblick. Das benachbarte Dock 11 ist übrigens mit knappen 320 Metern noch etwas länger. Hier liegen große Schiffe überwiegend zur Reparatur.

Schließlich wird das linker Hand liegende **Hotel Hafen Hamburg** erreicht, mit seiner netten Außenterrasse, von der man ebenfalls den Hafen wunderbar bei einem Drink betrachten kann. Oder man fährt mit dem Fahrstuhl hoch zur obersten Etage, dort liegt die **Tower Bar** in 67 Metern Höhe, die einen noch besseren Hafenblick ermöglicht (geöffnet ab 18 Uhr, Happy Hour täglich 18–19 Uhr). Direkt vor dem Hotel öffnet sich ein kleiner Aussichtspunkt, an dem auch ein Bierbrauerkessel aus Messing der ehemaligen **Bavaria-St. Pauli-Brauerei** steht. Diese Brauerei hatte ihren Firmensitz gleich um die Ecke an der Bernhard-Nocht-Straße. Von hier könnte man über die Willi-Bartels-Treppe hinunter zu den Landungsbrücken steigen. Oder man folgt dem Panoramaweg bis zum Ende. Er schlängelt sich einmal ums Hotel herum und mündet in die Seewartenstraße. Hier nach rechts zur Kersten-Miles-Brücke (→ **Tipp 37**) und an einer der dortigen Treppen hinuntergehen. Dann sind es nur noch wenige Meter bis zu den Landungsbrücken.

Traumblick auf den Hafen vom Aussichtspunkt vor dem Hotel Hafen Hamburg

37

Kersten-Miles-Brücke

Ungewöhnliche Ehrung für vier Piratenjäger

Die Kersten-Miles-Brücke liegt ganz in der Nähe der Landungsbrücken und damit auch am Hafen. Als technisches Bauwerk ist die 90 Meter lange Brücke eher unscheinbar, auch wenn die 1897 fertiggestellte Konstruktion durchaus historischen Charme besitzt. Bemerkenswert ist etwas anderes: An den Brückensockeln befinden sich **Skulpturen von vier Persönlichkeiten,** die sich als Piratenjäger in Hamburg einen Namen machten: *Kersten Miles, Simon von Utrecht, Ditmar Koel* und *Berend Jacobsen Karpfanger.*

Kersten Miles, der Namensgeber der Brücke, war Hamburger Bürgermeister von 1378 bis 1420. Auch seine Vorfahren waren entweder Ratsherr (Vater *Christian*) oder ebenfalls Bürgermeister (Großvater *Johannes*), auch sein eigener Sohn *Christian* wurde Ratsherr. *Kersten Miles* war an der Festsetzung des bekanntesten Piraten *Klaus Störtebeker* (→ **Tipp 29**) beteiligt. Angeblich war es *Miles,* der dem Seeräuber kurz vor dessen Enthauptung versprach, dass alle Männer freigelassen würden, an denen der kopflose *Störtebeker* noch vorbeilaufen könne. Elf Mann soll er geschafft haben, dann stellte ihm der Henker ein Bein, besagt eine Legende.

Simon von Utrecht (1370–1437) kam vermutlich vor 1400 von, genau, Utrecht nach Hamburg und erhielt hier alsbald das Bürgerrecht. Er war als Kommandant eines Schiffes am entscheidenden Kampf vor Helgoland bei der Festsetzung von *Störtebeker* beteiligt. Auch in späteren Jahren jagte er mehrfach Piraten, wofür er 1433 zum bis dato einzigen Ehrenbürgermeister ernannt wurde. Nach ihm ist eine Parallelstraße der Reeperbahn benannt.

Ditmar Koel (1500–1563) war ebenfalls Bürgermeister von Hamburg und

---

Wie komme ich dahin?

Per U- oder S-Bahn bis „Landungsbrücken".

verdiente sich mehrfach Meriten im Kampf gegen Seeräuber, unter anderem in einem mehrstündigen Gefecht gegen den Piraten *Claus Kniphoff* vor Greetsiel in Ostfriesland. *Kniphoff* und 162 Männer wurden festgesetzt und nach Hamburg gebracht. Zu seiner Verteidigung führte *Kniphoff* an, er sei kein Seeräuber, sondern Kaperer und mit einem Kaperbrief durch den dänischen König *Christian II.* legitimiert. Derartige Kaperbriefe wurden „freiberuflichen Seeräubern" von Königshäusern ausgestellt, damit diese die Handelsschiffe feindlicher Staaten plündern, oder etwas vornehmer gesagt: schädigen sollten. Also wäre er eine Art Söldner, und somit dürfe er nicht als Seeräuber bezeichnet und verurteilt werden. Die Hamburger fragten sogar in Kopenhagen nach, und dort beschied man ihnen: Nein, *Christian II.* säße grad nicht auf dem Thron, sondern weile im Exil. *Kniphoffs* Kaperbrief wurde also nicht anerkannt und der Pirat 1525 einen Kopf kürzer gemacht. Nach *Ditmar Koel* ist eine Straße im „Portugiesenviertel" nahe den Landungsbrücken benannt.

Berend Jacobsen Karpfanger (1622–1683) war Admiral und Kommandant der „Wappen von Hamburg". Das schwer bewaffnete Konvoischiff sollte Hamburger Handelsschiffe vor Piratenattacken schützen, vor allem vor den nordafrikanischen **Barbaresken,** die das Mittelmeer unsicher machten. Das Handelsgeschäft der Hamburger Kaufleute hatte sich nämlich stark gewandelt. Die Hanse hatte ihren Zenit überschritten und konnte nicht mehr nur im Ostseeraum tätig sein, da etliche Länder die Hanse-Kontore geschlossen und die Privilegien der Kaufleute beschnitten hatten. Man suchte also neue Handelspartner und fand diese in den Mittelmeerländern. Dort lauerten aber die Barbaresken und überfielen die voll beladenen, langsamen Handelsschiffe. Leider plünderten sie nicht nur, sondern nahmen auch gleich die Besatzung gefangen und verkauften die Männer auf den nordafrikanischen Sklavenmärkten. Die Unglücksraben konnten sich nur gegen Zahlung eines hohen Lösegeldes freikaufen (oder zum Islam konvertieren), was ein langwieriges Unterfangen war. Zudem konnte die Familie eines einfachen Seemannes kaum die geforderte Lösegeldsumme aufbringen. Da diese Überfälle so häufig geschahen, gründete man in mehreren Hafenstädten sogenannte **Sklavenkassen,** eine Art Versicherung gegen die Versklavung. Die Hamburger Admiralität gründete 1624 eine eigene Versicherung, genannt „Casse der Stück vom Achten". Die Beiträge waren hoch, so zahlten Matrosen zwei Monatsheuer pro Fahrt und einmalig drei Monatsheuer als Eintrittsgebühr. Aus dieser „Casse" ging dann 1641 die „Sklavenkasse" hervor, dort konnten auch die Seeleute einzahlen, denen die Casse der Stück vom Achten zu teuer war. Neben den Seemännern zahlten nämlich auch die Reeder ein, und es wurde obendrein regelmäßig in den Kirchen für „die armen christlichen Seelen gesammelt, um sie aus den Händen der ungläubigen Barbaren auszulösen". Das war durchaus auch nötig: Zwischen 1719 und 1747 wurden 50 Hamburger Schiffe von algerischen Piraten gekapert, 633 Mann fielen in die Sklaverei. Es gab deswegen sogar Städte, die eine Art Schutzgeld zahlten, damit die Barbaresken „ihre" Schiffe nicht überfielen. Das Ende der Barbaresken kam im 19. Jahrhundert, als mehrere europäische Staaten militärische Expeditionen gegen die nordafrikanischen Städte schickten.

Die Casse der Stück vom Achten existiert noch heute und betreibt ein Pflegeheim, es ist die älteste bestehende gemeinnützige Einrichtung in Hamburg.

So weit war man im 17. Jahrhundert aber noch nicht: Die Hamburger bauten ein schwer bewaffnetes **Konvoischiff,** das die Handelsschiffe begleiten und beschützen sollte. Die **„Wappen von Hamburg"** wurde erstmals 1669 gebaut (es gab Nachfolgeschiffe gleichen Namens), und hatte 54 Kanonen auf zwei Decks an Bord. Das Schiff führte elf Konvoifahrten erfolgreich durch. 1683 lag die „Wappen von Hamburg" im südspanischen Hafen Cádiz und wartete auf einen Konvoi von Handelsschiffen. Aus nicht geklärten Umständen brach auf dem Schiff ein Feuer aus, das die Mannschaft nicht löschen konnte. Schließlich erreichte der lodernde Brand die Pulverkammer, und das Schiff explodierte. 64 Männer kamen ums Leben, darunter auch Kommandant *Karpfanger.* Der Admiral wurde in Cádiz in allen Ehren beerdigt und erhielt sogar ein würdevolles Denkmal, das bis 1808 stand. Zerstört wurde es durch französische Soldaten, die zwischen 1807 und 1814 fast ganz Spanien besetzt hatten (Hamburg übrigens auch, → **Tipp 5**). Cádiz belagerten die Franzosen über ein Jahr, konnten die Stadt dennoch nicht erobern. Sie planierten aber das Land vor der Stadtmauer, um freies Schussfeld zu haben, zerstörten dabei systematisch Gebäude, Bäume und leider auch Friedhofsdenkmäler, und ähnlich verfuhr man auch in Hamburg. Und so hatten Hamburg und Cádiz dem gleichen Piratenjäger jeweils ein Denkmal gewidmet, was auch nicht alle Tage vorkommt. In Hamburg ist eine Straße nach *Karpfanger* benannt.

38

Zombeck-Turm am Hafen

Die Rundbunker nach Zombeck

Sie stehen immer noch in Hamburg, verteilt über die ganze Stadt, die Zombeck-Türme. Insgesamt neun Exemplare des „Luftschutzturms der Bauart Zombeck", wie diese speziellen Bunker offiziell heißen, konstruierte *Paul Zombeck* im Zweiten Weltkrieg. Sie stehen noch heute so selbstverständlich und fast ein wenig unscheinbar im Stadtbild, dass selbst viele Hamburger jahrelang an ihnen vorbeilaufen, ohne deren Hintergrund zu kennen. Das ging dem Autor auch nicht anders …

Die Bunker sind rund gebaut, mit einem spitzen Dach. Sie wirken tatsächlich unauffällig, da sie zwar zwei Meter dicke Wände haben, aber außen mit roten Ziegeln geklinkert sind, also äußerlich einem der üblichen Wohnblocks ähneln. Sie sind auch nicht sehr groß, etwa 500 bis 1000 Personen sollten hier Schutz finden. Die Bunker standen immer an wichtigen Verkehrsknotenpunkten und meist in der Nähe der Bahnhöfe, damit sich Fahrgäste beim Fliegeralarm hierher flüchten konnten. Dazu wurde im Inneren eine Rampe gebaut und keine Treppen, damit die Menschen schneller hineinkamen. Das Dach war spitz zulaufend gebaut, damit Bomben nicht darauf liegen bleiben konnten, sondern abrutschten. Über dem Eingang befand sich immer ein Reichsadler mit Hakenkreuz, am Zombeck-Turm am Baumwall ist der Adler noch zu erkennen. Dieser Turm beherbergt schon seit Jahren das portugiesische Restaurant „Tasquinha Galego" und hat die offizielle Adresse **Vorsetzen 70.** Weitere innerstädtische Zombeck-Türme stehen unweit des Bahnhofs Dammtor auf der Moorweide (heute mit der „Turm Bar") und in der Nähe des S-Bahnhofs „Sternschanze" am Sportplatz.

Hamburg hatte etwa **1200 Bunker,** mehr als jede andere deutsche Stadt während des Zweiten Weltkriegs. Sichtbar im Stadtbild ist beispielsweise der riesige Hochbunker am Heiligengeistfeld unweit der Reeperbahn, ebenso wie die Zombeck-Türme. Wer sich näher informieren will, kann das **Bunkermuseum** besuchen (Wichernsweg 16 in Hamburg-Hamm, einem der am schwersten bombardierten Stadtteile im Zweiten Weltkrieg).

Wie komme ich dahin?

Der Zombeck-Turm am Hafen liegt in Höhe des Museumsschiffs „Cap San Diego", die nächstgelegene U-Bahnstation ist „Baumwall".

Operation Gomorrha, die Bombardierung von Hamburg

„Operation Gomorrha" war der militärische Codename für die mehrtägigen, heftigen **Luftangriffe** der britischen und amerikanischen Luftwaffe auf Hamburg zwischen dem 24. Juli und 3. August 1943. Es waren die schwersten Bombardements im gesamten Luftkrieg, ganze Stadtteile wurden nahezu vollkommen vernichtet. Das Ziel der Angriffe war die Zerstörung der Wirtschaft und die Schwächung des Militärs, aber vor allem sollte die Moral der Menschen gebrochen werden.

Es gab fünf Nacht- und zwei Tagesangriffe durch insgesamt 2600 britische und 146 US-Bomber, die sich am hoch aufragenden Kirchturm der Kirche St. Nikolai orientierten (→ **Tipp 17**). Teilweise wurden zunächst Luftdruckminen abgeworfen, die Hausdächer und Fenster wegsprengten, erst danach folgten Brandbomben. Überall loderten Feuer. Da es tagelang vorher sehr heiß gewesen war und Tausende von Einzelfeuer sich zu einem riesigen Luftsog vereinten, entstand ein nach oben strömender **Feuersturm in Orkanstärke.** Viele Menschen wurden regelrecht ins Feuer hineingezogen, andere erstickten in den Luftschutzbunkern.

Weite Teile Hamburgs wurden zerstört, etwa 277.000 Wohnungen beispielsweise in der Altstadt von Altona, und ganz besonders traf es die Stadtviertel Hammerbrook, Barmbek, Eilbek und Hamm. Insgesamt starben etwa 34.000 Menschen, andere Quellen sprechen von 40.000. Tage später mussten KZ-Häftlinge die Leichen bergen, während etwa 900.000 Hamburger die Stadt verlassen mussten.

39

William Lindley und Hamburgs Wasserversorgung

Wo Kaiser Wilhelm einen Kittel anzog

Wie komme ich dahin?
Per U-Bahn bis „Baumwall“.

Ein wenig versteckt steht das **Denkmal** zu Ehren von *William Lindley* schon, nämlich auf einem schmalen Grünstreifen zwischen stark befahrenen Straßen unterhalb eines U-Bahn-Viadukts. Man übersieht es schnell, obwohl *Lindley* **Großes für die Gesundheit der Hamburger** geleistet hat. Anderseits steht er schon auch passgenau richtig neben einem der schönsten Siel-Einstiegshäuschen Hamburgs. Siele sind die Hamburger Umschreibung für Abwasserkanäle, dazu gleich mehr.

William Lindley (1808–1900) war einer der führenden **Experten** Europas im **Wasserbau** und in Fragen der **Entsorgungstechnik.** Auf diesem Gebiet war Hamburg bis zum Großen Brand 1842 rückständig, so hart darf man es wohl sagen. Frisches Wasser wurde aus der Elbe gewonnen, gleichzeitig floss Abwasser in die Fleete und damit auch wieder in die Elbe. Nicht zufällig hängt in einer noch heute existierenden Gastwirtschaft eine Tafel mit der historischen Aufforderung: „Der Herr Bürgermeister gibt bekannt, dass am Mittwoch Bier gebraut wird und deshalb ab Dienstag nicht mehr in den Bach geschissen werden darf!" Ob dies ernsthaft angeordnet wurde, weiß man nicht, aber denkbar ist es. Auf jeden Fall konnte von einer hygienischen Wasserversorgung in der Stadt lange Zeit keine Rede sein, zumindest nicht für die breite Masse. Wer es sich leisten konnte, baute bereits vorher Leitungen auf private Grundstücke; ansonsten versorgten Brunnen oder gar Wasserträger (→ **Tipp 22**) die Menschen. Nach der Brandkatastrophe von 1842 (→ **Tipp 11**), bei der auch die Versorgung mit Löschwasser nicht funktioniert hatte, sahen die Verantwortlichen den richtigen Zeitpunkt gekommen, die Dinge generell zu verändern. Nicht nur wurde das Stadtbild völlig neu gestaltet, man organisierte endlich eine effektive Wasserversorgung für Hamburg. Der Engländer *William Lindley* erhielt dazu den Auftrag und richtete eine Gesellschaft ein, die ab 1848 ihre Arbeit aufnahm, sie trug den schönen Titel „Stadtwasserkunst", ein Vorläufer der Hamburger Wasserwerke. Neben unterirdischen Kanälen zur Abwasserbeseitigung wurde für die Wasserversorgung ein Werk außerhalb der Stadt gebaut. Dort pumpte man Wasser nach oben, reinigte es und leitete es in die Häuser der Menschen. Außerdem organisierte *Lindley* die Löschwasservorräte neu. Nebenbei plante er auch noch die Gasversorgung Hamburgs und wurde in die Planung vieler wichtiger Bauvorhaben einbezogen. Eine ganze Menge Verantwortung lastete auf seinen Schultern. Obwohl er gute Arbeit leistete, gab es wohl auch Neider, denn 1860 wurde eine fest eingeplante Anstellung *Lindleys* zum Oberbaurat blockiert. Daraufhin kehrte er mit seiner aus Hamburg stammenden Frau und ihren drei gemeinsamen Kindern zurück nach London. Von dort betreute er andere europäische Städte in Fragen der Wassertechnik, bis er hochbetagt verstarb.

Es dauerte einige Zeit, bis man in Hamburg begriff, welche wichtigen Leistungen *Lindley* vollbracht hatte, sodass er **gebührend geehrt** wurde. Heute ist eine Straße nach ihm benannt, und ein Denkmal ihm zu Ehren steht nahe der U-Bahn-Station Baumwall, wie schon eingangs beschrieben neben dem wohl schönsten **Siel-Einstiegshäuschen** der Stadt. Das von *Lindley* angelegte Sielnetz wuchs bis zur Jahrhundertwende auf 500 Kilometer Länge an. 1904 wurde das unter dem Häuschen verlaufende **Kuhmühlenstammsiel** fertiggestellt. Dieses Siel galt zu seiner Zeit als technische Sensation, wovon auch der deutsche **Kaiser Wilhelm II.** hörte. Deswegen wollte er es unbedingt besichtigen und mit einem Boot auf dem Wasser fahren. Damit Seine Majestät überhaupt halbwegs angemessen ins Siel hinabsteigen konnte, wurde dieses schicke kleine Häuschen gebaut, das neben *Lindleys* Denkmal steht. Und damit der Kaiser nicht auch noch seine Kleider beschmutzte, wurde ihm geraten, einen Kittel anzuziehen. Extra dafür baute man ihm ein Ankleidezimmer in einem unterirdischen Raum. Dieser Raum war viele Jahrzehnte verborgen und wurde erst 2012 zufällig wiederentdeckt. Tja, und ob Ihre Majestät überhaupt ins Siel hinuntergeklettert ist, ist auch nicht so ganz klar. Die Hamburger jedenfalls hatten alles hübsch vorbereitet, und Mr. *Lindley* steht auf jeden Fall ganz richtig hier.

Mr. Lindley organisierte eine effektive Wasserversorgung für Hamburg

40

Der Pegelturm an den Landungsbrücken

... zeigt die Wasserstände der Elbe an

Die Landungsbrücken direkt am Hafen sind eines der absoluten touristischen Highlights von Hamburg, keine Frage. An einem halbwegs schönen Tag mit etwas Sonne, leichtem Wind im Haar und einigen zerrissen dahingleitenden Wolken kann man hier auf den schwankenden Landungsbrücken eine gehörige Portion maritimes Feeling aufsaugen.

Die Landungsbrücken entstanden Anfang des 19. Jahrhunderts als **reine Vorsichtsmaßnahme.** Damals lag der Hafen noch an anderer Stelle, dichter zur Innenstadt, was unproblematisch war, denn die Schiffe fuhren noch unter Segeln. Als dann die ersten Dampfschiffe auftauchten, bekamen die vorsichtigen Hamburger Kaufleute ein wenig Angst, denn diese Schiffe wurden mit Kohle befeuert, und man befürchtete Brandgefahr, sollten sie mitten in der City festmachen. 1839 baute man deshalb eine erste Landungsbrücke aus Holz am Hafenrand und damit außerhalb der Stadtmauer. Diese Anlage wurde rasch zu klein, 1870 folgte eine größere, und auch die reichte bald nicht mehr. Zwischen 1907 und 1909 wurden schließlich die schwimmenden Landungsbrücken entworfen, die aus untereinander und mit dem Festland verbundenen Pontons bestehen und sich damit an den jeweiligen Tidenstand anpassten. Da die Elbe in die Nordsee mündet, spürt man in Hamburg auch die Gezeiten, also **Ebbe und Flut.** Zweimal am Tag steigt das Wasser für knapp sechs Stunden, danach fällt es für sechs Stunden. Die genauen Zeiten verschieben sich täglich ein wenig, da ein vollständiger Gezeitenwechsel 12 Stunden und 25 Minuten dauert.

Direkt an den Landungsbrücken errichtete man auch ein großes **Abferti-**

Wie komme ich dahin?

Die Landungsbrücken werden mit U- oder S-Bahn bis „Landungsbrücken" erreicht, auch der Bus 111 (→ Tipp 100) hält dort.

KAPITÄN PRÜSSE

gungsgebäude mit markanten Kuppeln und Türmen. Dieser Bau ist 205 Meter lang und hat mehrere Durchgänge zu den Landungsbrücken; hier wurden früher die Passagiere abgefertigt, die mit Schnelldampfern nach Übersee reisten. Weiterhin pendelten von hier kleine Barkassen mit Hafenarbeitern zu den Werften oder zum Löschen der Schiffe. Das ganze Gebäude ist ein architektonisches Schmuckstück, was erst aus einiger Entfernung so richtig sichtbar wird, beispielsweise vom Panoramaweg entlang der Geestkante (→ **Tipp 36**).

Die Gezeitenstände der Elbe werden in Dezimeter angezeigt

Ganz links steht ein auffälliger **Turm mit einer Uhr,** das ist der Pegelturm. Er zeigt durch ein Fenster zur Elbe den Gezeitenstand an, und zwar in Dezimetern. Gemessen wurde der Wasserstand früher direkt im Pegelturm, heute an anderer Stelle. Die groß gedruckten, aus weiter Entfernung sichtbaren Ziffern stehen auf einer breiten, gerollten Stoffbahn und zeigen durch das schmale Fenster immer den aktuellen Wasserstand an, sodass die Schiffsführer schon von Weitem die Werte erkennen können.

Heute sind diese Angaben vom Pegelturm sicher nicht mehr so entscheidend für die aktuelle Schifffahrt, aber früher war das schon eine wichtige Information. Die Schiffsführer kannten den Tiefgang ihres Schiffes und konnten anhand dieser angezeigten Werte abschätzen, ob sie noch genug Wasser unterm Kiel hatten. Die Elbe war für manche Schiffe schlicht zu flach. Anfang des 19. Jahrhunderts soll ihre Tiefe nur etwa drei bis vier Meter betragen haben, das war schon damals zu wenig. Also wurde bereits 1818 eine erste **Elbvertiefung** durchgeführt und die Fahrrinne auf 5,40 Meter ausgebuddelt. Seitdem wurde die Elbe achtmal vertieft, seit 1999 liegt die Fahrrinne bei 14,90 Meter. Eine neunte Elbvertiefung wird seit 2002 geplant: Danach sollen auch Containerschiffe mit einem Tiefgang von 16 Metern einlaufen können. Dagegen gab es etliche Klagen u.a. von

Umweltschützern, aber auch von Gruppen, die den grundsätzlichen Sinn der ständigen Vertiefungen bezweifeln und darauf verweisen, dass es an der Nordseeküste sehr wohl Tiefseehäfen gäbe (Bremerhaven mit 15 Metern), auf die man ausweichen könne. Die Befürworter verweisen auf die wirtschaftliche Bedeutung des Hafens und 155.000 Arbeitsplätze in direkter oder indirekter Abhängigkeit.

Am 31. Mai 1968 machte das erste **Containerschiff** im Hamburger Hafen fest, die 213 Meter lange „American Lancer". Sie konnte 1200 Container transportieren, für die sich alsbald der Begriff TEU durchsetzte (TEU: Twenty Foot Equivalent Unit, frei übersetzt: 20-Fuß-Standard-Container). Das war aber nur der Auftakt zu einer Entwicklung, bei der Schiffe immer größer, länger und breiter wurden und immer mehr Container transportieren konnten, damit schlussendlich auch immer mehr Tiefgang hatten. Und somit auch Schwierigkeiten, überhaupt auf der Elbe den Hamburger Hafen zu erreichen. Es gibt schon jetzt Containerriesen, die nur bei auflaufendem Wasser und genau mit der Flutwelle einlaufen müssen, sonst klappt es nicht.

Am 15. Mai 2017 erreichte die „MOL Triumph" den Hafen, deren Maße atemberaubend sind: 400 Meter Länge, 58,80 Meter Breite und 13,40 Meter Tiefgang. Im Juni 2020 legte ein Schiff der zum damaligen Zeitpunkt größten Containerklasse im Hamburger Hafen an, die „HMM Algeciras". Ihre Maße: 400 Meter Länge, 61 Meter Breite, das ergibt Stauraum für 23.664 TEU. Die Container werden in 24 Reihen nebeneinander gestapelt und in 12 Lagen hoch über Deck sowie 12 Lagen unter Deck. Und die Ziffern am Pegelturm könnte der Kapitän wahrscheinlich sowieso nur noch mit einem starken Fernglas von seiner hochaufragenden Brücke erkennen.

Brötchen an der Brücke

Die Landungsbrücken sind 668 Meter lang und bestehen aus schwimmenden Pontons, die mit dem Festland durch neun Brücken verbunden sind. Ganz hinten am Ende liegt ein kerniges Lokal, **Brücke 10.** Die Macher sprechen selbst von einer „Fischbrötchenbude", wo man Variationen ebendieser und einen ehrlichen Drink bekommt. Aber richtig bekannt wurde Brücke 10 für seine **Krabbenbrötchen,** denn die sind derart üppig belegt, dass man sich sofort fragt, wie man das alles unfallfrei essen soll. Billig sind sie nicht, aber wir reden hier schließlich von Nordseekrabben!

41

Die Zitronenjette

Eine Zitronenhändlerin als Glücksbringerin

Wie komme ich dahin?
Die Skulptur der Zitronenjette steht direkt an der Kirche St. Michaelis an der Ludwig-Erhard-Straße, Ecke Krayenkamp.

Auch in Hamburg stehen **Denkmäler für geistliche und weltliche Würdenträger.** Allein 20 Kaiser „kleben" am Rathaus, den beiden Stadtgründern von Hamburg, Bischof *Ansgar* und Graf *Adolf*, gönnte man je eine Skulptur auf einer Brücke (→ **Tipp 14**), auch lokale Herren erhielten ihren Platz. Und natürlich *Otto von Bismarck;* der Reichskanzler ragt mächtig-prächtig 14,80 Meter in die Höhe, mit Sockel misst die Skulptur sogar 34,30 Meter. Steht am Elbhang bei den Landungsbrücken und ist Rekord – weltweit!

Aber die Hamburger haben durchaus auch ein Faible für die andere Seite des Lebens, gönnen einigen **skurrilen Figuren** ihren eigenen gedenkenswürdigen Platz. So ehrte man einen brummigen Wasserträger, der bekannt war für derbe Flüche (→ **Tipp 22**), oder gar einen Piraten (→ **Tipp 29**) und auch eine alkoholabhängige Zitronenverkäuferin. Und um die soll es hier gehen. Unter ihrem bürgerlichen Namen *Henriette Johanne Marie Müller* ist sie kaum jemandem bekannt, aber die „Zitronenjette" kennt die ganze Stadt. Sie hatte ein trauriges Leben, und dennoch oder gerade deswegen erreichte sie die Herzen der Hamburger.

Bald nach *Henriettes* Geburt in Dessau im Jahre 1841 zog die Mutter mit der *lütten Deern* (dem „kleinen Mädchen") nach Hamburg. Sie verheiratete sich neu und bekam weitere Kinder. Die geistig behinderte *Henriette* war sehr kleinwüchsig, sie maß auch als Erwachsene gerade mal 1,32 Meter und lebte mit ihrer Schwester, einer Wäscherin, im Gängeviertel. *Henriette* verdiente etwas zum Lebensunterhalt dazu, indem sie jeden Tag mit einem **Korb Zitronen** durch die Straßen zog und diese verkaufte. Zitronen waren damals exotische Früchte und damit teuer, *Henriette* war eine der ersten ambulanten Zitronenhändlerinnen. Sie kaufte die Früchte frühmorgens am Hafen ziemlich günstig, nicht immer erstklassige Ware, und versuchte sie dann zu verhökern. So schallte ihr Ruf beständig durch die Straßen: „Zitroon, Zitroon, frische Zitroon!", und es dauerte nicht lange, dann hatte *Henriette* ihren Spitznamen weg: Zitronenjette. Sie fiel nicht nur durch ihren kleinen Wuchs auf, sondern auch durch ihre **eigenwillige Bekleidung.** *Jette* trug meist einen relativ kurzen Rock und darüber eine blaue Schürze. So zog sie unermüdlich durch die Straßen, und wenn

Ware übrigblieb, auch abends durch die **Kneipen von St. Pauli.** Dort machten sich die Kneipengänger oftmals einen Spaß mit ihr, spendierten ihr Schnaps, dafür sang sie derbe Lieder. Leider wurde *Jette* dadurch auch zur Alkoholikerin: Jetzt torkelte sie auch manchmal tagsüber durch die Straßen. Die Polizei griff sie mehrfach auf und sperrte sie in die Ausnüchterungszelle. Schließlich wurde sie entmündigt und am 13. August 1894 in die **Irrenanstalt** Friedrichsberg eingewiesen. Dort entwöhnte man sie vom Alkohol und diagnostizierte „leichten Schwachsinn". *Jette* verblieb dort bis zu ihrem Tod 1916 und arbeitete in der Küche mit.

Zitronenjettes Finger berühren bringt Glück!

Noch zu ihren Lebzeiten, 1900, wurde ein Theaterstück mit dem Titel „Zitronenjette" aufgeführt. Später folgte ein weiteres Stück mit Musik und Gesang, das auf humoristische Weise das harte Straßenleben in Hamburg zeigte. Die Rolle der Zitronenjette wird seit damals traditionell mit einem Mann besetzt – eine Hamburger Schrulle ...

1986 wurde ein **Denkmal** unmittelbar beim Michel (Kirche St. Michaelis) eingeweiht, das *Hansjörg Wagner* erschuf; er war es auch, der das Störtebeker-Denkmal in der HafenCity erstellte. Am Sockel der Zitronenjette befindet sich eine **Gedenktafel,** in der auf Plattdeutsch steht: „Dien Leben war suur as de Zitroonen, sall sick dat Erinnern an di lohnen? Dien Schiksol wiest op all de Lüd, for de dat Glück het gor keen Tied." (Dein Leben war sauer wie die Zitronen, soll sich das Erinnern lohnen? Dein Schicksal weist auf all die Leute, für die das Glück keine Zeit hat). Deswegen gibt es den Brauch, **den Zeigefinger der linken Hand einmal zu berühren,** das soll nämlich Glück bringen. Und deshalb ist dieser Finger auch ganz blank, schimmert fast ein wenig gülden.

42

Die Krameramtsstuben

Wo früher die Krämerwitwen versorgt wurden

Wie komme ich dahin?
Die Krameramtswohnungen liegen am Krayenkamp 10, unmittelbar bei der Kirche St. Michaelis.
Die nächstgelegene S-Bahnstation ist „Stadthausbrücke".
Die Museumswohnung ist geöffnet April bis Oktober Mo 10–17 Uhr, Di geschlossen, Mi–Fr 10–17, Sa/So 10–18 Uhr, Eintritt 2,50 €, ermäßigt 1,70 €, Kinder und Jugendliche bis 18 Jahre freier Eintritt.

Die Krameramtsstuben sind das letzte erhaltene Beispiel in der Neustadt für eine **Hinterhofbebauung des 17. Jahrhunderts.** Hier lag früher ein Alterssitz für Witwen von verstorbenen Kleinhändlern, den sogenannten Krämern. Deswegen werden diese Häuser auch „Kramerwitwenwohnungen" genannt, beide Begriffe haben sich etabliert.

Im Mittelalter waren vor allem die Handwerker in Vereinigungen organisiert, sogenannten **Zünften,** in Hamburg auch **„Ämter"** genannt. Jede Berufsgruppe hatte ihre eigene Zunft, auch die Kleinhändler, die Krämer, die ein Ladengeschäft führten oder einen festen Verkaufsstand ihr Eigen nannten. Das **Krameramt** wurde bereits im Jahre 1375 als eine von vielen Interessenvertretungen gegründet.

Es gab eine strenge **Zunftordnung,** der sich alle unterwerfen mussten. Niedergeschrieben waren die Regeln im „Liber Officiorum Mechanicorum" („Buch der Handwerksämter"), sie galten im Jahr 1375 zunächst für 19 Ämter, später folgten weitere. Für das Jahr 1376 sind 540 Ämtermitglieder überliefert, darunter nur 25 Krämer.

Es war gar nicht so einfach, Mitglied in einem Amt zu werden, die **Voraussetzungen** waren hoch. Anwärter mussten das Bürgerrecht besitzen und sechs Jahre als Lehrling und Geselle gearbeitet haben. Für die Krämer galt diese Lehrzeit jedoch nicht. Die Aufnahmegebühr war hoch, ein Krämer musste 5 Schilling an das Amt zahlen und 2 Mark an die Stadt. Handwerker mussten obendrein ein gewisses Vermögen besitzen, es sind Summen von 20 Mark bekannt (zur Einschätzung: Ein Bäckergeselle verdiente im 14. Jahrhundert etwa 7 Mark im Jahr). Auch dies galt nicht für die Krämer.

Die ethischen Regeln waren strikt. So mussten die Krämer sich verpflichten, redlich und ehrlich zu handeln. Alle mussten die Feiertage heiligen, und man war verpflichtet, beim Leichenumzug eines verstorbenen Mitglieds dabei zu sein. Außerdem war es verboten, Ratsmitglieder und andere Mitglieder der Ämter zu beleidigen. Wer dagegen verstieß, konnte zu Strafzahlungen verurteilt werden.

Weder die Krämer noch die Handwerker hatten ein **politisches Mitspracherecht** in Hamburg, der Rat der Stadt wurde dominiert von den Kaufleuten großer und zumeist reicher Handelshäuser. Um trotzdem ihre Anliegen gegen den Rat der Stadt Hamburg zu vertreten, wählten die Zünfte **Älterleute.** Die trafen sich in der „Morgensprache", einer vormittäglichen Zusammenkunft mit Abgesandten des Rates, um innere Angelegenheiten zu klären.

Für die Krämer gab es keine verpflichtende Ausbildung, doch abgesehen davon gab es eine Vielzahl von Regeln. Beispielsweise war festgelegt, wer zu welchem Markt fahren durfte, welche Waren der einzelne Krämer handeln durfte und sogar, wie die Waren platziert werden mussten. Gehandelt wurde vor allem mit Gewürzen und Kräutern, Seidenstoffen, Kolonial- und Eisenwaren. Ortsfremde Händler durften nur auf der Durchreise ihre Waren anbieten. Das Krameramt schützte auf diese Weise die eigenen Mitglieder, grenzte fremde Händler aus, half aber auch den eigenen Mitgliedern in Notlagen.

Über die Jahrhunderte gelangte das Krameramt zu einigem Wohlstand und beschloss 1676, **Freiwohnungen** für die **Witwen** verstorbener Mitglieder zu errichten. Dazu kaufte das Amt ein Gelände bei der Kirche St. Michaelis (Michel), auf dem es bereits eine typische Hinterhofbebauung gab. Die Häuser waren bereits 1620 errichtet worden. Vorn an der Straße stand das Haupthaus, nach hinten führte ein schmaler Gang mit beidseitiger Bebauung. Das Krameramt richtete in diesen Gebäuden kleine **Wohnungen** für insgesamt 20 Witwen ein, mit identischem Zuschnitt. Sie besaßen unten einen Wohnbereich, eine schmale Treppe führte in die obere Etage, wo die enge Küche lag sowie die gute Stube mit einem Schlafalkoven. Darüber gab es einen Dachboden. Eine Gemeinschaftstoilette befand sich am Ende des Ganges, Wasser wurde bis etwa 1900 aus zwei Pumpen im Hof gewonnen.

Das Amt richtete diese Wohnungen ein, **damit die Witwen die Wohnung über dem Ladengeschäft ihres verstorbenen Mannes verließen.** Damals war es üblich, dass die Familie des Händlers über dem Ladengeschäft selbst wohnte. Da die Witwe nach dem Tod ihres Mannes dessen Geschäft nicht selbstständig weiterbetreiben durfte, sollte sie ausziehen, damit der Laden wieder an einen neuen Händler vermietet werden konnte. Dafür wohnten die Witwen in den neuen Krameramtswohnungen kostenlos, sie erhielten sogar noch eine kleine finanzielle Unterstützung und Brennmaterial. Diese Wohnungen waren also eine **frühe Form der Altersversorgung.**

1865 wurde in Hamburg die **Gewerbefreiheit** eingeführt, 43 Ämter wurden aufgelöst, die Stadt Hamburg übernahm die Witwenwohnungen und vermietete sie noch bis 1968. Das Gebäudeensemble überstand sowohl das Bombardement des Zweiten Weltkriegs als auch alle städtebaulichen Umbaupläne. Es ist heute das letzte erhaltene Beispiel für die frühere Hinterhofbebauung, wie sie auch im Gängeviertel üblich war.

Heute ist eine Wohnung als **Museum** für die Öffentlichkeit zugänglich. Sie ist im Stil der Mitte des 19. Jahrhunderts eingerichtet. Außerdem liegen hier ein Restaurant und kleinere Geschäfte.

43

Karl der Große am Kleinen Michel

Ehrung für einen der Stadtgründer

Wie komme ich dahin?

Per S-Bahn bis „Stadthausbrücke“.

Im Schatten des „Großen Michels", wie die Hauptkirche St. Michaelis auch genannt wird, steht etwas abseits auch der „Kleine Michel". Offiziell heißt diese Kirche **Katholische Kirche St. Ansgar und St. Bernhard** und ist seit 1811 die katholische Kirche in der Innenstadt. Um 1600 entstand außerhalb der damaligen Stadt eine erste kleine Filialkirche, die dem Erzengel Michael gewidmet war. Als die Stadt im 17. Jahrhundert wuchs, wurde die Kirche zu klein, und man baute eine neue, sehr viel größere nur 200 Meter entfernt, die ebenfalls dem Heiligen Michael gewidmet war. So wurde die alte Michaelis-Kirche zum „Kleinen Michel"; 1747 wurde sie schließlich abgerissen. 1750 brannte der „Große Michel" nach einem Blitzschlag ab. Ersatz war nicht vorhanden, und so baute man die kleine Michaeliskirche als Übergangslösung wieder auf, denn der Wiederaufbau des Großen Michel dauerte sehr viel länger. Während der französischen Besatzungszeit (→ **Tipp 5**) wurden hier 1811 erstmals katholische Gottesdienste gefeiert. Ein paar Jahre später zogen die Franzosen ab, aber die Kirche blieb katholisch, bis heute. Nachdem sie im Zweiten Weltkrieg zerstört worden war, baute man sie mit französischer Hilfe erneut auf. Bis heute trägt sie den Beinamen „Kleiner Michel".

Direkt auf dem Platz vor der Kirche erhebt sich eine **Skulptur** zu Ehren von *Karl dem Großen*. Er trägt in der linken Hand ein Modell der Hammaburg, die dem Wappen Hamburgs nachgebildet ist. *Karl der Große* wird damit als **Gründer Hamburgs** geehrt. Aber war er das überhaupt? Eigentlich werden doch Bischof *Ansgar* als Gründer der Altstadt und Graf *Adolf* als Gründer der Neustadt angesehen (→ **Tipp 14**), wie passt jetzt *Karl* dazu? Hat er tatsächlich Hamburg gegründet? Zweifelsfrei ist das nicht belegt. Im Norden hatten die heidnischen Sachsen die Macht, Frankenkönig *Karl* wollte sie unterwerfen und zum Christentum bekehren. Nun war die Lage damals aber etwas schwierig, denn nördlich der Elbe lebten neben den Sachsen auch noch slawische Stämme und ganz im Norden skandinavische Wikinger, während das Frankenreich weit weg war. Also ließ *Karl* Burgen bauen, um seine Macht zu festigen. So entstanden die Burg Esesfeld beim heutigen Itzehoe (ca. 50 km nördlich von Hamburg) und etwas später wohl auch die Hammaburg. Von dieser aus sollte der Norden missioniert werden. Dazu schickte *Karls* Sohn *Ludwig der Fromme* 831 Bischof *Ansgar* nach Hamburg. Und genau hier wird es ein wenig nebulös. Die Hammaburg wird wohl existiert haben, aber gab es auch schon eine erste Kirche? Oder baute sie erst *Ansgar?* 845 jedenfalls überfielen Wikinger die kleine Burg und schlugen alles kurz und klein, *Ansgar* floh nach Bremen und setzte sein Werk von dort aus fort.

Ob nun also *Karl* oder *Ansgar* Hamburg gründeten, das mögen Archäologen entscheiden. Die Hamburger jedenfalls haben sich ganz pragmatisch entschieden: Sie widmen jedem der möglichen Gründer ein Denkmal. So tut man niemandem Unrecht.

44

Engländer in Hamburg

Die Boßelkugeln an der Englischen Planke

Wie komme ich dahin?
U- und S-Bahnstation „Landungsbrücken“ oder Bus Nr. 37, Haltestelle „Michaeliskirche“.

Man läuft schnell dran vorbei, und sowieso wird man sie eher kaum beachten, denn der Blick geht unweigerlich hinüber zur mächtigen Hauptkirche St. Michaelis, kurz „Michel" genannt. Dabei übersieht man sehr schnell die **fünf unterschiedlich großen silberfarbenen Kugeln,** die gegenüber der Kirche an der Straßenseite zu finden sind. Und doch erzählen diese Kugeln ein wichtiges Kapitel aus Hamburgs Geschichte. Eine kleine Tafel, die bei den Kugeln angebracht ist, erklärt, dass hier die englische Gemeinde im 17. bis 19. Jahrhundert boßelte, und genau dafür stehen diese Kugeln sinnbildlich.

Boßeln ist ein Sport, der noch heute in Norddeutschland gespielt wird; dabei werden kleine Kugeln von den einzelnen Spielern zweier Teams möglichst weit geschleudert. Die Engländer spielten etwas Ähnliches, das aber mehr dem Kegeln oder dem Boccia entsprach. Sie veranstalteten es auf einem Platz, der **Bosselhof** genannt wurde und an der Böhmkenstraße lag, etwa dort, wo heute die fünf Kugeln liegen. Nach historischen Quellen war der Bosselhof 290 Fuß lang und 80 Fuß breit (also ca. 82 mal 22 Meter). Neben Ballspielen fanden hier auch Geselligkeiten statt. Da der Ort an einem Elbhang lag, bestand ständig die Gefahr, dass die Kugeln den Hang hinunter zur Elbe rollten. Deshalb wurde die abschüssige Seite mit **Planken** gesichert, woraus sich später der Straßenname „Englische Planke" ableitete. So heißt noch heute die Verlängerung der Böhmkenstraße, die unmittelbar am Michel vorbeiführt.

Das sind aber nicht die einzigen **Spuren, die Engländer in Hamburg hinterließen.** Einige prägten durch ihre Taten, ihren Geschäftssinn und nicht zuletzt durch ihr Charisma das Bild der Briten in Hamburg nachhaltig. Es kommt wohl nicht von ungefähr, dass man den Hamburgern nachsagt, sie seien sehr **anglophil.** Dass Hamburger Kaufleute schon immer im regen Austausch mit London standen und sich auch heute noch gerne britisch geben und kleiden.

Diese „Britenliebe" hat eine sehr lange Tradition. Seit **1281** waren **Hamburger in London** in einer Handelsniederlassung aktiv, ab 1321 im Namen und Verbund mit der Hanse. Umgekehrt dauerte es bis ins **16. Jahrhundert,** bis **englische Händler** sich in **Hamburg** niederließen. Sie handelten vor allem mit Tuchwaren. Anfänglich waren die englischen Tuchhändler mit den Niederlanden im Geschäft, aber 1563 brach ein Krieg zwischen England und den Niederlanden aus, sodass die Händler sich einen neuen Ort suchen mussten. So kamen sie zunächst nach Emden, 1567 dann für zehn Jahre nach Hamburg. Nach Ablauf dieser zehn Jahre ging es noch einige Jahre hin und her, bis sich die Engländer ab 1611 endgültig in Hamburg niederlassen konnten. Sie waren in einer Handelsgesellschaft organisiert. Ihr Sitz war ein Haus in der Gröningerstraße, wo die **Company of Merchant Adventurers** bis zum Schluss (1806) verblieb. Den Merchant Adventurers wurden verschiedene Privilegien gewährt, so durften sie beispielsweise in ihrer „English Church" Gottesdienste in englischer Sprache feiern. 1689 kam der erste britische Diplomat nach Hamburg, der bis zu seinem Tod in der Hansestadt verblieb. 1806, als die Franzosen Hamburg besetzten, endete die Zeit der Merchant Adventurers.

Einige Engländer etablierten sich dennoch als **erfolgreiche Unternehmer** in der Hansestadt. Beispielsweise die Familie *Sloman*. 1791 kam Kapitän **William Sloman** nach Hamburg und gründete eine Reederei, die heute noch existiert und als älteste bestehende Reederei Deutschlands gilt. Die nachfolgenden Generationen bauten die Reederei deutlich aus, waren auch im Geschäft mit den Auswanderern beteiligt und richteten Liniendienste nach Übersee ein. Ein anderer Engländer, der weit reichende Spuren in Hamburg hinterließ, war der Ingenieur **William Lindley.** Er war einer der wichtigsten Ideengeber beim Wiederaufbau Hamburgs und der Wasserversorgung nach dem Großen Brand des Jahres 1842 (→ **Tipp 39**).

Eine ganz besondere Verbindung zu England hat die **Kirche Sankt Nikolai.** Nach dem Großen Brand wurde sie nach Plänen des Engländers *George Gilbert Scott* (→ **Tipp 2**) wieder aufgebaut, im Zweiten Weltkrieg zerstörte die britische Luftwaffe die Kirche – wie auch die halbe Stadt – komplett. Aber auch das konnte die Verbundenheit zu Great Britain nicht nachhaltig erschüttern. Im Gegenteil. Von 1977 bis 1980 spielte **Kevin Keegan** beim HSV, schoss in 90 Spielen 32 Tore. Die „Mighty Mouse", wie der 1,70 Meter kleine Spieler genannt wurde, kam für die damalige Rekordablösesumme von 2,3 Millionen Mark und eroberte die Herzen der Hamburger in Rekordzeit.

Noch heute gibt es verschiedene britische Institutionen in Hamburg. Beispielsweise die englische Kirche **Church of St. Thomas Becket,** die seit 1838 am Zeughausmarkt unweit vom Michel steht. Oder **Kemp's English Pub** am Mittelweg, der (Zitat Homepage) „einzige English Pub in Hamburg". **English Books and British Foods** gibt es an der Stresemannstraße, Theaterstücke im **English Theatre of Hamburg** und den Afternoon Tea im **The George Hotel.**

45

Die vier nordischen Seemannskirchen

…liegen in der Nähe des Hafens im „Portugiesenviertel"

Wie komme ich dahin?

Die Ditmar-Koel-Straße liegt ganz nahe zur S- und U-Bahn-Station „Landungsbrücken".

Hamburg als Hafenstadt war immer schon ein Magnet für Schiffe aus aller Herren Länder. Diese transportierten exotische Waren und sorgten für Wohlstand. Und natürlich brachten sie auch Menschen in die Stadt. Und die suchten in der Fremde nicht nur Vergnügen (auf der Reeperbahn), sondern oftmals auch geistlichen und weltlichen Beistand.

Bereits vor über 100 Jahren etablierte sich in Hamburg eine **Betreuung für ausländische Seeleute,** daraus erwuchsen dann im 20. Jahrhundert vier nordische Kirchen, die alle in unmittelbarer Nachbarschaft in der **Ditmar-Koel-Straße** bei den Landungsbrücken liegen. Dort stehen Seemannskirchen für seefahrende Gläubige aus Dänemark, Finnland, Norwegen und Schweden.

Von den Landungsbrücken kommend, liegt als erstes das auffällige Gebäude der **schwedischen Kirche** auf der linken Seite an der Ditmar-Koel-Straße 36, die **Gustaf Adolfskyrkan.** Sie gehört zum Bistum Visby, das für die Insel Gotland zuständig ist. Bereits 1883 gab es eine Betreuung für schwedische Seeleute in Hamburg. 1903 wurde das Gelände gekauft, und ein norwegischer Architekt baute das auffällige mehrgeschossige Backsteinhaus mit spitzem Turm; geweiht wurde die Kirche 1907. Sie überstand als eines der wenigen Gebäude am Hafen das Bombardement des Zweiten Weltkriegs. 1996 wurde das Gotteshaus von einer Seemannskirche in eine Gemeindekirche umgewandelt, da es mittlerweile zu wenige schwedische Seeleute gab, dafür aber viele in Hamburg lebende Schweden. Konsequenterweise sitzt hier seit 2008 auch das schwedische Honorarkonsulat.

Die anderen drei Kirchen stehen ein Stückchen weiter Stadteinwärts. Unter der Hausnummer 6 befindet sich die **finnische Kirche Hampurin Merimieskirkko.** Bereits 1902 betreute die finnische Seemannsmission Seeleute, aber auch Finnen im Krankenhaus und im Gefängnis. Ein erstes Kirchengebäude wurde im Zweiten Weltkrieg zerstört, die heutige Kirche im sehr funktionalen Design entstand 1966. Zum Gebäude gehören, auch ganz pragmatisch gedacht, eine Bibliothek und eine Sauna. Finnische Seeleute, aber auch Fernfahrer können hier Wäsche waschen, finnische Zeitungen lesen und schwitzen. Außerdem gibt es einen kleinen Shop für finnische Produkte. Heute feiert übrigens die ungarische Gemeinde der evangelisch-reformistischen Kirche hier auch regelmäßig Gottesdienste. Und noch eine praktische Nutzung: Das finnische Honorarkonsulat ist hier gleich mit untergebracht.

Als direkter Nachbar steht unter der Hausnummer 4 die **norwegische Sjømannskirken,** sie gehört zum Bistum Bergen. Eine erste Freiwilligenorganisation war bereits ab 1807 in Hamburg für norwegische Staatsbürger tätig.

Hoch ragt sie auf, die schwedische Gustaf Adolfskyrkan

Die dänische Dansk Sømandskirke ist ein eher nüchterner Bau

Eine erste Seemannskirche wurde 1936 eingerichtet, die aber nach dem Krieg nicht mehr stand. Den Neubau weihte man 1959 ein, es ist ein rechteckiger Backsteinbau mit Glockenturm und spitzem Kupferdach.

Die **dänische Dansk Sømandskirke** oder **Benediktekirken** trägt die Hausnummer 2. Schon um 1875 arbeitete die dänische Seemannsmission in Hamburg, ab 1921 mit eigener Kirche, die aber ebenfalls im Krieg zerstört wurde. 1952 wurde die neue Kirche geweiht, und diese erhielt 2007 nach einem Umbau ihren aktuellen Namen. Der auffällige Turm ist eine Kopie der in Kopenhagen stehenden Adventskirken.

Alle vier Kirchen stehen in der **Ditmar-Koel-Straße,** die auch als eine Art Hauptstraße im **„Portugiesenviertel"** gilt. Diesen inoffiziellen Namen erhielt das Viertel etwa ab den 1970er Jahren, als sich immer mehr Portugiesen hier ansiedelten. Sie suchten preiswerten Wohnraum in der Nähe ihrer Arbeitsplätze im Hafen, genauso, wie es schon Generationen vor ihnen taten. Dann entstanden die ersten portugiesischen Lokale, noch mehr Landsleute kamen, auch viele Spanier, die ihrerseits Lokale eröffneten. Heute liegen hier unzählige iberische Restaurants, Cafés, Tapas-Bars, Pastelerías oder Bodegas. Alles sehr fröhlich bunt und vor allem friedlich vereint, flankiert von den kühl-modernen nordischen Seemannskirchen.

Alle vier Kirchen haben Gemeinderäume, in denen an zwei Wochenenden im November (Mitte und Ende des Monats von Freitag bis Sonntag) ein zauberhafter **Weihnachtsmarkt** stattfindet, der unter Hamburgern sehr beliebt ist. Dort werden skandinavisches Kunsthandwerk angeboten und kulinarische Spezialitäten aller vier Länder.

46

Alter Elbtunnel

Zu Fuß die Elbe unterqueren zum schönsten Hafenblick

Wie komme ich dahin?
Der Einstieg zum Alten Elbtunnel liegt bei den Landungsbrücken zwischen Brücke 6 und Brücke 7, per U- oder S-Bahn bis „Landungsbrücken".

Wer sich Hamburg über die Autobahn 7 nähert, wird höchstwahrscheinlich durch den Elbtunnel fahren. Und vielleicht nimmt man als etwas abgelenkter Beifahrer diesen Tunnel gar nicht recht wahr, zu spannend ist das Hafen-Panorama links und rechts der Autobahn. Hinein in den Tunnel, etwas langsamer gefahren und – zack – ist man auch schon durch. Genau das kann beim Alten Elbtunnel nicht passieren. Hier würde ein Fahrzeug nämlich erst sehr umständlich, aber auch richtig originell, mit einem Fahrstuhl nach unten transportiert werden. Dann einmal durch die Röhre und auf der anderen Seite erneut per Fahrstuhl wieder hoch. Okay, das ging zuletzt auch nicht mehr für Autos, seit ein paar Jahren ist die Durchfahrt nur noch **Radfahrern** und **Fußgängern** gestattet. Aber einmal hier durchspazieren (oder eben radeln), das sollte jeder Besucher und unbedingt auch auf der anderen Seite wieder hoch und aus dem Gebäude heraus. Dann gleich nach links und entlang der unübersehbaren grauen, etwas hässlichen Betonmauer etwa 100 Meter zurück zur Elbe gehen/radeln. Dort liegt ein **Aussichtsplatz,** von dem Besucher einen formidablen Blick auf das Stadtpanorama haben, mit den Landungsbrücken, dem Michel, mehreren Kirchtürmen und ganz rechts der Elbphilharmonie. Zwischendurch schieben sich Hafenfähren, Schuten, kleine und große Schiffe durchs Bild, und der Wind zerzaust einem das Haar. Ein leicht gebogenes Panoramarelief erklärt, welche Gebäude man jenseits der Elbe sieht. Falls der kleine Hunger sich meldet, kein Problem, ein Kiosk bietet hier hervorragende Fischbrötchen an. Der kleine Laden nennt sich **„Brücke 10 am Borni“,** und damit hätten wir den Bogen geschlagen zum Alten Elbtunnel. Mit „Borni“ ist der Bornsteinplatz gemeint, an dem sich dieser Aussichtsplatz befindet. Benannt nach dem Medizinerehepaar **Arthur und Olga Adele Bornstein,** die eigens bei der Baugesellschaft für den Alten Elbtunnel angestellt waren, um die Arbeiter vor der Dekompressionskrankheit zu schützen und gegebenenfalls zu behandeln. Die Arbeit war hart und wurde deshalb schon gut bezahlt, außerdem gab es pro Mann und Monat 100 Mark „Druckluftprämie“. Die Dekompressionskrankheit ist auch als „Taucherkrankheit“ bekannt und trat beim Bau des Alten Elbtunnels auf, weil unter Tage mit Überdruck gearbeitet wurde. Die Arbeiter wühlten sich buchstäblich mit Hand und Schaufel tief unter der Erde vor einem Bohrschild durch die Erde. Dies geschah eben bei permanentem Überdruck, damit kein Wasser eindringen konnte. Das war ein hohes gesundheitliches Risiko für die Arbeiter. Diese mussten bei Schichtwechsel eine langsame Ausschleusung und Druckausgleich ertragen. Dennoch kam es zu Erkrankungen, woraufhin die *Born-*

Formidabler Blick über die Elbe auf den Hafen genießt man vom Aussichtspunkt Bornsteinplatz

steins die Ausschleusungszeiten verlängerten. Sehr zum Unwillen der Tunnelgesellschaft, denn so ging Arbeitszeit verloren. Erkrankte Arbeiter kamen in eine Druckkammer, wo zunächst der alte Druck wieder hergestellt wurde und sehr langsam dann aufs Normalmaß abgesenkt wurde. Trotz aller Vorsicht erkrankten während der vierjährigen Bauzeit 615 Arbeiter leicht, 74 schwer, und drei Mann verstarben.

Nach Fertigstellung des Tunnels strömten die Hafen- und Werftarbeiter durch den Tunnel auf die andere Elbseite und nach Schichtende zurück, der Sinn des Bauwerks war damit erfüllt. Fahrzeuge fuhren auch, anfänglich nur wenige, später immer mehr. Sie zahlten zuletzt 2 €, Fußgänger und Radfahrer zahlten nichts. Die Nutzung des Tunnels ging seit den 1970er Jahren stetig zurück, da Hafenarbeiter durch das Aufkommen der Container und auch durch die Werften-Krise nicht mehr in der großen Zahl gebraucht wurden. In der neueren Zeit erhöhte sich aber das touristische Aufkommen, und wohl auch deshalb wird der Alte Elbtunnel seit 1995 umfänglich renoviert. Damit er auch weiterhin in altem Glanz erstrahlt und die Besucher auf die andere Elbseite bringt zu diesem einmaligen Panoramablick am „Borni“.

Die Entstehung eines Tunnels

Wie kam es überhaupt zum Bau dieses Tunnels? Seit 1870 wuchs der Hafen deutlich, viele Arbeiter wurden auf den Werften und an den Kaianlagen zum Be- und Entladen gebraucht. Mehrere Tausend Männer mussten zum Schichtbeginn auf die andere Elbseite gebracht werden, die kleinen Hafenfähren stießen da irgendwann an ihre Grenzen. Also suchte man nach einer anderen Lösung, eine Brücke kam ins Spiel, eine Seilfähre, aber letztlich entschied man sich für einen Tunnel. Ab 1901 wurde geplant, ab 1907 gebaut. Die Gesamtleitung an diesem einzigartigen Projekt erhielt der Ingenieur *Otto Stockhausen,* damals gerade einmal 29 Jahre jung. Es heißt, er war so fasziniert von diesem Projekt, dass er seine eigene Hochzeit verschob auf „nach Fertigstellung". Kein Wunder, es war der **erste Unterwassertunnel auf dem europäischen Kontinent,** als Vorbild gab es nur einen ähnlichen Tunnel in Glasgow. Errichtet wurden zunächst auf beiden Elbseiten je ein Schacht mit einem großen kuppelgekrönten Gebäude. In diese Schächte baute man dann später vier Lastenaufzüge für die Fahrzeuge, zwei Personenfahrstühle und zwei Treppen mit 132 Stufen. Dann wurden die beiden Röhren durch den Elbuntergrund getrieben, mit den schon angesprochenen Schwierigkeiten. 4400 Menschen arbeiteten an dem Bauwerk, die Kosten lagen bei 10,7 Mio. Goldmark. Nach vier Jahren war man dann tatsächlich fertig: Am **7. September 1911** wurde der St.-Pauli-Elbtunnel, wie er anfänglich hieß, feierlich eröffnet. Erst nach Fertigstellung des zweiten Elbtunnels 1975 im Verlauf der Autobahn 7 bürgerte sich der Name „Alter Elbtunnel" ein. Es entstanden zwei Röhren von 426,50 Meter Länge, die auf einer Sohlentiefe von 24 Metern liegen. Diese Röhren sind hell gekachelt, außerdem sind auch 80 Keramikplatten als **Wandschmuck** angebracht, sie zeigen 14 verschiedene maritime Tiermotive. Die Röhren haben einen Durchmesser von 5,92 Meter; man orientierte sich damals an dem Maß einer beladenen Kutsche mit aufgestellter Peitsche. Die Fahrbahnbreite betrug anfänglich für heutige Verhältnisse sehr schmale 1,82 Meter, seit 1928 dann 1,92 Meter, was sich ebenfalls an den damals gängigen Fahrzeugen orientierte. Derzeit dürfen Autos aber sowieso nicht durch den Tunnel fahren. Interessant ist, dass es keine langen Zufahrtsrampen gab, stattdessen baute man vier Lastenfahrstühle mit einem sich vertikal öffnenden Holztor. Dieses Prinzip funktioniert noch heute.

47

Der Fischmarkt

Der „wahre" Fischmarkt an der Großen Elbstraße findet nicht nur sonntags statt

Wie komme ich dahin?

Per Bus 111 bis „Große Elbstraße" oder, vielleicht sogar ein wenig stilechter, mit der Hafenfähre 62 bis zur eigenen Haltstelle „Dockland". Von dort gelangt man an einem der besten Fischrestaurants Hamburgs, dem „Fischereihafen Restaurant", vorbei zur Großen Elbstraße.

Der Fischmarkt ist eine Institution in Hamburg, auch wenn er offiziell **„Fischmarkt Altona“** heißt. Das mag echten Hamburger Lokalpatrioten immer einen kleinen Stich geben, aber so ist es nun mal. Seit 1703 wird am **frühen Sonntagvormittag** am Elbufer Fisch gehandelt. Damals hatten sich die Fischer darüber beschwert, dass sie am heiligen Sonntag nicht ihre Fische verkaufen durften. Bis zum Montag war ihre empfindliche Ware nämlich womöglich schon verdorben. Damit appellierten sie genau richtig an die Hamburger Krämerseele, und so erging auch rasch die Verfügung, dass sie auch am heiligen Sonntag ihren Fisch verkaufen durften, aber nur, bis „die Glocke halb neun schlug“. Dann musste Schluss sein, sonst würden es alle nicht mehr rechtzeitig zur Kirche schaffen. Und so gilt es noch heute, der Fischmarkt endet jeden Sonntag vor dem Kirchgang, mittlerweile aber um Punkt 9.30 Uhr.

Das **Angebot** des Marktes hat sich im Laufe der Zeit gewandelt, denn mittlerweile wird hier alles Mögliche verkauft: Nudeln, Wurst, Käse, Blumen, Souvenirs, Bekleidung und, ja, auch noch Fisch. Ein wenig jedenfalls. Die Marktschreier sind hier die Stars und der Fischmarkt eine Mischung aus echtem Markt und Verlängerung einer sehr langen St.-Pauli-Nacht.

Heute ist Altona ja ein Bezirk von Hamburg, und der Fischmarkt findet im **Stadtteil Altona-Altstadt** statt, von dem selbst viele Hamburger wahrscheinlich gar nicht wissen, dass er überhaupt existiert. Vielleicht wirkt dies Beharren auf „Altona“ oder „Hamburg“ ein wenig kleinlich, aber früher waren es **zwei selbstständige Städte,** und die hatten eben auch zwei Fischmärkte (erst 1934 wurden sie zusammengelegt). Sie hatten auch **zwei Häfen,** die sich völlig unterschiedlich entwickelten. Der Altonaer war viel kleiner und spezialisierte sich rasch auf den Weizen- und Fischhandel, während die Hamburger stark im Fernhandel tätig waren und große Mengen aller möglichen Güter umschlugen. Entsprechend unterschiedlich entwickelten sich auch die Fischmärkte. Seit 1887 wurden in beiden Städten regelmäßig **Fischauktionen** abgehalten; Altona baute 1896 eine sehr schön gestaltete Auktionshalle aus Glas und Eisen, die heute noch steht und wo am Sonntagmorgen Livemusik zum Fischmarkt gespielt wird. Entlang der Großen Elbstraße etablierten sich am Altonaer Hafen mehrere **Fischverarbeitungsbetriebe** und Kühlhäuser, zeitweise wurde hier die größte Menge der gesamten deutschen Fangflotte umgeschlagen. Die frische und verderbliche Ware musste schnellstens weiterver-

Lebhaftes Treiben am frühen Sonntagmorgen auf dem Fischmarkt. Händler bieten ihre Waren direkt vom Verkaufswagen an

kauft werden. Schon 1840 hatte man Gleisanlagen am Altonaer Hafen gebaut, aber nun mussten noch die Waggons mit dem frischen Fisch vom Hafen zum Bahnhof Altona gebracht werden. Das war aber nicht so einfach, denn das Hafengebiet wird noch heute von einer etwa 30 Meter hohen **Geestkante** begrenzt, und der Bahnhof befand sich oben. Die Lösung: Man baute eine **Rampe in einem Tunnel** („Schellfischtunnel" genannt) und zog die Waggons mit Seilwinden hoch, oben wurden sie von Pferden zum damaligen Bahnhof gezogen, der sich dort befand, wo heute das schicke weiße Rathaus Altona steht. Später wurde der Bahnhof weiter nach Norden an seinen heutigen Standort verlegt, der Schellfischtunnel auf 961 Meter verlängert und die Waggons mit Lokomotiven gezogen. Das ging viele Jahre gut, dann kam es auch am Altonaer Hafen zu einem deutlichen Umschlag-Rückgang, und der Betrieb durch den Schellfischtunnel wurde 1992 eingestellt. Der Tunnel existiert noch heute, der Eingang ist aber durch ein Eisengitter verschlossen.

Fisch wird am Elbufer immer noch im größeren Stil gehandelt, allerdings etwa zehn Minuten Fußweg entfernt vom Gelände des Sonntagsfischmarktes, An der Großen Elbstraße 137. Hier stehen elf Hallen der **„Fischmarkt Hamburg-Altona GmbH"**, in denen Meeresgetier gehandelt, verarbeitet und gekühlt wird. Dies geschieht fast täglich und ist keinerlei Touristenspektakel, hier decken sich Händler und Gastronomen ganz früh am Morgen, fast noch in der Nacht, mit Frischware ein. Neben diesem Großhandel gibt es hier auch mehrere Bistros und Restaurants, die alle vorzügliche Fischgerichte oder Fischbrötchen anbieten. Und bei Feinkost Goedeken an der Großen Elbstraße 141 kann sich jeder auch mit Fisch und Meeresfrüchten eindecken, und das fast jeden Tag und nicht nur am Sonntag vor dem Kirchgang.

48

Die Köhlbrandtreppe

… war einst ein wichtiger Verbindungsweg zum Altonaer Hafen

Wie komme ich dahin?

Bus 111 hält ganz in der Nähe an der Station „Sandberg“.
Zugang über Große Elbstraße und Casten-Rehder-Straße.

Die Köhlbrandbrücke zwischen der Elbinsel Wilhelmsburg und der A7 ist seit ihrer Eröffnung 1974 ein Wahrzeichen von Hamburg und eine wichtige Auto-Verbindung in den Hafen (→ **Tipp 95**). Knapp 90 Jahre früher wurde ebenfalls eine wichtige Verbindung zum Hafen eingeweiht, eine viel benutzte Treppe, denn damals fuhren noch keine Autos, die Hafenarbeiter gingen zu Fuß zur Schicht. Diese Treppe hieß schon damals „Köhlbrandtreppe" und führt von den **Wohngebieten in Altona** hinunter **zum Altonaer Hafen.** Altona war lange Zeit eine eigenständige Stadt und von 1640 bis 1864 unter dänischer Herrschaft. Damit war es auch immer ein Stück weit in Konkurrenz zu Hamburg und seinem Hafen. Erst 1937 wurde Altona zwangsweise Hamburg eingemeindet und ist heute einer seiner sieben Stadtbezirke.

Altona hatte im Gegensatz zu Hamburg **keinen natürlichen Hafen.** Im 17. Jahrhundert baute man eine erste **Anlegestelle** und ein **Hafenbecken,** 1722 entstand dann der sogenannte Holzhafen, an dem Segelschiffe anlegen konnten. Der Name bezieht sich wahrscheinlich auf eine hölzerne Bauweise, denn hier wurden nur wenige große und schwere Handelsgüter angelandet, stattdessen vorwiegend Fisch und Getreide. Der Altonaer Hafen hatte einen deutlichen topografischen Nachteil, denn sehr nahe am Elbufer erhebt sich noch heute ein 30 Meter hoher **Geesthang.** Alle Waren mussten mühsam vom Schiff an Land und weiter hoch in die Stadt geschafft werden. Umgekehrt mussten die Hafenarbeiter auch erstmal aus der Oberstadt, wo ihre Wohnungen lagen, hinunter zum Hafen gelangen.

Aus verschiedenen Gründen **wuchs Altona im 19. Jahrhundert rasant,** die Stadt zählte 1885 bereits 100.000 Einwohner. Sehr viele von ihnen waren im Handwerk, im Gewerbe oder eben im Hafen beschäftigt. Auch der Altonaer Hafen expandierte im Rahmen seiner Möglichkeiten; aufgrund der Geländestruktur ging das nicht ins Hinterland, sondern nur auf einem etwa 100 Meter breiten Streifen zwischen Geesthang und Elbe. Altona spezialisierte sich auf Fisch, man baute ein Kühlhaus sowie Fisch verarbeitende Fabriken, und 1840 hatte der erste Kai bereits Gleisanschluss. All dies erfolgte auf dem schmalen Streifen Land am Elbufer. **Viele Arbeiter wurden benötigt,** und die kamen alle aus dem oben liegenden Stadtgebiet.

1887 wurde die **Köhlbrandtreppe eingeweiht,** und das war für die vielen Hafenarbeiter eine gewaltige Erleichterung, da sie nun sehr viel schneller zum Holzhafen und damit zur Arbeit ge-

Hier stapften früher die Hafenarbeiter hinunter zur Elbe und zur Schicht

langten. Allerdings gab es für sie auch eine kleine Hürde auf dem Rückweg nach der Schicht, denn direkt neben der Treppe lag (und liegt noch heute) eine Kneipe, der **„Schellfischposten"**, Hamburgs älteste Seemannskneipe. Heute wird hier die launige TV-Sendung „Inas Nacht" (NDR) aufgezeichnet, aber wenn die Fernseh-Leute nicht da sind, kann man hier ein gepflegtes Bier trinken, von der Terrasse auf den Hafen schauen und vielleicht auch die Köhlbrandtreppe bestaunen.

Bis in die 1960er Jahre wurde der Übergang von den Hafenarbeitern genutzt, dann veränderte sich auch in Altona das Hafengeschehen, die harten Malocher wurden nicht mehr gebraucht. Immer weniger stiegen die Treppe hinunter, aber schick sieht sie immer noch aus, in **rotem Backstein** gebaut und mit **kunstvoll geschmiedetem Geländer** und gusseisernen Laternen. Im Zentrum steht ein **Brunnen** mit den Wappen von Altona und Preußen, weiter bergan schmücken die Abbildungen der Götter Merkur (steht für den Handel) und Neptun (symbolisiert das Meer) das Gemäuer.

49

Dockland

Mal jemandem aufs Dach steigen?

Wie komme ich dahin?

Das Dockland steht an der Van-der-Smissen-Straße 9 und kann per Bus 111 bis „Kreuzfahrtterminal Altona" erreicht werden oder mit der Hafenfähre 62 bis zur eigenen Haltstelle „Dockland".

Am Hafenrand stehen einige markante Gebäude. Viele werden als Büros genutzt, einige haben große Cafés und Restaurants mit hohem Anspruch in der unteren Etage, aber selbst unter diesen vielen Gebäuden sticht das Dockland heraus. Es hat nicht nur eine tolle Lage direkt an der Elbe, sondern auch eine Bauform, die ihresgleichen sucht. Es dürfte sogar zu den **ungewöhnlichsten Gebäuden** von ganz Hamburg gehören. Es ist in Form eines **Parallelogramms** erbaut und orientiert sich damit am Körper eines Luxusliners. Das ganze Gebäude neigt sich um 24 Grad, der Bug kragt um 40 Meter über die Elbe hinaus. Damit das Gebäude wirklich ganz dicht am Elbufer errichtet werden konnte, wurde eine Menge Land aufgeschüttet.

Das Dockland hat sieben Etagen, im Inneren fahren Schrägaufzüge. Genutzt wird das fast vollständig verglaste Haus als **Bürogebäude.** Ganz oben, auf 25 Metern Höhe, gibt es eine beinahe 500 Quadratmeter große **Terrasse,** von der man einen formidablen Blick auf die Elbe hat. Und das Beste: Diese Terrasse ist für die Öffentlichkeit **frei zugänglich.** Über Freitreppen aus Holz und Glas kann man nach oben gehen, es sind allerdings immerhin 136 Stufen. Lässt man den Blick schweifen, erkennt man die Skyline von Hamburg, die Containerterminals, das Elbufer und natürlich auch ganz in der Ferne die Elbphilharmonie. Speziell zum Sonnenuntergang erlebt man hier einen ganz besonderen Moment.

Ganz schön steil ...

50

Joachim Ringelnatz

Gingen zwei
Ameisen auf Reisen …

Wie komme ich dahin?

Elbchaussee/Liebermannstraße. Das Denkmal steht sehr nahe der Bushaltestelle „Liebermannstraße", die mit dem Bus Nr. 111 zu erreichen ist. Der 111er fährt ab Speicherstadt auch an den Landungsbrücken vorbei und kurz über die Reeperbahn.

Er hatte den Schalk im Nacken, und aus seinen Augen blitzte der Wortwitz, so könnte man meinen beim Betrachten historischer Fotos von *Hans Gustav Bötticher,* besser bekannt als *Joachim Ringelnatz.* Geboren im Jahr 1883 im sächsischen Wurzen, zog die Familie *Bötticher* bald nach Leipzig. Der Vater, ein Pfarrer, hatte Kontakte in die Künstlerszene, und der Sohn schnupperte hier erstmals in eine Welt hinein, die ihn später nicht mehr losließ. Aber zunächst absolvierte er mehr schlecht als recht und ziemlich unangepasst die Schulzeit. Als 18-Jähriger schwärmte *Hans Gustav* von der Seefahrt, zog nach Hamburg und **heuerte** auch tatsächlich **auf einem Schiff an.** Die Seemannsromantik verflog dann doch rasch, aber nicht völlig. Zurück in Hamburg schlug er sich mit **zahlreichen Aushilfsarbeiten** durch (man spricht von 30 verschiedenen Jobs), heuerte immer wieder an, musterte nach der Reise ab und jobbte anderswo. Er war eine rastlose Seele, versuchte es dennoch immer wieder mit geregelter Büroarbeit, was aber nicht klappte. So wechselten sich Phasen mit regelmäßigem Einkommen mit bitterarmen Zeiten ab. Ab 1909 versuchte er es als **Künstler,** veröffentlichte beispielsweise in der angesehenen satirischen Zeitschrift „Simplicissimus". Aber für eine gesicherte Existenz reichte es dennoch nicht. Dann kam 1914 der **Krieg,** und *Bötticher* meldete sich freiwillig, mit immerhin 31 Jahren. Aber auch die anfängliche Begeisterung über das Soldatenleben verflüchtigte sich sehr bald.

Ab 1919 veröffentlichte er seine Werke unter dem **Pseudonym Ringelnatz.** 1920 folgte die Heirat mit **Leonharda Pieper,** die er „Muschelkalk" nannte. Das Leben blieb auch in den weiteren Jahren ein Auf und Ab. In manchen Jahren war er sehr erfolgreich auf der Bühne, veröffentliche Gedichte oder Schallplatten und malte Bilder; in anderen Zeiten lebte das Paar von der Hand in den Mund. Unter den **Nationalsozialisten** hatte *Ringelnatz* ab 1933 Auftrittsverbot, was die Familie in die Armut trieb. **1934 starb Joachim Ringelnatz** im Alter von 51 Jahren an Tuberkulose.

Aus seinem großen Werk sind im Norden vor allem die Geschichten um den unangepassten Seemann **Kuddel Daddeldu** bekannt. Der Begriff „Daddeldu" steht im Hamburger Sprachgebrauch auch für „Schluss, Ende, Feierabend" („Nu' is' Daddeldu!"). Der Hamburger Musiker *Achim Reichel* hat die Ballade um Kuddel Daddeldu zu einem schönen rockigen Song verarbeitet. Unbedingt mal reinhören, es gibt tolle Videos auf YouTube.

Aber noch sehr viel mehr ist *Ringelnatz* in Hamburg in Erinnerung geblieben mit einem kleinen, niedlichen Gedicht, das wohl jeder Hamburger kennen dürfte, das **Ameisen-Gedicht:**

„In Hamburg lebten zwei Ameisen,
Die wollten nach Australien reisen.
Bei Altona auf der Chaussee,
Da taten ihnen die Beine weh,
Und da verzichteten sie weise
Dann auf den letzten Teil der Reise."

Das Gedicht hat noch einen **Zusatz,** ein Fazit, das manchmal nicht genannt wird:

„So will man oft und kann doch nicht.
Und leistet dann recht gern Verzicht."

Obwohl Ringelnatz auch ein Hamburg-Gedicht schrieb, das etwas düster und pessimistisch ausfällt, sind doch die Ameisen-Verse den meisten Hamburgern in Erinnerung geblieben. So nachhaltig, dass man ihnen, also den Ameisen, ein **Denkmal** gewidmet hat. Und damit indirekt auch *Joachim Ringelnatz.* Es steht, natürlich „bei Altona auf der Chaussee". Gemeint ist die Elbchaussee, konkret an der Ecke, wo die Liebermannstraße einmündet. Dort findet man einen Granitsockel, unten mit dem Text des Gedichts, und oben krabbeln zwei übergroße Bronze-Ameisen entlang. Man bekommt fast ein wenig Mitleid mit den zwei Tierchen, wenn man sich vorstellt, wie sie am Rande der dicht befahrenen Elbchaussee so Richtung Australien krabbeln … Da war es schon sehr weise, zu verzichten auf den letzten Rest der Reise. Eine passende, augenzwinkernde Erinnerung an einen rastlosen Geist mit seinem verschmitzten Grinsen. Bei der Einweihung der Ameisen-Skulptur im Mai 2014 soll übrigens auch ein Vertreter der australischen Botschaft anwesend gewesen sein.

Dem Dichter *Ringelnatz* wurde ganz in der Nähe des Denkmals auch noch eine ganz besondere Ehre gewährt, denn eine Treppe ist nach ihm benannt, das ist sozusagen eine offizielle Wegadresse. Diese **Ringelnatztreppe** verbindet die Elbchaussee in Höhe Halbmondsweg mit dem tiefer gelegenen Elbufer, sie soll 79 Meter lang sein. Schon nicht schlecht, aber es geht noch besser: Der Hamburger Literat **Peter Rühmkorf,** der hier ganz in der Nähe in Övelgönne lebte, hat diese Treppe in seinem Gedicht „Kringel für Ringel" gewürdigt und sich gewünscht, dass sein Name nach seinem Ableben an der untersten Stufe verewigt wird („keinen Ordensstern, keine Ehrenschleppe …"). So geschah es auch, aber an der zweituntersten Stufe, anders ging es nicht.

51

Die Himmelsleiter nach Övelgönne

Über 126 Stufen hinab in ein Bullerbü-Dorf am Elbstrand

Wie komme ich dahin?
Per Bus 112 vom Bahnhof Altona bis zur Endstation beim Museumshafen, per Fähre 62 von Landungsbrücken bis „Neumühlen/Övelgönne".

Was für ein schöner Name: Himmelsleiter. Da macht die Fantasie schon gleich ein paar Sprünge. Zumal wenn man von der schicken, aber auch verkehrslauten Elbchaussee kommt. Am dortigen Einstieg erlebt man die erste Überraschung, denn **die Himmelsleiter führt** nicht etwa nach oben, sondern **nach unten.** Liegt der Himmel dann doch auf Erden? 126 Stufen sind es, und mit jedem Schritt tiefer wird es ruhiger, das beständige Rauschen der Elbchaussee verklingt rasch. Und dann staunt man nicht schlecht. Zunächst der tolle Blick auf die Elbe und die Container-Terminals auf der anderen Elbseite. Dann, nach Überwinden von 30 Höhenmetern, unten angekommen, folgt die nächste Überraschung. Hier liegt ein **kleines, schmuckes Dörflein** direkt am Elbufer. Gedrungene Häuschen wie in Bullerbü stehen an einem schmalen Fußweg, dem einzigen hier unten. Dieser 1200 Meter lange Weg namens **Övelgönne** verläuft direkt vor der Elbe. Er wird im Osten begrenzt von Neumühlen (etwa dort, wo der Museumshafen liegt) und im Westen vom Hans-Leip-Ufer (etwa dort, wo der Alte Schwede liegt, zu beidem gleich mehr). Man findet ca. 110 überwiegend ein- oder zweistöckige Häuser mit Erkern, Terrassen, Balkonen, nett dekorierten Fassaden und Rosenstöcken. Erbaut und früher bewohnt von Fischern, Lotsen, Bootsbauern und Kapitänen, heute auch von Künstlern geschätzt. Die Lage ist schwer zu toppen,

Costa Hamburgo, der Strand von Övelgönne

die Ruhe grandios, denn vor dem Weg liegen noch Gärten, dahinter folgt sogleich der Elbstrand.

Über die Himmelsleiter unten angekommen, kann man nach rechts gehen und erreicht schließlich das Ende der Bebauung am Hans-Leip-Ufer, mit anderen Worten: den **Elbstrand.** Genau dort liegt ein riesiger **Findling** im Sand, genannt **„Der Alte Schwede".** Ein mächtiger Fels von 217 Tonnen Gewicht und 4,50 Metern Höhe, der mit der Elster-Eiszeit vor 320.000 Jahren aus Südschweden nach Hamburg wanderte. Gefunden wurde er 1999 beim Ausbaggern der Elbe und mit einigen Mühen dann zum Strand verbracht. Da liegt er nun und zeigt uns Menschen, wie kurz unser Besuch auf dieser Erde doch ist, verglichen mit seinem Alter, das auf 1,8 Milliarden Jahre geschätzt wird.

Zurück geht es nach Övelgönne und dann nach links (von der Himmelsleiter aus gesehen). Auch hier stehen wieder niedliche, rosenumrankte Häuser. Staunend schlendert man durch dieses hanseatische Bullerbü und fragt sich vielleicht, woher der **Name „Övelgönne"** eigentlich stammt. Nichts Genaues weiß man nicht, aber eine Legende besagt, dass die Einwohner im benachbarten Dorf Ottensen immer ein wenig neidisch waren auf die Bewohner hier unten am Elbufer, da diese viel schneller das angespülte Strandgut einsammeln konnten. Auf gut Plattdüütsch: Sie hatten es *övel gönnt* („übel gegönnt").

Am Ende des Weges erreicht man den **Museumshafen,** wo historische Fischerei- und Frachtschiffe liegen, auch ein paar Dienstschiffe von Behörden und Kräne. Sehr nett anzuschauen das alles. Direkt am Strand stört optisch nur ein etwas unschöner Kasten, ein Belüftungsbauwerk des Neuen Elbtunnels, der genau hier unter der Erde verläuft. Gastronomie gibt's auch, die **Kultkneipe Strandperle** etwa, die bei halbwegs gutem Wetter regelmäßig überrannt wird, und das **Alte Lotsenhaus,** einer der ältesten Gastronomiebetriebe Hamburgs, gegründet von Elblotsen.

Hier unten in Övelgönne hat man also fast alles: Ruhe, Strand, Gastronomie und einen Blick aufs Wasser, besser als jedes Fernsehprogramm. Vielleicht tatsächlich der Himmel auf Erden?

„So ein Jonny!" würde man in Hamburg sagen zum Findling „Alter Schwede"

Elblotsen

Elblotsen gibt es schon seit langer Zeit. Anfänglich waren es wohl nur Fischer, die ihre Kenntnisse der Gezeiten und Untiefen den Kapitänen von Handelsschiffen zur Verfügung stellten, die zum Hamburger Hafen schipperten. Etwa ab **1600** gab es **fest positionierte Lotsen** an der Elbmündung bei Cuxhaven. Dieses Geschäft war durchaus einträglich, sodass es bald notwendig wurde, eine verbindliche Regelung für alle zu finden. 1656 verabschiedete Hamburg die erste sogenannte **Pilotageordnung;** darin wurde beschlossen, es solle in der Außenelbe zwei Lotsenschiffe in fester Position geben. Die Lotsen mussten nun auch ein Examen bestehen, und 1674 wurde auch die Reihenfolge der Aufträge beschlossen, damit jeder Lotse mal drankam. Bezahlt werden die Lotsen noch heute nur bei einem Einsatz. 1745 gründete sich eine erste **Elblotsenbrüderschaft** (in Övelgönne), weitere folgten, und alle schlossen sich 1957 zur Lotsenbrüderschaft der Elbe zusammen. Gelotst wird von ihnen von der Elbmündung bis zur Hafengrenze oder in anderer Richtung bis zum Nord-Ostsee-Kanal. Im Hafen übernehmen dann die Hafenlotsen. Die kommen während der Fahrt von einem kleinen Begleitboot an Bord, meist zwischen Blankenese und Teufelsbrück. Die Hafenlotsenbrüderschaft hat ihren Sitz am Lotsenhaus Seemannshöft am Bubendey-Ufer, Hamburg-Waltershof.

52

Teufelsbrück

Wie der Teufel übers Ohr gehauen wurde

Wie komme ich dahin?

Per Bus 111 oder per Hafenfähre bis „Teufelsbrück“. Dazu von „Landungsbrücken“ zunächst mit Fähre 62 bis Endstation „Finkenwerder“ fahren, dort umsteigen und mit Fähre 64 weiter bis „Teufelsbrück“.

Einer der schönsten Spaziergänge Hamburgs führt immer unmittelbar entlang der Elbe. Wie weit man gehen möchte, bleibt natürlich jedem selbst überlassen, aber viele Hamburger wählen Teufelsbrück als Ziel. Ein Grund dürfte sein, dass es dort Gastronomie gibt und man auch sehr gut von dort wieder zurückkommt, sei es mit einem Bus oder mit der Fähre. Dort liegen nämlich ein winziger Hafen und ein Fähranleger. Sehr viel mehr gibt es nicht, wobei der Platz vor dem Anleger durchaus nett gestaltet ist. Allerdings führt auch die stark befahrene Elbchaussee direkt vorbei, und deshalb halten hier auch Busse verschiedener Linien. Ansonsten mündet noch ein schmaler und auch ziemlich kurzer Wasserlauf in die Elbe, die **Flottbek.** Selbst unter Hamburgern wenig bekannt, ist dieses Flüsslein mitverantwortlich für den kuriosen Namen „Teufelsbrück“. Wie das?

Ein Sprung zurück in die Zeit, als dort, wo heute die Elbchaussee verläuft, nur ein schlecht gepflegter Sandweg verlief, über den Pferdewagen rumpelten. Der Weg kreuzte die schmale Flottbek, und die Kutscher mussten den Wagen mitten durch das Flüsslein lenken, eine Brücke gab es damals noch nicht. Und genau dabei ging so manches Wagenrad kaputt, der ganze Wagen kippte mitten im Flüsschen um. Auf Dauer ein unhaltbarer Zustand, zumal der Volksmund schon munkelte: „Dort geht es mit dem Teufel zu“. Für Abhilfe sollte ein Zimmermann sorgen und endlich eine **Brücke** bauen. Der wollte sich die Arbeit etwas erleichtern und fragte beim **Teufel** um Hilfe nach. Der sagte auch zu, forderte aber als Gegenleistung die Seele des ersten Lebewesens, welches die Brücke überquerte. Nun wurde es für den Zimmermann ungemütlich, denn am Tag der Eröffnung sollte ein Pastor seinen Segen geben und als Erster über die Brücke schreiten. Der Teufel rieb sich schon die Klauen. Ein Pastor!

Am nächsten Tag standen alle bei der Brücke, der Pastor sprach seine feierlichen Worte, als mit einmal ein Tumult ausbrach und alles durcheinander schrie. Aufgeschreckt von diesem Lärm raste ein **Hase** – als erstes Lebewesen – voller Angst über die Brücke…

Der Teufel hatte also das Nachsehen. Und so sitzt er noch heute nachdenklich grübelnd als **Skulptur** mit einem Hasen in der Klaue am Rande der Straße und sinniert, wie ihm das bloß passieren konnte. Und seitdem wird diese Brücke „des Teufels Brücke“ genannt, verkürzt auf Plattdeutsch: **Düvelsbrugg** (Teufelsbrück).

Soweit die Legende. Die Skulptur des Teufels steht auf dem schmalen Grünstreifen nahe der Straße. Früher war sie aus Holz, doch das verwitterte mit der Zeit. Nun ist er aus Stein gehauen und wirklich sehr ausdrucksvoll.

53

Baron Voght und seine Parks

Als Kaufmann lustlos, als Sozialreformer und Landwirt brillant

Wie komme ich dahin?

Per Bus 111 bis „Teufelsbrück" oder per Hafenfähre ebenfalls bis „Teufelsbrück". Dazu von „Landungsbrücken" zunächst mit Fähre 62 bis Endstation „Finkenwerder" fahren, dort umsteigen und mit Fähre 64 weiter bis „Teufelsbrück".

Wer heute von der Elbe kommend in Höhe Teufelsbrück (→ **Tipp 52**) durch den angrenzenden Jenischpark spaziert und am Jenischhaus nach links schwenkt, erreicht die Baron-Voght-Straße und staunt dort über ein **prächtiges weißes Landhaus,** das hinter hochgewachsenen Bäumen hervorblitzt. Dieses Haus sticht selbst unter den vielen schicken Häusern und Villen dieser Gegend hervor. Es ist das ehemalige Landhaus des Barons *Voght. Caspar Voght* wurde 1752 mit dem sprichwörtlichen goldenen Löffel im Mund geboren. Sein Vater war ein erfolgreicher Kaufmann im Handel mit Portugal und späterer Senator in Hamburg. Man darf annehmen, dass es dem Sohn an nichts fehlte, jedenfalls materiell. Natürlich wollte der Vater, dass sein Sohn auch einmal **Kaufmann** werde, aber *Caspar* interessierte sich mehr für Wissenschaften und Literatur. Dennoch trat er mit 13 Jahren in die väterliche Firma ein, aber sein Vater unterstützte seinen Sohn auch im Wunsch nach einer langen **Bildungsreise** quer durch Europa. Aber so ganz ohne Auftrag zog Sohnemann dann doch nicht los, immerhin knüpfte er in Madrid und später auch in Italien neue Handelskontakte. 1781 starb der Vater, und *Caspar Voght* übernahm zusammen mit seinem Freund *Georg Heinrich Sieveking* das Geschäft, ab 1788 unter dem Firmennamen **„Voght & Sieveking“.** Sie arbeiteten vor allem im Überseehandel mit Amerika, handelten aber auch mit vielem anderen, was Geld einbrachte. Und die Geschäfte liefen gut, die Firma florierte. *Caspar Voght* verlor dennoch zusehends das Interesse am Kaufmannsberuf, ihn zog es mehr in die **Landwirtschaft.** Im Laufe der Jahre überließ er das Geschäft immer mehr seinem Kompagnon und zog sich weitestgehend daraus zurück.

Im Jahr 1785 begann *Voght* mit dem Ankauf von Ländereien in **Flottbek,** damals eine weit vor den Toren der Stadt Hamburg gelegene Zone nahe der Elbe. Insgesamt erwarb er etwa 225 Hektar, die er systematisch bebauen ließ. Mittelpunkt der Anlage wurde ein schickes Landhaus, das 1794 bis 1797 errichtet wurde und noch heute steht. *Voght* ließ von einem Landschaftsarchitekten das Gelände als Park mit Spazierwegen, Sichtachsen und Ruheplätzen gestalten. Integriert in diese Parklandschaft wurden Zonen für die Landwirtschaft, die er teils sehr innovativ betrieb. So importierte er ausländische Pflanzen und Sträucher und führte den Kartoffelanbau in Norddeutschland ein. Auch eine Baumschule gründete er, in der gezielt gezüchtet wurde. Sogar eine Landwirtschaftsschule ließ er 1797 einrichten, um agrarwirtschaftliches Wissen an seine Arbeiter zu vermitteln; diese Schule existierte aber nur wenige Jahre, bis 1812. Viele seiner Aktivitäten waren neu, sodass nicht zu Unrecht von einem „Mustergut“ gesprochen wurde.

Auch ein sogenanntes **Instenhaus** für die Gutsarbeiter ließ er bauen, es steht noch heute gegenüber des Herrenhauses an der Baron-Voght-Straße 52–72. Es ist ein gedrungenes reetgedecktes Fachwerkhaus mit elf ebenerdigen Wohnungen. Die Bewohner konnten „Insten“ werden, das heißt

„Insasse“ dieser Wohnungen und sie damit längerfristig bewohnen. *Voght* wollte die Männer und ihre Familien an sein Gut binden, damit sie ganzjährig für ihn arbeiteten und nicht nur tageweise oder zur Erntezeit. Der Lohn war überdurchschnittlich, und sogar Arztkosten wurden übernommen.

Ab 1788 engagierte *Voght* sich zusätzlich auch in der Bekämpfung der allgemeinen Armut. Bislang bestand die **Armenhilfe** hauptsächlich aus karitativer Hilfe durch die Kirche. Aber es gab auch das sogenannte Werk- und Zuchthaus. Dort wurden Menschen aus unterschiedlichsten Gründen eingesperrt und zur Arbeit gezwungen. So landeten hier Kranke, Obdachlose, Bettler und auch „Sittenlose“, die sich durch Zwang zur Arbeit und strenger Disziplin ihr Brot verdienen sollten; es gab keine Almosen. *Caspar Voght* verfolgte einen anderen Ansatz. Dazu ließ er eine **Allgemeine Armenanstalt** gründen. Hier erhielten Arme kostenlose medizinische Hilfe, Kinder bekamen Unterricht, und Schwangere erhielten hier ebenfalls Unterstützung. Er wollte nicht einfach nur Almosen verteilen, sondern gezielt **Hilfe zur Selbsthilfe** anbieten. In dieser Armenanstalt sollten die Menschen arbeiten, wenn auch zu einem geringen Lohn, aber dennoch motiviert werden, sich später außerhalb Arbeit zu suchen. Die Kosten wurden durch Spenden und kirchliche Sammlungen aufgefangen. Das war alles neu. So neu, dass diese Aktivitäten sich herumsprachen. *Voght* erstellte schließlich für Berlin, Wien und auch in Frankreich ähnliche Konzepte. Dafür erhob ihn der österreichische Kaiser sogar in den **Adelsstand,** was die Hamburger Gesellschaft nicht goutierte. Ein Hanseat nimmt nun mal keinen Orden an, um keinem fremden Herrscher verpflichtet zu sein (und auch nicht das Knie zu beugen beim Ordensempfang), und ein Adelstitel wird sowieso gering geschätzt in Hamburg.

Aus dem Handelsgeschäft hatte sich *Voght* bereits 1793 fast völlig herausgezogen, 1799 wurde die Firma aufgelöst. Allerdings musste *Voght* sein Mustergut 1828 an *Martin Johann Jenisch* verkaufen, sein Vermögen war so langsam aufgebraucht. Er konnte aber weiterhin in Flottbek leben und verstarb 1839 im stolzen Alter von 86 Jahren.

Nach Baron *Voght* ist in Hamburg eine **Schule** benannt und auch die **Straße,** die parallel zum Jenischpark zu seinem Herrenhaus führt (Hausnummer 63, kann nicht besichtigt werden). Von seinem früheren Mustergut sind noch immer weite Teile als **Grünflächen** erhalten. Dazu gehören neben dem Jenischpark auch Teile des heutigen Botanischen Gartens sowie ein großes Sportgelände. Wer also heute durch den Jenischpark geht, spaziert auch auf dem Erbe eines innovativen Mannes, der lieber den Menschen half und sich mit der Natur beschäftigte, als ein erfolgreicher Kaufmann zu werden.

oben: Ein kleines Gartenparadies an der Elbe, der Jenischpark
unten links: Im Instenhaus wohnten die Arbeiter von Baron Voght mit ihren Familien
unten rechts: Eines der schönsten Häuser an der Elbe ist das Jenischhaus

54

Torwache Millerntor

Wer zu spät kam, musste zahlen

Wie komme ich dahin?
Per U-Bahn Linie U3 bis „St. Pauli".

Über die Reeperbahn schlendern, das gehört zum Standard-Programm eines Hamburg-Besuchs. Wer dabei aus der Innenstadt kommt, nähert sich oftmals über eine mehrspurige, sehr stark befahrene Straße dieser „geilen Meile". Eigentlich keine Straße, an der man sich gerne und länger aufhält. Ein kleines, unscheinbares Häuschen steht ein wenig verloren direkt vor einer großen Kreuzung (Millerntorplatz, Budapester Straße), rasch übersieht man es. Das aber war im 19. Jahrhundert völlig unmöglich, denn damals kam niemand an diesem Häuschen vorbei. Es ist das letzte übrig gebliebene **Wachhäuschen** des früheren **Millerntors,** das eines der wichtigsten **Stadttore** Hamburgs war. Das Wachhaus wurde 1819 im klassizistischen Stil gebaut. Das Millerntor war das westlichste der Hamburger Stadttore, und von hier verlief die Reeperbahn hinüber zum Hamburger Berg, wie St. Pauli früher genannt wurde, und zum Nobistor, dem Stadttor der Stadt Altona, heute ein Bezirk im Hamburger Stadtgebiet.

Hamburg war bereits im Mittelalter von einer **Stadtmauer** umgeben, die zehn Tore hatte. Im 15. und 16. Jahrhundert wurde die Mauer verändert, einige der vorhandenen Tore wurden versetzt, so auch das Millerntor. Im 17. Jahrhundert entstand eine neue, wesentlich größere Befestigungsanlage, der **Wallring,** der jetzt auch die Neustadt mit einschloss. Die **Stadttore wanderten teilweise wieder mit,** einige wurden aber auch abgebaut; am Ende waren es nur noch sechs Tore. Die massive Befestigung schützte Hamburg, nur während der französischen Besatzung gelang einer fremden Macht die Eroberung. Nach Abzug der Franzosen im Jahr **1814** wurden **Teile der Befestigung abgerissen** und in Parks umgewandelt, aber das Millerntor und einige weitere Stadttore blieben erhalten.

Die Stadttore wurden **nachts fest verschlossen.** Wer zu spät kam, hatte Pech und wurde nicht mehr hineingelassen, weswegen sich speziell die Menschen, die sich auf dem Hamburger Berg vergnügten, rasch vor dem sogenannten Torschluss noch in die Stadt eilten (daher auch der Begriff „Torschlusspanik"). Gegen Ende des 18. Jahrhunderts wurden verstärkt Forderungen laut, diese Regelung nicht mehr ganz so streng zu sehen und die Tore auch nachts gegen Zahlung einer Gebühr zu öffnen; dies nannte man „Torsperre". Die Lockerung erfolgte in mehreren Schritten und wurde auch nicht gleich an allen Stadttoren praktiziert. Zuerst wurde nur das Steintor bis 23 Uhr geöffnet, ab 1808 wurde dann auch das Millerntor in die Regelungen der Torsperre mit aufgenommen. Ab 1841 verlängerte man die Torsperre, also das zeitweise Öffnen der Tore, auf die ganze Nacht. Die genauen Schließzeiten waren penibel festgelegt in der „Hamburgischen Thor- und Baumsperre-Tabelle". So heißt es in einer Verordnung aus dem Jahr 1856, dass die Tore „vom 1. bis 15. Juli von morgens 4½ Uhr bis abends 9½ Uhr" geöffnet blieben, während im Dezember zwischen „7 Uhr morgens und 4½ Uhr abends" geöffnet wurde. Während der nächtlichen Sperre durfte kein beladener Wagen oder Karren in die Stadt fahren (leere Wagen hingegen schon), auch keine „Personen mit Packen, Körben oder Bündeln". Reiter, die nachts in die Stadt wollten, zahlten bis 10 Uhr abends 4 Schilling, zwischen 10 und 12 Uhr schon 6 Schilling, von 12 Uhr bis Toröffnung 12 Schilling. Fußgänger kamen günstiger weg, sie zahlten je nach Uhrzeit 2, 4 oder 8 Schilling. Im Laufe der Zeit soll eine Menge Geld in den Stadtsäckel geflossen sein.

Es gab noch einen weiteren Grund, warum sich die Stadt schwertat, die Torsperre grundsätzlich aufzuheben. Die Menschen fühlten sich innerhalb der geschützten Stadtmauern sicherer. Allerdings waren Grund und Boden begrenzt, was die **Preise und Mieten für Häuser konstant hochhielt.** In einer Kaufmannsstadt tickt man halt so … Trotzdem wurde der Wunsch nach mehr Freiheit immer größer, und letztlich sah man die Schließungen der Stadttore auch als Behinderung des Warenverkehrs an. Am **31. Dezember 1860** wurde die **Torsperre endgültig aufgehoben.**

Das einsame **Wachhäuschen** ist das letzte erhaltene Gebäude des imposanten Millerntors. Es bestand einst aus zwei größeren Bauten und zwei kleinen Wachhäusern, dazwischen erhoben sich fünf mit Laternen gekrönte Pfeiler, zwischen die ein Metallzaun gespannt war. Viele Jahre dämmerte das Haus neben der mehrspurigen Straße vor sich hin und verfiel mit der Zeit, mehrmals rutschten sogar Autos ins Gebäude. Am 7. März 2004 wurde der ganze Bau mit einem Spezialkran um etwa 30 Meter versetzt und etwas entfernt von der stark befahrenen Straße platziert. Dann **restaurierte** man es gründlich, und heute ist hier das **Museum für Hamburger Geschichtchen** untergebracht, eine Außenstelle des Museums für Hamburgische Geschichte. Hier können Menschen nach Terminabsprache auf einem Sofa Platz nehmen und ihre ganz persönliche Hamburg-Geschichte erzählen, die dann archiviert wird.

55

Ein Grenzpfeiler auf der Reeperbahn

Wo die Grenze zwischen St. Pauli und Altona verlief

Wie komme ich dahin?

Per S-Bahn bis „Reeperbahn".

Auf St. Pauli und entlang der Reeperbahn kann man so manches Kuriosum finden. An einigen schlendert man vielleicht einfach achtlos vorbei. Zum Beispiel an einem **Laternenpfahl** in Höhe des Hauses Reeperbahn 170, knapp vor der Straße. Der dunkle, gusseiserne Pfeiler, der von einer Laterne gekrönt wird, ist einer von zwei noch erhaltenen **Grenzpfeilern,** die einst am Nobistor die Grenze zwischen der Hamburger Vorstadt **St. Pauli** und der benachbarten, damals eigenständigen Stadt **Altona** markierten.

St. Pauli hieß anfänglich noch „Hamburger Berg" und lag zwischen Altona und Hamburg. Ein schmaler Weg verband die beiden Städte und führte vom Altonaer Stadttor **Nobistor** zum Hamburger Stadttor, dem Millerntor (→ Tipp 54). Das Nobistor war bei Weitem nicht so wuchtig und sperrig wie andere Stadttore. Neben dem erhaltenen Pfeiler stand ein zweiter, und dazwischen befand sich das eigentliche Tor, mehr oder weniger streng bewacht. Der Pfeiler trägt noch immer das Monogramm des dänischen Königs *Christian VIII.* („CR VIII") und die Worte „Nobis Bene", auf dem zweiten Pfeiler stand damals die Ergänzung „Nemini male" („Uns wohl, niemandem übel"). Außerdem wird das Altonaer Stadtwappen gezeigt. Altona stand ab 1647 unter dänischer Herrschaft (→ Tipp 77). Der geschichtliche Hintergrund ist etwas kompliziert und soll deshalb hier vernachlässigt werden.

Hamburger Berg, das spätere St. Pauli

Das Gebiet, welches man heute als St. Pauli kennt, war einst eine Zone außerhalb der Hamburger Stadtmauern. Hier lebten **Menschen, die weder in Altona noch in Hamburg bleiben konnten oder wollten,** darunter waren Arme, Kranke, Außenseiter, aber auch Handwerker wie die **Reepschläger.** Diese stellten Taue her, die im großen Stil für Schiffe genutzt wurden, und dafür brauchten sie viel Platz. Sie spannten mehrere Hundert Meter lange Stränge aus Hanf auf sogenannten „Reeperbahnen" und fertigten damit dicke Taue und feine Seile.

Anfänglich wurde diese Gegend einfach **„Hamburger Berg"** genannt, da sich knapp hinter dem Elbufer ein 30 Meter hoher **Geesthang** emporreckte. 1682 wurde eine **Kirche** zu Ehren des heiligen Paulus geweiht, danach wurde später die ganze Gegend benannt: **Sankt Pauli.**

Anfang des 18. Jahrhunderts kamen die ersten Seeleute zum Hamburger Berg und alsbald auch Hamburger Bürger auf der Suche nach Vergnügungen. Ganz in der Nähe legten dann auch die ersten Dampfschiffe an, da sie wegen der Feuergefahr nicht mehr in den alten Hamburger Hafen einlaufen durften. Und es kam, wie es halt kommen musste: Matrosen suchten Abenteuer, Hamburger Bürger Abwechslung, und wo es Nachfrage gibt, da entsteht auch alsbald ein größeres Angebot. Schausteller bauten Buden und Zelte auf, und so bürgerte sich der Name für den Platz, an dem sie dies taten, Ende des 18. Jahrhundert ein: **Spielbudenplatz.** Er heißt noch heute so. 1833 wurde der Hamburger Berg in „Vorstadt St. Pauli" umbenannt. 1848 gab es 19 Bordelle –

offizielle! Aber erst nachdem 1860 die Torsperre fiel und die Leute auch nachts nach St. Pauli konnten, florierte das Amüsement so richtig. Theater entstanden, Varietés, Kneipen und – natürlich – mehr Bordelle. Mehr oder weniger geduldet, fanden Freier und leichte Mädchen in den Musiklokalen zusammen. Aber es gab auch seriöse Lokale, die Prostitution nicht duldeten. Als Lösung wurden die Frauen in einer **Bordellstraße** angesiedelt, der Herbertstraße, die im vorletzten Jahrhundert aber noch anders hieß. Das genügte jedoch nicht, die Nachfrage war größer.

1894 wurde St. Pauli dann eingemeindet. Das Jahrhundert wechselte, und in den 1920er Jahren zog eine neue Lebenslust auf St. Pauli ein. Bordelle gab es natürlich auch noch, aber hauptsächlich vergnügten sich die Hamburger auf der Reeperbahn in **Ballhäusern, Varietés, Theatern und Kneipen.** Immer wieder wurde etwas Neues erfunden, beispielsweise das Schlammcatchen von barbusigen Frauen. Etwas niveauvoller ging es im Café Keese beim „Ball Paradox" zu. Dort forderten die Damen die Herren zum Tanz auf, wer ablehnte, flog raus.

Nach dem Krieg folgte wieder eine Wende. Das „seriöse" St. Pauli trat in den Hintergrund, es ging nun vor allem ums **Ausnehmen der Touristen.** Diese wurden auf der Reeperbahn gekobert, also von Türstehern angequatscht, in niveaulose Stripshows bugsiert und dort ausgenommen. Zweitklassige Sexdarbietungen, dumme Anmache und gnadenlose Abzocke brachten den Kiez schwer in Verruf. Schon bald wandten sich die Hamburger von St. Pauli ab.

Doch es blieb nicht alles niveaulos: Der **Star-Club** eröffnete 1962, und in seinem Gefolge einige weitere Musikclubs. Nun zogen auch wieder junge Menschen zum Kiez.

Nächster Schritt war 1967 der Bau des Eros Centers, eines Großbordells unweit der Großen Freiheit. Dann kam die Zeit der **St. Paulianer Luden.** Zuhälter gab es schon immer im Milieu, aber in den 1970er und 1980er Jahren dominierten einige den ganzen Kiez. Da gab es den sogenannten „Paten von St. Pauli", der allergisch reagierte, wenn ihn jemand mit seinem Spitznamen „Frieda" anredete. Der Pate hatte lange Zeit alles im Griff, schlichtete Streitigkeiten ohne Waffen und sprach, so munkelt man, als Höchststrafe „Kiez-Verbot" aus. Anfang der 1980er Jahre wanderte „Frieda" dann ins Gefängnis und verstarb knapp zehn Jahre später. Es folgten schillernde **Zuhältergangs,** die ebenfalls für reichlich Schlagzeilen sorgten. Sie gaben das klassische Bild des Luden ab: Jogginghose, Minipli, Rolex, dickes Auto und reichlich Muskeln. Mit ihnen kam aber auch eine neue Spirale der Gewalt, Konflikte wurden nicht friedlich gelöst, sondern mit Waffengewalt. Dann rückten ausländische Gangs nach, auch Rocker mischten auf St. Pauli mit.

In den **1990er Jahren** kehrten die Hamburger zurück, denn der **Kiez wandelte sich abermals.** 1988 eröffnete das Schmidt Theater und zeigte schräge Shows, die eine Zeit lang im Fernsehen auf NDR liefen. Viele der tristen Animierläden verschwanden, Musikklubs, Discos und angesagte Kneipen machten auf. Speziell in der Großen Freiheit oder auch rund um den Hans-Albers-Platz ist es heute an Wochenenden knackvoll, St. Pauli ist wieder schwer angesagt, dafür hat unter anderem auch *Olivia Jones* mit ihren diversen Lokalen gesorgt.

56

Die Beatles

… und ihre Anfänge in Hamburg

Die Beatles kennt jeder, weltweit! Aber auch *John, Paul, George* und *Ringo* fingen mal klein an, und zwar auf St. Pauli. Am Hamburger Flughafen kann man neben einem Laufband in der Abflughalle in einer Sprüche-Galerie an der Wand lesen, was Prominente mit Hamburg verbinden. *John Lennon* beispielsweise wird dort zitiert: „Ich bin in Liverpool aufgewachsen, aber in Hamburg zum Mann geworden".

Die Anfänge waren aber alles andere als angenehm. Die Beatles kamen sehr jung (sie waren zwischen 17 und 20 Jahre alt) aus Liverpool nach Hamburg und landeten im damals ziemlich rauen St. Pauli. Untergebracht waren sie in der Paul-Roosen-Straße 33 in zwei Nebenräumen des **Bambi-Kinos.** Waschen musste man sich im Handwaschbecken des dortigen Herren-Klos. Das Kino ist heute verschwunden, eine Plakette am ehemaligen Standort erinnert an die Beatles.

Ihr erstes **Konzert** auf deutschem Boden gaben sie am 17. August 1960 im **Indra** an der Großen Freiheit 64. Damals spielten sie zu fünft, mit dabei waren auch *Pete Best* und *Stuart Sutcliffe; Ringo Starr* fehlte noch. Das Indra existiert noch heute, und auch hier erinnert eine Plakette an die Beatles.

Ab Oktober 1960 spielten die Beatles im **Kaiserkeller,** Große Freiheit 36 (existiert noch heute), im Wechsel mit einer anderen Band. In jener Band saß *Ringo Starr* am Schlagzeug; er löste 1962 *Pete Best* bei den Beatles ab. Im Kaiserkeller kamen die Jungs auch in Kontakt mit der Fotografin *Astrid*

Wie komme ich dahin?
Per S-Bahn bis „Reeperbahn".

SUSIS
SHOW BAR

Kirchherr, die später viele Fotos der Band schoss. Sie gilt auch als Erfinderin des legendären Pilzkopf-Haarschnitts der Gruppe.

Im Dezember 1960 reiste die Band zurück nach Liverpool, allerdings nicht ganz freiwillig. Die Behörden kriegten einen Hinweis, dass *George Harrison* erst 17 Jahre alt war und somit viel zu jung, um in Hamburger Nachtclubs herumzuhüpfen; er wurde prompt ausgewiesen. Die restlichen Beatles reisten dann auch ab, nachdem sie in ihrer Behausung wohl mit Feuer gespielt hatten, was ihnen, so heißt es jedenfalls, eine Nacht auf der Davidwache bescherte. *Stuart Sutcliffe* blieb in Hamburg bei *Astrid Kirchherr,* verstarb aber 1961 sehr jung, mit 21 Jahren.

Im Frühjahr 1961 kehrten die Beatles zurück und spielten im **Top Ten,** Reeperbahn 136 (heute nicht mehr vorhanden) über drei Monate lang vor größerem Publikum. Der nächste und vielleicht wichtigste Schritt waren 1962 mehrere Auftritte im **Star-Club,** Große Freiheit 39. Auch dieser Club ist heute verschwunden, aber im Hinterhof des Gebäudes erinnert eine Tafel an die vielen berühmten Musiker, die dort gastierten. 1962 wurde *Pete Best* am Schlagzeug gegen *Ringo Starr* ausgetauscht. Als kurze Zeit später die Beatles zu einer Weltkarriere durchstarteten, versuchte sich *Best* weiterhin als Musiker, nahm aber auch einen Job beim Arbeitsamt Liverpool an. 1995 wurde ein Sammelalbum u.a. mit zehn Frühwerken der Beatles veröffentlicht, auf denen *Best* mitspielte. Er wurde an den Tantiemen beteiligt und wurde so zum Millionär.

In Hamburg wird der Beatles auf vielfältige Art gedacht. Ganz vorn an der Einmündung der Großen Freiheit von der Reeperbahn gibt es seit 2008 den **Beatles-Platz.** Er wird markiert durch eine überdimensionierte Schallplatte von 29 Metern Durchmesser, die in den Boden eingelassen wurde, ergänzt um eine Figurengruppe aus Edelstahl, welche die Silhouetten der Bandmitglieder zeigt. Und dann existiert immer noch die Kneipe **Gretel und Alfons,** Große Freiheit 29, in der die Beatles Stammkunden waren. Hier war sozusagen das Wohnzimmer der Band, denn in ihrer Behausung im Bambi-Kino war es ja nicht gerade gemütlich. Und an der Davidstraße 23 liegt auch noch der **Salon Harry,** ein **Frisör** im schicken Retro-Stil, bei dem sich die Beatles die Haare schneiden ließen.

Der Star-Club

Manchmal beginnen Revolutionen mit leisen Tönen. Beispielsweise im **April 1962,** als ein unscheinbares rotes Plakat verkündete: **„Die Not hat ein Ende! Die Zeit der Dorfmusik ist vorbei!"** Am 13. April 1962 öffnete der Star-Club seine Pforten. Star-Club – da bekommen gestandene Siebzigjährige heute noch feuchte Augen und erinnern sich wehmütig an die Anfänge der Beatmusik und erste Erlebnisse auf dem Kiez. Der Star-Club, Große Freiheit 39, ist noch heute, Jahrzehnte nach seiner Schließung, eine Legende. Wie kam es dazu?

Ende der 1950er Jahre: Internet, MP3s und Musiksender gab es nicht, Plattenspieler hatten die wenigsten, und im Radio dudelte Schlagermusik. Wer Rock hören wollte, flüchtete zu amerikanischen oder britischen Soldatensendern. Dann tourte **Bill Haley** 1958 durch deutsche Städte, und die Fans spielten verrückt. Kreischen, Ohnmachtsanfälle, Saalschlachten, das ganze Programm, von dem die Eltern meinten, dass es so etwas gar nicht geben könne. Offensichtlich fehlte der Jugend aber genau so etwas. Dieses „Vakuum" füllten auf St. Pauli ein paar clevere Jungs. Sie eröffneten in der Straße Große Freiheit den Kaiserkeller (Große Freiheit 36) und das Indra (Große Freiheit 64). Dort konnten Bands auftreten und den nach Rockmusik lechzenden jungen Leuten kräftig einheizen. Beide Läden gibt es noch heute, und beide schmücken sich mit kleinen Plaketten, die besagen, dass die Beatles dort ihre ersten Auftritte absolvierten.

Die Musiker kamen vor allem aus **England** und spielten den ganzen Abend für schmale Gage. *George Harrison* erinnerte sich: „Wir mussten sechs Stunden spielen, eine andere Band auch. Wir spielten eine Stunde, sie spielten eine Stunde, und so wechselten wir uns ab, tagein, tagaus, für ein paar Kröten im Monat." Ein Beteiligter vom Star-Club: „Hauptsache, sie waren laut, wild und gaben kräftig Zunder." Und das taten sie! Rockmusik live und zu erschwinglichen Preisen, das war neu und sofort schwer angesagt. Dann kam der Star-Club mit einer neuen Idee: Eine schmale Bühne, dahinter die Skyline von Manhattan und vorne genügend Platz für die Fans. Engagiert wurden reihenweise unbekannte Bands aus Liverpool, aber nach und nach auch echte Stars. Der Eintrittspreis blieb stets gleich niedrig, egal, wer auf der Bühne stand. Und so strömten die Fans hierher. Das Konzept schlug ein wie eine Bombe, der Erfolg sprach sich herum. Größen der damaligen Zeit wie *Tony Sheridan, Bill Haley, Chuck Berry, Ray Charles, Jimi Hendrix, Little Richard* und eben auch die Beatles – damals aber noch völlig unbekannt – gastierten im Star-Club. Die Fans drängten sich bis an die Bühne, standen nur einen knappen Meter von ihren Idolen entfernt. Die Flasche Bier vorne am Bühnenrand abgestellt, die Texte – soweit bekannt – mitjohlend. Hier war man in einer völlig anderen Welt, die nichts mit der zu Hause, in der Schule, in der Familie zu tun hatte.

Im Star-Club fühlten sich alle heimisch, Musiker genauso wie Gäste. Das ging ein paar Jahre gut, dann begann ein schleichender **Niedergang.** Konkurrierende Diskotheken, die steigenden Gagen für Musiker und auch das größere Angebot an Schallplatten und Radiosendern gruben dem Club das Wasser ab. Silvester **1969** fand dann das endgültig letzte Konzert statt, der Star-Club schloss seine Pforten. Sieben Jahre zuvor hatte seine Eröffnung das Ende der Dorfmusik eingeläutet, jetzt beendete seine Schließung eine Ära. Seine Legende hat ihn allerdings überlebt.

57

Hans Albers auf St. Pauli

Das Original ist in aller Herzen, auf St. Pauli steht nur eine Kopie

Wie komme ich dahin?
Der Hans-Albers-Platz liegt nahe zur Reeperbahn und wird per S-Bahn bis „Reeperbahn" erreicht.

„Auf derrr Rrreeperbahn nachts um halb eins …“. Ja, mit kaum einem anderen Lied bringt man *Hans Albers* stärker in Verbindung, es ist so etwas wie sein Markenzeichen geworden. Der „Blonde Hans“, wie der Schauspieler genannt wurde, vermittelte lange Zeit ein aus heutiger Sicht **nostalgisches Bild von St. Pauli.** *Hans Albers* war meist der melancholische Seemann, der eigentlich nur auf seine nächste Heuer wartete und sofort wieder in See stechen wollte. Ausgedrückt in seinen Filmen und auch durch Lieder wie „Einmal noch nach Bombay“, „Goodbye Johnny“ oder besonders durch „Nimm mich mit, Kapitän, auf die Reise“. Diese Lieder drückten **Fernweh** aus, das damals nur durch seemännisches Reisen gestillt werden konnte, Fernreisen als Pauschalurlaub mit Reiseversicherung waren zu seiner Zeit noch undenkbar.

Hans Albers wurde am 22. September 1891 im Hamburger Stadtteil St. Georg geboren, einem einfachen Arbeiterviertel nahe des Hauptbahnhofs. Sein Vater war Schlachtermeister und trug den Spitznamen „Schöner Wilhelm“. Davon scheint wohl einiges an den Sohn vererbt worden zu sein, denn der wurde alsbald wohlwollend „Blonder Hans“ genannt. Seine später so große Karriere lief aber trotzdem nur mühsam an. Zweimal flog *Hans* von der Schule und begann schließlich eine Kaufmannslehre in Frankfurt. Dort nahm er **Schauspielunterricht,** von der Mutter unterstützt, doch ohne Wissen des Vaters. Es folgten erste Auftritte im Theater. Nachdem er im Ersten Weltkrieg nur knapp einer Beinamputation entgangen war, entschloss er sich, endlich seinem Traum zu folgen. Ab 1917 lebte er in **Berlin** als Schauspieler und war in vielen Stummfilmen zu sehen. So richtig Fahrt nahm seine Karriere aber in den 1930er Jahren mit dem **Tonfilm** auf. *Hans Albers* wirkte in mehreren erfolgreichen Filmen mit, darunter der 1943 gedrehte **„Große Freiheit Nr. 7“**, wo er einen in die Jahre gekommenen Seemann darstellt, der sich auf St. Pauli in der Straße Große Freiheit im Lokal Hippodrom (gab's wirklich) durchschlägt. In diesem Film sang *Albers* auch die bekannten Lieder „La Paloma“ und vor allem „Auf der Reeperbahn nachts um halb eins“. Er prägte mit seiner leicht melancholischen Stimme diese Lieder so sehr, dass sie bis heute gespielt werden. Keine Kiezkneipe, in der nicht zu fortgeschrittener Stunde wenigstens einmal dieser Song ertönt, und alle singen, grölen, brummen mit, mehr oder weniger textsicher. 1954 drehte *Hans Albers* sogar einen Film, der den Titel dieses Liedes trägt. Auch hier geht es um die Rückkehr eines Seemannes und seine Schwierigkeiten an Land. Neben einer gewissen Seefahrer-Romantik vermittelten Albers' Filme ein idealisiertes Bild vom Hamburger Hafen und von St. Pauli: Das Publikum schätzte diese Filme, sie waren durch die Bank große Erfolge.

Als *Albers* 1960 mit nur 68 Jahren in Bayern verstarb, kam die Frage auf, wie man diesen Hamburg-Botschafter **ehren** könne. An seinem **Geburtshaus** in der Langen Reihe 71 hängt eine Gedenktafel, das war noch einfach zu realisieren. Auf St. Pauli benannte man zudem einen Platz nach ihm, und dort, also am **Hans-Albers-Platz,** sollte dann auch noch ein **Denkmal** stehen. Beauftragt wurde **Jörg Immendorff** (1945–2007), und er schuf eine eigenwillige und zugleich prägnante Skulptur eines singenden *Hans Albers* mit einer lässig herunterhängenden „Quetschkommode" (Ziehharmonika). Ich persönlich finde ihn vom Typus gut getroffen, aber, wie so oft in Hamburg, gab es Ärger bei Fragen der Kunst. Künstler und Senat stritten sich heftigst über das Aussehen der Skulptur, sodass *Immendorff* irgendwann die Faxen dicke hatte und diese kurzerhand nach Düsseldorf schaffen ließ, wo er lebte. Oha, so war das ja nun auch wieder nicht gemeint gewesen. Es dauerte dann noch einige Zeit, aber schließlich vertrug man sich wieder, unter tatkräftiger Mithilfe von *Hans Albers II.*, einem Neffen des Schauspielers. Aber so ganz hatte der Künstler den Streit dann wohl doch nicht abgehakt. Hamburg bekam nämlich nur eine **Kopie** zurück, das Original steht noch heute in Düsseldorf im dortigen Medienhafen. *Immendorff* eröffnete 1984 eine Kneipe auf St. Pauli am Hans-Albers-Platz, die er mit Kunstwerken bestückte. 1997 schloss er dieses Lokal, aber heute hat es unter einem anderen Wirt am Wochenende wieder geöffnet.

Da hört man es doch förmlich: „Auf derrr Rrrreeperbahn nachts um halb eins".

58

Die Schmuckstraße

Hamburgs früheres Chinesenviertel

Ein Chinesenviertel gibt es in vielen Hafenstädten, da machte auch Hamburg keine Ausnahme. Leider wurde diese Gemeinde aber während der Zeit des Nationalsozialismus zerstört. Das Viertel lag rund um die kurze Schmuckstraße auf St. Pauli. Etwa ab 1890 lebten dort Chinesen, die zumeist mit Handelsschiffen nach Hamburg kamen. Die Ära der Segeltransporter neigte sich dem Ende zu, die **Dampfschiffe** waren einfach schneller. Auf diesen heuerten viele Chinesen an, beispielsweise als Heizer, ein unter heimischen Seeleuten eher unbeliebter Job. Einige von ihnen blieben dann für längere Zeit in Hamburg und suchten Kontakt zu Landsleuten, die schon früher gekommen waren und kleine Geschäfte etabliert hatten. Und diese chinesische Gemeinde siedelte sich in der Schmuckstraße an und eröffnete Restaurants, Wäschereien, Geschäfte, aber auch illegale Spielclubs und Opiumhöhlen.

Das Hamburger Chinesenviertel war **klein,** jedenfalls verglichen mit ähnlichen Vierteln in Großstädten wie New York. Dennoch war der chinesische Einfluss in der Stadt nicht zu übersehen. Für die Hamburger hatte diese Ecke einen fernöstlichen Reiz und war zugleich ein wenig unheimlich. Die chinesische Gemeinde wurde skeptisch beobachtet, konnte aber dennoch einigermaßen unbehelligt leben.

Dann kamen die **Nationalsozialisten** an die Macht, und im Laufe der Zeit verschärfte sich die Lage für die Chinesen. Ihnen wurden Devisenvergehen vorgeworfen und auch Rauschgifthandel. Chinesen, die mit einer deutschen Frau eine Partnerschaft eingegangen waren und vielleicht sogar Kinder hatten, sollte die Aufenthaltserlaubnis entzogen werden. Es gab Kontrollen und Razzien, und nachdem 1941 China dem Deutschen Reich den Krieg erklärt hatte, verloren die Chinesen auch ihren konsularischen Schutz.

Wie komme ich dahin?

Per S-Bahn bis „Reeperbahn".

Das „Chinesenviertel“
in St. Pauli
Vor dem Wohngebäude Schmuckstraße 7 erinnert ein Stolperstein an den Restaurantbetreiber Woo Lie Kien, der infolge der schweren Misshandlungen durch die Gestapo im November 1944 starb.
The „Chinese Quarter“
in St. Pauli
In the early 1920s Chinese sailors took up abode in St. Pauli's Schmuckstraße and the adjacent streets. They opened restaurants, shops and laundries that were attached to the maritime world. The locals labelled it the „Chinese quarter“, although only a few hundred Chinese people lived here.
When the Nazis took over in 1933, the Chinese residents of St. Pauli were at first not directly
CHOP SHUY
St. Pauli-Archiv e.V.
www.st-pauli-archiv.de

1942 wurden 165 von ihnen zu Zwangsarbeiten verpflichtet, und am 13. Mai 1944 kam es zur sogenannten **„Chinesenaktion"**, einer groß angelegten **Razzia** mit Massenverhaftungen. 129 Chinesen wurden festgenommen, kamen ins Arbeitslager oder sogar ins KZ, mindestens 17 starben an den Folgen, die genaue Zahl ist nicht bekannt. Die ebenfalls verhafteten deutschen **Ehegattinnen** kamen in ein Frauen-KZ.

Nach **Kriegsende** existierte die chinesische Gemeinde nicht mehr, nur sehr wenige überlebende Chinesen kehrten nach Hamburg zurück, es sollen etwa 30 Personen gewesen sein. Eine Entschädigung erhielten sie nicht. Einer der Rückkehrer war *Chong Tin Lam,* der bereits 1934 das Hongkong Hotel und Bar am Hamburger Berg 14 eröffnete. Das Lokal, das längst Kultstatus erlangt hatte, wurde bis zu ihrem Tod Anfang Juni 2021 von seiner Tochter geführt.

Ansonsten erinnert heute fast nichts mehr an die Hamburger Chinatown. Vor dem Gebäude in der Schmuckstraße 7 liegt ein **Stolperstein** zur Erinnerung an *Woo Lie Kien,* der hier eine Gaststätte betrieb und durch die Gestapo so schwer misshandelt wurde, dass er an den Folgen verstarb. Am Beginn der Schmuckstraße erinnert ein mehrsprachiges **Info-Schild** an das frühere Chinesenviertel.

Es gibt auf St. Pauli ein **chinesisches Restaurant,** das allgemein als sehr authentisch angesehen wird: Das **Man Wah** am Spielbudenplatz 18 mit chinesischen Schriftzeichen an der Wand wird auch von Landsleuten aufgesucht.

59

Antonipark

Hafenblick unter Palmen

Wie komme ich dahin?
St. Pauli Fischmarkt 27, per Bus 112 bis „Hafentreppe“ oder Bus 111 bis „Pepermölenbek“.

Es gibt so einige Plätze, von denen man einen tadellosen Blick auf die Elbe und den Hafen genießen kann, aber es gibt nur einen, wo man dies unter Palmen tut, nämlich im Antonipark. Diese kleine Grünzone liegt oberhalb des Fischmarktes am Rande von St. Pauli und ist in Hamburg auch unter dem Namen **„Park Fiction"** bekannt. Dies war ursprünglich ein Kunstprojekt, hervorgegangen aus einer Nachbarschaftsinitiative. Hier am Hafenrand war die Bebauung schon immer sehr dicht, freie Flächen oder gar grüne Parks gibt es so gut wie gar nicht. 1994 entstand eine Initiative, die dies ändern und nicht noch ein weiteres Bauprojekt an der Hafenstraße hinnehmen wollte. Das aber gestaltete sich ziemlich zäh. Nur wenige Politiker fanden das Projekt unterstützenswert. Die Anwohner blieben aber dran und brachten eigene Ideen ein. Das Projekt nahm Gestalt an, allerdings dauerte es doch ein gutes Jahrzehnt, bis es vollendet war. Zwischen 2003 und 2005 wurde der Quartierpark in mehreren Schritten eröffnet, und heute ist der Antonipark eine allseits geschätzte kleine Ruhezone mit fantastischem Hafenblick. Der Park ruht zum Teil auf dem Dach einer Schulturnhalle. Er hat mehrere Zonen, so beispielsweise den „Fliegenden Teppich", eine gewellte Rasenfläche, oder ein „Open Air Solarium" zum Sonnenbaden, genügend Ruhebänke, ein Basketballfeld und eben auch einige Palmen, allerdings aus Eisen. Man kann hier tatsächlich schön entspannen und den wunderbaren Blick auf die Elbe, die Schiffe und das Hafengeschehen genießen. Für die Bewohner sicher ein kleines Refugium der relativen Stille, denn dieses Viertel mit seinen Wohnblocks hat sonst nicht so viele Freiflächen.

Gleich nebenan liegt noch der kleine **Garten der Kirche St. Pauli** mit einer einzigartigen Besonderheit, denn hier wird tatsächlich geimkert. Verkauft wird der **Blütenhonig** ab Ende August in kleinen Gläsern nach dem Gottesdienst.

Doch doch, Hamburg hat auch Palmen, diese sind allerdings aus Eisen. Basketballspielen fast unter Palmen und mit Blick auf die Elbe.

60

Die Bergziege

Per Bus durch Blankeneses enge Gassen

Wie komme ich dahin?

Per S-Bahn bis „Blankenese". Die „Bergziege" trägt die offizielle Busnummer 488 und fährt alle 10 Minuten, sie hält an 17 Stationen. Gefahren wird unter der Woche ab 6 Uhr, am Samstag ab 7 Uhr, am Sonntag ab 8 Uhr.

Blankenese zählt zu den **pittoresken Vierteln** Hamburgs. Weit genug von der City entfernt, um einen eigenständigen Charakter zu entwickeln, nah genug, um rasch in die Innenstadt zu gelangen. Früher lag es weit außerhalb der Stadtmauern, nur ein paar Fischer lebten hier; später ließen sich Kapitäne am Elbhang nieder. So entstand ein hübsches Sammelsurium von kleinen, gedrungenen Häusern in wunderbarer Hanglage mit Elbblick. Das Ganze an **sehr engen Gassen,** kaum ausgelegt für den heutigen Verkehr, sodass Autos und normal große Busse nur auf wenigen Straßen fahren können. Deshalb verkehren hier **Kleinbusse,** genannt „Bergziegen", weil sie sich geschickt durch die engen Kurven und steilen Abfahrten des Viertels bewegen können.

Seit **1959** fahren diese Linienbusse im Kleinformat passgenau durch die engen Straßen. Ursprünglich sollten sie in der Hamburger City verkehren, aber dort gab es keine Nachfrage. Da die Busse ja nun einmal angeschafft waren, beschloss man, sie in den Randgebieten Hamburgs einzusetzen, u.a. in Blankenese. Am 1. März 1959 wurde der Betrieb aufgenommen, und das kam auch sehr gut an im Viertel, denn bis dahin waren die Menschen fast nur zu Fuß unterwegs. Und das konnte durchaus mühsam sein, wenn man mal eben für ein Pfund Butter den Elbhang hochsteigen musste zum Höker. Wehe, man hatte dann was vergessen …

Am Wochenende kamen schon damals die Hamburger zum Ausflug an den Elbstrand und erfreuten sich ebenfalls an der Transportmöglichkeit. Alsbald drehte die Bergziege eine **Runde,** ausgehend vom S-Bahnhof Blankenese durchs Treppenviertel hinunter zum Elbstrand und wieder zurück zum Bahnhof. Und so geschieht es noch heute. **Alle zehn Minuten** fährt ein Bus los, taucht rasch ein in die engen Gassen, nimmt passgenau die Kurven, passiert hoffentlich korrekt geparkte Autos so eben und schießt anschließend hinunter zum Strandweg. Da die Straßen so eng sind, hat der Bus rechts keinen Spiegel, dafür eine Kamera und Monitor. Dann geht es einige Meter entspannt am Elbstrand entlang, bevor der Bus in Höhe des Leuchtturms abbiegt und die bis zu 16 Prozent Steigung zum Waseberg hochschnauft. Das ist übrigens auch immer der ultimative Test, wenn ein neuer Bus angeschafft werden soll: Den Waseberg müssen sie alle schaffen, auch die neuen E-Busse. Wenn das nicht klappt, wird er nicht gekauft. Abschließend kehrt der Bus zurück zum Bahnhof und kann einen Moment verschnaufen, bevor es erneut losgeht.

61

Treppenviertel in Blankenese

Über 4864 Stufen kannst du gehen

Blankenese liegt an der Elbe, genauer gesagt ungemein malerisch direkt am Elbhang. Nicht der gesamte Stadtteil, aber doch ein guter Teil davon, genannt „Treppenviertel". Geprägt ist dieser Teil von wenigen Straßen, etlichen schmalen Gassen und eben ganz vielen Treppen. Wer hat sie gezählt? Ich weiß es nicht, aber als offizielle Zahlen werden 58 Treppen mit 4864 Stufen genannt, allein die Strandtreppe hat 170 Stufen. Möchte man da Postbote sein? Oder Handwerker? Mal eben mit dem Firmenwagen bis aufs Grundstück fahren, das geht nicht, alles muss per Hand oder Schubkarre herangebracht werden. Und Handarbeit kostet. Wer hier baut, kann arm werden, so heißt es jedenfalls. Aber das kann derzeit eh niemand mehr, es gibt keine freien Grundstücke. Und wenn welche frei werden, dann werden sie dem Vernehmen nach vererbt, nicht verkauft.

Das war in den geschichtlichen Anfängen noch ganz anders, da lag Blankenese weit außerhalb von Hamburg, und wer wollte damals schon freiwillig hierher? **1301** wurde Blankenese erstmals in einer Urkunde erwähnt. Einige Fischer lebten hier, auch Lotsen ließen sich hier nieder, man stand unter der schauenburgischen Grafschaft Holstein-Pinneberg. Durch etwas komplizierte geschichtliche Verhältnisse war der Oberherr tatsächlich der dänische König, und so blieb die Lage auch über lange Zeit. Mitte des 19. Jahrhunderts wurde es unruhig, denn Preußen,

---

Wie komme ich dahin?

Mit der S-Bahn bis „Blankenese" oder mit Bus 112 von der Hamburger Innenstadt ebenfalls bis zum Bahnhof Blankenese (Endstation). Von dort kurzer Spaziergang durch die Bahnhofsstraße zum Treppenviertel. Unten vom Elbufer dann mit der Bergziege (→ Tipp 60) wieder zurück zum Bahnhof.

Österreich und Dänemark führten Krieg, und danach wurde ab 1867 Blankenese, wie auch ganz Schleswig-Holstein, Teil von Preußen.

Der kleine Ort entwickelte sich auch zum **Ausflugsziel für Hamburger** (eine Bahnlinie führte von Altona hierher, Ausflugsdampfer fuhren sowieso schon), und so manch reicher Hanseat baute sich hier draußen in friedlicher Natur einen großen Landsitz, ehemalige Kapitäne zogen in schmucke Häuschen am Elbhang, kurz: Blankenese wurde entdeckt. So langsam wandelte sich das Fischerdorf zu einem der teuersten Viertel Hamburgs. Und das Treppenviertel ist Teil des Ganzen. Genug der Historie ...

Man kann hier sehr schön herumspazieren. Taucht ein in die schmalen Gassen, staunt über puppenstubenhafte Häuschen mit Mini-Garten, über versteckte Idyllen mit Elbblick, geht teilweise so dicht an einem Häuschen vorbei, dass man erschrocken stehen bleibt in fester Gewissheit, versehentlich das Grundstück betreten zu haben. Aber nein, manche Treppen führen direkt am Wohnzimmerfenster vorbei, ein scheuer Blick hinein lässt sich nicht immer vermeiden. Das ganze Viertel wirkt ein wenig wie aus der Welt gefallen, ein Dorf im Dorf. Das mondäne Hamburg ist ganz weit weg. Über allem thront der Süllberg (→ **Tipp 63**) mit seinem geschätzten Lokal und unschlagbarem Elbblick. Aber auch bei einem Spaziergang durchs Viertel kann man fantastische Nah- und Fernblicke genießen. Stadtpläne gibt es zwar, man braucht sie aber nicht, denn verlaufen kann man sich sowieso nicht: Nach unten geht's zur Elbe, nach oben zum Rest-Ort Blankenese. Nur eine konkrete Adresse suchen ist nicht so ganz einfach. Beispielsweise die des Kaffeegartens Schuldt. Seit 1877 besteht dieses kleine, herzige Terrassenlokal, wo es Kaffee und Obststreuselkuchen gibt, nebst famosem Elbblick. Und seit Ewigkeiten heißt es hier: Bring your own Kaffeepulver! Das wird nämlich aufgebrüht, zwei Tassen gibt's dann für 1,50 €.

Kaffeegarten Schuldt, Süllbergsterrasse 30, ist nicht täglich geöffnet, Details: www.kaffeegarten-schuldt.de.

Häuschen wie aus einer Puppenstube, aber mit Elbblick

62

Wracks vor Blankenese

Was liegt denn da in der Elbe?

Wie komme ich dahin?

Ab S-Bahnhof „Blankenese“ mit Bus Nr. 488 („Bergziege“ genannt, → Tipp 60) bis „Falkentaler Weg“ fahren, dann noch ca. 100 m entlang der Elbe. Die Wracks liegen in Höhe Falkensteiner Ufer 8. Beide Wracks sieht man besonders gut bei Ebbe, während bei Flut nur jeweils die Spitzen aus dem Wasser herausragen.

Schiffsfriedhöfe gibt es überall auf der Welt, aber in Hamburg? Noch dazu im feinen Blankenese? Na gut, von einem ganzen „Friedhof" kann man sicher nicht sprechen, aber tatsächlich liegen **zwei Wracks** am Ufer der Elbe vor Blankenese. Sie sind besonders gut sichtbar bei Ebbe auf einem Spaziergang am Falkensteiner Ufer und sogar bei Google Maps eingezeichnet. Beide Schiffe erfüllen als eine Art Wellenbrecher eine Funktion als Uferschutz.

Die **„MS Uwe"** kenterte am 19. Dezember 1975 unter äußerst dramatischen Umständen. Zwei andere Schiffe kollidierten nämlich bei dichtem Nebel auf der Elbe. Dabei wurde einer der beiden Frachter in den Fahrweg der „Uwe" gedreht und erwischte das Schiff dabei so unglücklich in der Mitte, dass es zweigeteilt wurde. Schiffsführer und Mannschaft konnten gerade noch ins Wasser springen, ein Seemann starb jedoch. Zum Glück konnten sich die Überlebenden rasch ans Ufer retten und das eiskalte Wasser verlassen. Am Ufer nahmen sich Bewohner eines Altenheims der Seeleute an und versorgten sie in ihrem Haus erstmal mit heißer Suppe. Das verunglückte Schiff schleppte man ans Ufer; einiges davon konnte man verwerten, aber das Heck war zu schwer, es verblieb einfach in der Elbe und ragt seitdem gut sichtbar aus dem Wasser.

Noch länger liegt der Untergang des finnischen Motorseglers **„Polstjernan"** zurück. Dieses aus Holz gebaute Schiff war bei seinem Stapellauf mit 67 Metern Länge das größte in Finnland gebaute Holzschiff. Es transportierte Holz und war am 20. Oktober 1926 gerade im Nord-Ostsee-Kanal unterwegs, als es in Brand geriet. Ein Holzschiff, das Holz transportiert und Feuer fängt, unglücklicher geht es kaum: Das Schiff soll binnen Minuten lichterloh gebrannt haben, da war nichts mehr zu machen. Als es ausgebrannt war, konnte das Wrack nicht im Kanal verbleiben, denn es hätte dort den Betrieb massiv gestört. Schlepper einer Blankeneser Bergungsfirma brachten das Wrack in die Elbe vor Blankenese zum Betriebsgelände. Dort packte man Steine ins Boot und ließ es als Wellenbrecher in Ufernähe liegen, unweit der „Uwe". Die Planken sind noch heute erkennbar.

Ein ganz anderer **Schiffsuntergang** spielte sich im 17. Jahrhundert ebenfalls vor Blankenese ab. Es war der 2. Juli 1622, Schiffsführer *Peter Jansen Weyer* wollte mit Handelswaren nach Málaga und Cádiz reisen. Das Schiff war beladen und lag auf Reede in der Elbe, wartete auf die Flut, und dann sollte es losgehen. Wie wohl damals nicht unüblich, verabschiedete Käpt'n *Jansen* sich von Freunden und den Reedern nebst Gattinnen mit einem Umtrunk an Bord. Man ließ es sich gut gehen und war „gelöst", was auf gut hamburgisch nichts anderes heißt als betrunken. Und wie es damals wohl auch üblich war, schoss man **Salut** als Abschiedsgruß. Einmal kräftig Rums, die Damen sollen sich „gar fürchterlich verschrocken" gezeigt haben und baten eindringlich, damit aufzuhören. Aber von wegen! Erneuter Rums und gleich noch ein drittes Mal: Rums. Aber dann folgte leider ein riesiges unbeabsichtigtes Krawumm, und **das ganze Schiff**

Das Heck des Schiffswracks „Uwe" ragt deutlich aus der Elbe

flog in die Luft, so erzählten es Anwohner am Ufer, die das Spektakel hörten. Was war geschehen? Vermutlich war ein Funken ins Pulverfass geflogen, das daraufhin explodierte. Man zählte 37 Tote (nach einer anderen Quelle sogar 45), darunter auch der Schiffer, seine Frau, zwei Söhne und seine Reeder nebst Gattinnen. In zeitgenössischen Texten wird detailliert berichtet, wie zugerichtet die Toten ans Ufer gespült wurden, das ersparen wir uns hier. Nur eine einzige Frau überlebte: Da sie schwanger war und es ihr nicht gut ging, ließ sie sich nach der ersten Salve an Land rudern. Kaum hatte sie das Ufer erreicht, flog das Schiff in die Luft.

Zeitsprung: Zwischen 1978 und 1981 wurde die Elbe mal wieder **ausgebaggert.** Und bei diesen Arbeiten entdeckte man intakte **Fässer** zwischen den Planken eines versunkenen Wracks. Diese wasserdichten Fässer enthielten **22 Musketen und 160 Messer,** die wahrscheinlich von Käpt'n *Jansen* nach Spanien geschmuggelt werden sollten. Geladen hatte das Schiff offiziell Kupferplatten und wertvolle Stoffe. Tatsächlich wurden auch acht Tonnen Kupfer bei den Ausbaggerungen gefunden. Ein Teil der Kupferbarren konnte verkauft werden, ein kleinerer Teil, nebst den Musketen, landete im Museum für Hamburger Geschichte in einer Dauerausstellung.

63

Blankeneses Berge

Bergsteigen in Hamburg

Wie komme ich dahin?
Per S-Bahn bis „Blankenese“ und weiter mit Bus Nr. 488 („Bergziege“, → Tipp 60) weiter bis zum Waseberg. Wenn man zum Süllberg will, an der Haltestelle „Richard-Dehmel-Straße“ aussteigen. Zum Baursberg ab Bahnhof Blankenese mit Bus Nr. 286 bis Haltestelle „Krankenhaus Tabea“ fahren.

Da Blankenese am Elbhang liegt, gibt es hier auch einige herausragende Erhebungen, die wir Norddeutschen ganz mutig „Berge“ nennen. Es sind gewissermaßen Berg-Spitzen, die aber alle knapp unter 100 Meter Höhe liegen. Für Flachländer jedenfalls nicht schlecht, also auf geht's zum „Bergsteigen“ in Blankenese, denn hier ist nicht der Weg das Ziel, sondern der Gipfel.

Nicht der höchste der drei, aber wohl der spektakulärste ist der **Waseberg.** Er misst 87 Meter und ist damit die dritthöchste natürliche Erhebung von Hamburg. Bekannt und auch ein wenig gefürchtet unter Radsportlern, denn die gleichnamige Straße führt vom Elbufer über etwa 700 Meter stetig nach oben in den höher gelegenen Ortskern von Blankenese. Und diese Steigung ist kein Zuckerschlecken, wir reden hier von einer mittleren Steigung von 10 Prozent, in der Spitze sind es sogar 16 Prozent, die man sich über 300 Meter mühsam erstrampeln darf. Der Waseberg ist alljährlich Teil des in Hamburg stattfindenden Radrennens Cyclassics und ist stets Zuschauer-Hotspot, denn die Profis müssen gleich mehrfach hoch. Ambitionierte Hobby-Radsportler trainieren hier ganz gezielt ihre Berg-Kletter-Künste. Auch der kleine Linienbus Nr. 488, genannt „Bergziege“ (→ **Tipp 60**), schnauft auf seinem Rundkurs immer hier hoch. Neben diesem sportlichen Höhepunkt bietet der Waseberg aber noch einen weiteren, nämlich eine **spektakuläre Aussicht** auf die Elbe. Dazu von der Straße Waseberg den Fußweg hoch durch das kleine Wäldchen gehen, am geschlossenen Turm vorbei zur hinteren Lichtung. Dort öffnet sich ein wunderbares Panorama, sogar einige Ruhebänke stehen für ermattete Wanderer bereit.

Ein großer Fan *Otto von Bismarcks* wollte um 1890 ausgerechnet hier seinem Idol ein riesiges Denkmal bauen. Ihm schwebte eine 30 Meter hohe Skulptur auf einem 20 Meter hohen Sockel vor. Zum Vergleich: In Hamburg steht beim Hafen im Hintergrund der Landungsbrücken das weltweite größte **Bismarck-Denkmal,** es misst stolze 34,30 Meter, allein die Skulptur ist 14,80 Meter hoch. Das hätte der Blankeneser Bismarck weit übertroffen, doch es kam nicht dazu. Mehr als ein Stein konnte nicht gesetzt werden; heute trägt dieser Stein eine Plakette zur Erinnerung an die im Ersten Weltkrieg gefallenen Marinesoldaten und heißt immer noch nach seiner ursprünglichen Bestimmung: **Bismarckstein.**

Der **Süllberg** dürfte der bekannteste Berg sein, er misst 74,70 Meter und ragt aus dem Treppenviertel heraus. Bereits 1060 stand hier eine erste bischöfliche Burg, die aber bereits sechs Jahre später zerstört war. Im 13. Jahrhundert bauten die Schauenburger Grafen eine neue Festung, doch auch die hielt nur vier Jahre. Dann geschah lange Zeit nichts, bis 1837 eine Gastronomie eröffnete. Gäste kamen mit Ausflugsschiffen, und wer es nicht bis auf den Berg schaffte, konnte per Esel hochreiten. Das war doch mal ein Service! Heute befindet sich hier ein

Diese Häuser in Blankenese stehen schön erhöht, fast wie auf einem Berg

Sterne-Restaurant mit Hotel. Im Sommer öffnet zusätzlich ein Biergarten, im Winter eine zünftige Almhütte. Und für alle gilt: Bester Elbblick! Der Süllberg ist vom Elbufer aufgrund der markanten Gebäude-Silhouette gut zu erkennen, nicht selten weht hier auch die Hamburg-Flagge, aber das gilt auch für andere Häuser im Treppenviertel. Der „Treppenadel" ist halt stolz auf sich und seine Stadt.

Der höchste Berg von Blankenese und zugleich der zweithöchste der Hansestadt ist der **Baursberg** mit 91,60 Metern. Selbst dieser Gipfel ist noch deutlich kleiner als Hamburgs höchster Berg: Der Hasselbrack liegt im südlichen Harburg und erreicht 116,20 Meter. Hamburgs Nummer zwei steht ein wenig im Schatten der anderen beiden Blankeneser Berge, denn oben befindet sich seit 1859 ein profanes Bauwerk, ein Wasserwerk. Benannt ist der Baursberg nach *Georg Friedrich Baur* (1768–1865), einem vermögenden Kaufmann. Anfang des 19. Jahrhunderts ließ dieser sich hier ein Landhaus bauen, das noch heute steht und nun Hamburgs ältestes Wasserwerk beherbergt; manche bezeichnen es deswegen auch als Wasserschloss.

64

Römischer Garten

Italien-Sehnsucht am Elbhang

Wie komme ich dahin?
Per Bus 488 („Bergziege") ab Bahnhof Blankenese bis „Falkentaler Weg".

Eine kleine **Parkanlage** am Elbhang, mehr noch: eine kleine, etwas versteckte Perle. Wer unten am Elbufer spaziert, ahnt gar nicht, welch schöne Grünanlage vielleicht 30 Meter höher liegt. Ein wenig Mühe macht es schon, die 128 Stufen vom Strandweg hochzusteigen, aber es lohnt sich! 1794 kaufte ein Hamburger Geschäftsmann erstmals das Anwesen und baute sich hier ein Sommerhaus. Das Haus wechselte dann mehrmals den Besitzer, bis der Park zwischen 1880 und 1890 durch den wohlhabenden Kaufmann **Julius Richter** in seiner heutigen Grundstruktur angelegt wurde. Wie so viele, trug auch *Richter* eine Italien-Sehnsucht in sich, die er hier am Blankeneser Elbhang auslebte. Er orientierte sich, ein Novum zu dieser Zeit, in der gärtnerischen Gestaltung am italienischen Vorbild und beauftragte seinen Bruder *Emilio* mit dieser Aufgabe. 1897 kaufte der Bankier **Moritz Warburg** das Gelände. Er und später sein Sohn gestalteten den Park weiter, ebenfalls nach italienischem Vorbild.

Es ist eine sehr schöne, sehr ruhige terrassierte Grünzone. Zentraler Bereich ist eine Freifläche mit Rasen und einem kleinen Seerosenbecken. An der Seite öffnen sich eine Freitreppe und eine gemütliche Nische mit Sitzbänken. Die andere Seite schmückt eine kunstvoll in Zypressenform geschnittene Thuja-Hecke, durch die man einen spektakulären Blick auf die Elbe hat. Bereits 1924 gab es hier auch ein **Heckentheater mit Freilichtbühne,** wo Konzerte und Theaterstücke aufgeführt wurden. Ja, die Herrschaften ließen es sich gut gehen damals, man tanzte zur Musik, speiste unter freiem Himmel, schaute auf die Elbe und konnte von unten doch nicht gesehen werden. Die Tradition des Theaters wird noch heute in den Sommermonaten gepflegt.

Die Familie *Warburg* musste während der Nazi-Zeit emigrieren. Nach ihrer Rückkehr übergaben sie den Park an die Stadt Hamburg, aber lange Zeit verwilderte die Anlage. Erst seit den 1990er Jahren wird sie wieder gepflegt, und mit ihr auch die Tradition des Theaterspielens vor etwa 200 Zuschauern.

Theater im Römischen Garten:
www.theater-nn-hamburg.de.

Emilio Richter, ein Kunstgärtner, der den König verklagte

Den Römischen Garten gestaltete maßgeblich *Emil Richter,* Bruder von *Julius Richter. Emil* war ein gelernter Gärtner, der viele Jahre sehr erfolgreich in Italien als Kunst-Gärtner arbeitete, sich deswegen auch den Vornamen „Emilio" gab. Er gestaltete mehrere Anlagen für Adelshäuser, und dies sprach sich herum. 1874 wurde *Richter* vom italienischen König zum **Generaldirektor der königlichen Parks und Villen** ernannt. In dieser Position sollte er auch eine Anlage für die königliche Mätresse bauen. Und hier begannen die Probleme, denn *Richter* musste die Arbeiten **von seinem privaten Geld vorfinanzieren.** Als sich nach einigen Sonderwünschen seine persönliche Kasse so langsam merklich leerte, bat er den König, endlich die Kosten zu begleichen. Da wurde ihm nur erklärt, dass der König selbst gar nicht so viel privates Geld hätte. Daraufhin **verklagte er tatsächlich den König vor Gericht,** was schon sehr mutig oder verzweifelt war. In der ersten Instanz bekam er recht, in den beiden folgenden nicht mehr. Nach dieser Niederlage kehrte er nach Hamburg zurück und versuchte von dort aus, sein Geld zu bekommen. Diplomaten, Botschafter, sogar *Otto von Bismarck* wurden gebeten zu helfen, indes: Es half alles nichts. *Emilio Richter* wurde schließlich von seinem Bruder unterstützt, baute für ihn den Römischen Garten und dürfte ansonsten auf den König nicht mehr allzu gut zu sprechen gewesen sein.

Idylle im Römischen Garten mit Blick auf die Elbe

65

Hirschpark

**Prächtige Lindenallee
und röhrendes Damwild**

Wie komme ich dahin?
Per Bus Nr. 112 bis „Mühlenberg".

Für viele Hamburger zählt dieser Park, der längst nicht so stark besucht ist wie viele andere, zu den schönsten der Stadt. Seine Schönheit zeigt sich in den **teilweise Jahrhunderte alten, riesigen Bäumen,** die eine sprachlos machende Erhabenheit ausstrahlen.

Angelegt wurde der Park ab 1620 als Landgut weit außerhalb von Hamburgs engen Straßen. Der Kaufmann **Jean César Godeffroy** (1742–1818) erwarb das Grundstück und ließ hier durch **C.F. Hansen** ein klassizistisches **Landhaus** errichten. Es war die erste große Auftragsarbeit des Dänen, der später sehr bekannt wurde und 21 weitere großzügige Bürgerhäuser baute, vor allem an der Palmaille (→ **Tipp 78**). Das Haus steht noch immer, heute ist hier die Lola Rogge Schule für Tanz und Performance zu finden. Ein weiteres Gebäude entstand um 1800. Dort befindet sich heute die **Teestube Witthüs** (Kaffee, Kuchen, Tee, warme Gerichte, Brunch). Seit 1924 gehört der Park staatlichen Stellen und ist seitdem auch frei zugänglich.

Einzigartig ist hier der alte und hochgewachsene **Baumbestand,** teil als Solitär, teils in Gruppen stehend. Größter Baum im Park ist ein Bergahorn, dessen Stamm einen Umfang von 5,20 Metern hat. Dazwischen laden großflächige Wiesen zum Toben, Spielen und Sonnenbaden ein, begrenzt durch hochgewachsene Rhododendren, die im Mai und Juni zauberhaft blühen. Sehr schön und majestätisch ist die doppelreihige Lindenallee aus dem 19. Jahrhundert. Am Elbhang liegt etwas versteckt zwischen den Bäumen ein Aussichtspunkt für einen schönen Elbblick. Der **Name** des Parks leitet sich ab von einem großen **Freigehege,** das bereits 1860 angelegt wurde und wo sich noch heute Damwild neben Pfauen tummelt. Einen Spaziergang durch diesen Park kann man gut verbinden mit dem Abstieg hinunter zum Elbstrand über die Franz-Gartmann-Treppe unweit vom Aussichtspunkt.

Eine ganz besondere Flaniermeile, die Lindenallee im Hirschpark

66

Die Alster

Von Schwänen, einer Fontäne und einem ersehnten Eiswinter

Wie komme ich dahin?

Die Binnenalster liegt sehr nahe zum Bahnhof „Jungfernstieg", wo sich mehrere U- und S-Bahnen kreuzen. Die Außenalster hat keinen Bahnhof in unmittelbarer Nähe, die U-Bahnstation „Klosterstern" (hier hält die U1) liegt etwa 400 m von der Außenalster entfernt. Ähnlich weit ist es auch von der S-Bahnstation „Dammtor" sowie vom Hauptbahnhof zur Außenalster.

„Ach, was für ein schöner See!" So ähnlich werden viele Besucher schwärmend die Alster betrachten. Schön ist es wahrlich, dieses Gewässer mitten in der City von Hamburg. Nur in einem irren die Schwärmer: Die Alster ist kein See, sondern ein **Fluss,** auch, wenn man dies aufgrund der Ausdehnung in der Innenstadt kaum glauben mag. Dort wird der Fluss tatsächlich aufgestaut zum „Alstersee", aber im Kern bleibt die Alster ein Fluss. Neben der Elbe ist sie sogar Hamburgs zweitwichtigster Fluss, mit einer Länge von 56 Kilometern der drittlängste der Stadt – die viel weniger bekannte Bille misst noch neun Kilometer mehr. Wobei Letztere unter Hamburgern natürlich schon bekannt ist, gibt es doch einen jahrzehntealten Gassenhauer-Song, der alle drei Flüsse launig besingt:

„An de Alster, an de Elbe, an de Bill,
dor kunn jeder eener moken wat he will."

An der Alster, an der Elbe, an der Bille,
da kann jeder (einer) machen, was er will.

Wobei hier schon eine Gewichtung in der Beliebtheit erkennbar ist, denn die Alster steht in der Reihenfolge vor der Elbe ... Die Hamburger meinen aber mit „Alster" meist gar nicht den gesamten Fluss, sondern nur dessen aufgestauten Teil.

Die Alster fließt zunächst, gemächlich von ihrer Quelle im südlichen Schleswig-Holstein mäandernd, durch die Landschaft, wird dann im Bereich der Hamburger Stadtgrenze etwas breiter und bauscht sich erst kurz vor der Mündung in die Elbe richtig kräftig auf. Als See „verkleidet" wird sie zu einem prima **Wassersportrevier:** Paddeln, Rudern, Tretbootfahren und Segeln, alles ist möglich und wird auch gerne betrieben (→ Tipp 93).

Aufgestaut wurde die Alster schon **1190,** und zwar mit Hilfe eines Dammes, auf dem eine Kornmühle betrieben wurde. Besagter Damm wurde nach dem ersten Pächter benannt, einem Herrn *Reese.* Noch heute gibt es eine Reesedammbrücke, die den Jungfernstieg über die Alster mit der Bergstraße verbindet. Jenseits dieser Brücke verjüngt sich die Alster deutlich, fließt kanalisiert und durch zwei Schleusen gelenkt noch etwa 1000 Meter weiter und mündet schließlich in die Elbe.

Diese aufgestaute „See" ist zweigeteilt in eine kleinere **Binnenalster** (18 Hektar groß) und die wesentlich größere **Außenalster** (164 Hektar). Getrennt sind Binnen- und Außenalster durch einen **Festungswall,** der 1626 gebaut wurde. Die Binnenalster lag innerhalb der Festung, die Außenalster außerhalb. Heute bilden zwei Brücken die Trennlinie zwischen Binnen- und Außenalster, die moderne **Kennedybrücke** und die historische **Lombardsbrücke** (→ Tipp 67).

Während man es leicht schaffen kann, in seiner Mittagspause **einmal um die Binnenalster** zu spazieren (wie es auch der Autor dieses Buches viele Jahre praktizierte), braucht man für die Umrundung der **Außenalster** schon einen längeren Atem. Einmal herum sind es 7,4 Kilometer, eine prima Laufstrecke, die sogar Entfernungssteine im 500-Meter-Abstand hat.

Ab dem 19. Jahrhundert bauten sich wohlhabende Städter in den damals noch ländlichen Vororten Hamburgs an der Außenalster **schicke Villen** mit beneidenswertem Wasserblick; heute sind das Top-Wohnlagen. Neben den prächtigen Gebäuden finden sich hier auch sehenswerte **Kunstwerke** (→ Tipp 69). An der Binnenalster gibt es herrschaftliche **Kontorhäuser** und das elegante Hotel Vier Jahreszeiten zu sehen.

Nicht nur die Anwohner und die hier beschäftigten Angestellten lieben die Alster, sondern eigentlich alle Hamburger. Und dazu tragen auch ein paar Details bei, die hier nicht fehlen dürfen. In der Mitte der Binnenalster steht ein fest verankerter schwimmender **Ponton.** Seit 1978 schießt hier jeden Tag in der Saison zwischen 9 und 24 Uhr eine **Fontäne** bis zu 60 Meter hoch in die Luft, am Abend übrigens beleuchtet. Als Spaziergänger sollte man sich vor dem Umrunden der Binnenalster die Windrichtung einprägen, denn bei etwas stärkerem Wind werden die Wassertropfen ganz schön weit getragen und haben schon so manchen Alster-Flaneur ein wenig besprenkelt … Im Winter wird die Fontäne durch einen riesigen, zumeist um 15 Meter hohen **Tannenbaum** ersetzt, der dann ab Einsetzen der Dunkelheit hübsch leuchtet. Sowohl die Tanne als auch die Betriebskosten der Fontäne sind durch Privatspenden finanziert.

Und dann schwimmen da noch die **Schwäne** auf der Alster. Auch dies hat eine sehr lange Tradition. Bereits Ende des 16. Jahrhunderts gab es Alsterschwäne, und sie standen schon damals unter staatlichem Schutz. In einer Verordnung von 1664 heißt es, niemand dürfe die Tiere verletzen oder beleidigen (!). Seit 1674 kümmert sich ein eigens angestellter **Schwanenvater** um die Tiere; heute ist er dem Umweltdezernat beim Bezirksamt Nord unterstellt, der einzige Mitarbeiter in der

oben: Kirschblüte, ein Segelboot und immer die Hamburger Silhouette im Blick
unten links: Schöner Wohnen an der Alster
unten rechts: Die Kleinen picken sorglos im Gras, die Eltern passen auf

Zentralstelle Schwanenwesen. Er hegt und pflegt die Tiere und bringt sie auch im November in ein spezielles Winterquartier. Dann werden die 120 Schwäne (die Zahl bleibt immer konstant) eingefangen und auf dem eisfrei gehaltenen Eppendorfer Mühlenteich ausgesetzt; im Frühjahr kehren sie wieder zurück. Beide Aktionen werden von vielen Hamburgern beobachtet, und die Lokalpresse berichtet ausführlich. Gelegentlich werden Schwäne sogar durch die Stadt Hamburg als Staatsgeschenk an besonders verbundene Städte abgegeben.

Ja, da ist schon einiges an **Emotionen** im Spiel bei den Hamburgern, wenn es um „ihre" Alster geht. Das gilt auch für die Winterzeit, denn da kommt alljährlich eine stille Hoffnung auf, auch wenn sie doch zumeist enttäuscht wird. Wenn es aber tatsächlich einmal richtig kalt wird, dann beten die Hamburger, dass die Kälte einige Tage länger anhält, sodass die Außenalster so richtig zufriert. Wenn sich nämlich eine durchgehende Eisdecke gebildet hat, die an mehreren Stellen eine Dicke von 20 Zentimetern erreicht, dann feiert Hamburg sein **Alstereisfest.** So richtig offiziell freigegeben von den Behörden. Dann tummelt sich ganz Hamburg auf dem Eis, es werden Buden mitten auf der Alster aufgebaut, Glühwein und Bratwurst verkauft und alle sind glücklich, einmal von einem Alsterufer zum anderen gehen zu können. Leider kommt dies ganz selten vor_ Seit 1979 fanden nur ganze fünf offizielle Alstereisvergnügen statt.

67

Alsterschippern einst und jetzt

Ein Dampfboot-Wartezimmer an der Lombardsbrücke

Wie komme ich dahin?

Das Dampfboot-Wartezimmer liegt am Fuß der Lombardsbrücke auf der innerstädtischen Seite. Nächste Bahn-Station ist Hauptbahnhof, wo zahlreiche U- und S-Bahnen halten.

Die Alster, ein breiter, weil aufgestauter Fluss, der Hamburg teilt. Es war noch nie ganz leicht, von einer Seite auf die andere zu kommen. Der städtische Verteidigungswall umschloss einst die ganze Stadt, es blieb nur eine Lücke an der Alster. Der Wall reichte auf beiden Seiten bis an den Fluss heran, und auf beiden Seiten stand auch je eine mächtige Festung, es fehlte nur eine Verbindung. Diese Lücke wurde durch eine **Holzbrücke** zwischen den beiden Festungen geschlossen. Diese erste Alsterbrücke wurde nach einem Geldverleiher namens *Lombard* benannt, der bis 1827 am Wall seinen Sitz hatte. Die Lombardsbrücke blieb auch bestehen, nachdem der Wall abgetragen worden war. Da sie aus Holz war, verwitterte sie allmählich, wurde aber immer wieder neu aufgebaut, zuletzt 1827.

Dann kam jemand auf eine geniale Idee. Über die Brücke von einer Seite auf die andere zu kommen, war schon nicht schlecht, aber warum nicht gleich auf der Alster mit einem **Schiff** direkt aus der Innenstadt hinaus in die Vororte fahren? Gesagt – getan. Am 15. Dezember 1859 fuhr der erste **Alsterdampfer** vom zentralen Anleger „Jungfernstieg“ über die Binnenalster hinüber in die Außenalster, mit mehreren Haltestellen. Diese Idee wurde sehr gut angenommen, schon bald fuhren die Dampfer nach Fahrplan. Die Durchfahrtshöhe unter der Lombardsbrücke war damals niedriger, was dazu führte, dass die Dampfer immer wieder den Schornstein umlegen mussten, um darunter durchfahren zu können. Das war auf Dauer auch etwas umständlich.

Dann geschahen große Dinge: Die **Eisenbahn** erreichte Hamburg. Rasch sollte eine Verbindungsbahn vom Hauptbahnhof hinüber in die benachbarte Stadt Altona (→ Tipp 77) gebaut werden, und diese Bahnlinie sollte über die Lombardsbrücke führen. Dazu benötigte man eine stabile, witterungsfeste **Steinbrücke,** und die wurde zwischen 1865 und 1868 gebaut. Die **heutige Lombardsbrücke** ist 69 Meter lang und hat drei Bögen, auf ihren Pfeilern stehen vier sehr fotogene vierarmige Kandelaber mit je fünf Kugellampen. Das sieht besonders am Abend sehr schön aus, vor allem, wenn sich auch noch die Lichter der umliegenden Häuser in der Alster spiegeln. Auf der Brücke verlaufen heute **vier Gleise,** zwei werden von der S-Bahn genutzt, zwei vom Fern- und Güterverkehr, obendrein fließt hier ein **starker Autoverkehr** entlang. Für Letzteren musste schon in den 1950er Jahren eine **zweite Brücke** gebaut werden, die parallel verlaufende **Kennedybrücke.**

Als die Lombardsbrücke 1868 fertig war, gab es noch eine Haltestelle für die Dampfboote zur Innenstadt direkt am Brückenfuß. Und weil dort die Passagiere im Wind und beim nicht so seltenen Hamburger Schmuddelwetter im Freien hätten warten müssen, baute man direkt in den Brückenfuß einen Warteraum, das **„Dampfboot-Wartezimmer“.** Hier war es auch nicht besonders gemütlich, nach allem, was man so weiß, aber die Passagiere konnten immerhin im Trockenen warten. Heute ist die Tür dauerhaft geschlossen, der Schriftzug ist geblieben. Vom Wartezimmer kann man übrigens auch direkt hinunter steigen in die unterirdische **Kanalisation,** die sich sogar einmal der deutsche Kronprinz und spätere Kaiser *Friedrich III.* im Jahr 1877 anschaute, aber das ist eine andere Geschichte. Den Anleger „Lombardsbrücke“ gibt es heute nicht mehr, er wurde 1939 aufgegeben.

Auch heute noch gibt es **Schiffsbetrieb auf der Alster,** und die Schiffe werden noch immer liebevoll „Alsterdampfer“ genannt, obwohl nur noch eines tatsächlich unter Dampf fährt. Die Alsterdampfer waren bis 1984 im Netz des Hamburger Öffentlichen Nahverkehrs (HVV= Hamburger Verkehrsverbund) eingegliedert, doch dann sanken die Passagierzahlen. Heute betreibt die Alster Touristik in der Saison Schiffstouren nach Fahrplan, immer noch ausgehend vom Anleger Jungfernsteig quer über Binnen- und Außenalster, außerdem bietet sie saisonale Themenfahrten an. Als einziger historischer „echter“ Alsterdampfer fährt die „St. Georg“ (1876 gebaut) auch noch in der Saison nach Fahrplan, allerdings auch er ohne Stopp an der Lombardsbrücke.

Tipp: Wer von der Binnenalster zu Fuß hinüber zur Außenalster gehen möchte, kann dies ganz ungefährdet **auf der anderen Alsterseite** tun. Dazu einmal über die Lombardsbrücke gehen und auf der anderen, der nördlichen Seite, gleich am Brückenfuß hinunter zur Alster. Dort verläuft ein Tunnel unterhalb beider Brücken hinüber zur Außenalster.

Die **Alsterdampfer** fahren in der Saison den ganzen Tag über, Fahrplan und Infos: https://alstertouristik.de.

Das historische Dampfschiff **„St. Georg“** fährt ebenfalls nur in der Saison, Infos und Fahrplan: www.alsterdampfer.de.

68

Wolfgang Borchert

Draußen vor der Tür

1946, Nachkriegszeit. Hamburg liegt in Trümmern, kaputtgebombt. Einige Stadtteile sind nur noch Ruinen. Die Menschen, traumatisiert, kämpfen ums Alltägliche. Männer kehren zurück aus dem Krieg, verstört, verletzt an Leib und Seele. Versuchen sich an diese kaputte, neue Normalität zu gewöhnen, was sehr schwer ist. Sie sind zerrissen, wieder zurück, aber doch nicht richtig da. Bleiben gewissermaßen „Draußen vor der Tür".

So heißt *Wolfgang Borcherts* bekanntestes Stück. Es erzählt die traurig-dramatische **Rückkehr eines Soldaten,** im Grunde *Borcherts* eigene Geschichte. Der Autor wurde 1921 geboren und im gutbürgerlichen Stadtteil Eppendorf eingeschult (diese Schule trägt heute seinen Namen). *Borchert* schrieb schon früh Gedichte, wollte zunächst Schauspieler werden. 1941 wurde er zur Wehrmacht eingezogen und kam an die **Ostfront.** Dort wurde er **schwer verletzt** und fing sich zudem verschiedene Infektionen ein. Mehrfach wurde er wegen **kritischer Äußerungen** angeklagt und verurteilt („Wehrkraftzersetzung"), u.a. zu sechs Wochen Arrest mit anschließender „Frontbewährung". Im März 1945 geriet er in **Gefangenschaft,** konnte jedoch fliehen. Danach schlug er sich 600 Kilometer zu Fuß nach Hamburg durch, wo er nach sechs Wochen völlig erschöpft eintraf.

Er hatte den Krieg überlebt, war aber **schwer leberkrank.** In der ihm verbleibenden Lebenszeit schrieb er wie im Rausch, fast wie im Versuch, die verlorene Zeit nachzuholen. So entstand innerhalb von nur **acht Tagen** sein bekanntestes Stück „Draußen vor der Tür".

Das Werk erzählt von der Rückkehr eines Soldaten. Beckmann, ohne Vornamen, kommt zurück nach Deutschland. „Er war lange weg, der Mann. Sehr lange. Vielleicht zu lange. Und er

---

Wie komme ich dahin?

Denkmal unweit des Literaturhauses, Schwanenwik 38.
Per U-Bahn bis „Mundsburg" und dann durch den Uhlenhorster Weg zur Alster.

kommt ganz anders zurück, als er wegging". Beckmann kehrt in eine Heimat zurück, die keine mehr ist. Niemand will ihn so richtig, nicht einmal die Elbe, in die er schließlich freiwillig geht – dieser Selbstmordversuch misslingt. Höhnisch ruft ihm die Elbe nach: „Glaubst du etwa, weil deine Frau nicht mehr mit dir spielen will, weil du hinken musst und weil dein Bauch knurrt, kannst du bei mir unter den Rock kriechen? Einfach so ins Wasser jumpen?". Nein, das lässt die Elbe nicht zu und wirft ihn bei Blankenese wieder zurück an den Strand. Verzweifelt ruft Beckmann schließlich: „Hab ich kein Recht auf Selbstmord?" Er muss zurück und sich dem kaputten Alltag stellen, aber er kommt nicht an. Alle wenden sich ab. Beckmann ist „… einer von denen, die nach Hause kommen und die dann doch nicht nach Hause kommen, weil für sie kein Zuhause mehr da ist. Und ihr Zuhause ist draußen vor der Tür".

Fulminant geschrieben, zeigt dieses Stück, was Tausende von Kriegsheimkehrern erlebten. Und genau das war der **durchschlagende Erfolg.** Zum Glück bewahrheitete sich *Borcherts* Vorwort zu „Draußen vor der Tür" nicht, das da lautet: „Ein Stück, das kein Theater spielen und kein Publikum sehen will". Allein bis 1948 gab es 38 Inszenierungen, bis heute folgten viele Dutzend weitere. Zunächst wurde das Stück als Radiosendung gespielt, erstmals am 13. Februar 1947. Viele Hörer waren begeistert. Es gab wenigstens 150 Briefe an die Radioanstalt, in der viele Zuhörer äußerten, dass sie Ähnliches erlebt hätten. Kritiker sahen in dem Stück den Aufschrei einer ganzen Generation. Andere Hörer waren weniger angetan, verkündeten, dass sie lieber unterhalten werden wollten. Die Erlebnisse von Kriegsheimkehren wollte man eher nicht hören. Das Stück wurde dennoch noch mehrmals gesendet, dann folgte eine Bühnenfassung.

Den Erfolg seines Stückes **erlebte** *Borchert* leider **nicht mehr.** Im Herbst 1947 reiste er in die Schweiz in ein Sanatorium, wo er am **20. November 1947 verstarb,** einen Tag vor der Premiere in den Hamburger Kammerspielen. Bevor sich der Vorhang zur Erstaufführung hob, kam die Intendantin auf die Bühne und berichtete dem Publikum von *Borcherts* Tod. Nach einer Schweigeminute begann das Stück. Am Ende fiel der Vorhang, und das Publikum blieb minutenlang still. Dann erst begann ein verhaltenes Klatschen, das sich steigerte zu einem tosenden, nicht enden wollenden Applaus.

Das Interesse am Stück war anfänglich hoch, ließ aber dann doch etwas nach. Es wirkte stark im zeitgenössischen Kontext, aber nach der Währungsreform (1948) und der Gründung der Bundesrepublik (1949) wollten die Menschen nicht mehr an den Krieg erinnert werden. Trotz allem wurde das Stück immer wieder gespielt und auch als Buch in 40 Sprachen übersetzt. In Hamburg sind mehrere Schulen nach *Wolfgang Borchert* benannt, und es gibt mehrere ihm gewidmete **Denkmäler,** eines steht am Schwanenwik im Grünen unweit des Literaturhauses, Schwanenwik 38, zwei weitere im Stadtteil Eppendorf.

69

Kunst am Alsterufer

Auf Kul-Tour rund um die Alster

Wie komme ich dahin?

Entweder ab Hauptbahnhof oder ab Dammtor zur Alster gehen.

Hamburg ist die Stadt der Kaufleute. Hier wird kühl gerechnet und abgewägt. Lohnt sich ein Geschäft oder eher nicht? So arbeitet, so denkt man hier. Und das sehr erfolgreich und schon sehr lange. Reich geworden sind sie hier in der Hansestadt, einige sogar schwerreich. Mit nüchternem Verstand und ohne Schwärmereien. **Kunst hat da einen schweren Stand.** Obwohl auch die „Pfeffersäcke", wie die Kaufleute gerne genannt werden, zum Vergnügen ins Theater gehen. Betonung auf „Vergnügen". Anstrengend oder gar sperrig soll es bitteschön nicht sein. Oder wie es der ehemalige Hamburger Bürgermeister *Klaus von Dohnanyi* mal formulierte: „Man muss die Klassiker doch wiedererkennen". Das war seine Rechtfertigung im Nachrichtenmagazin „Der Spiegel", nachdem er während einer – nach seiner Meinung und der vieler anderer Zuschauer – völlig missratenen Inszenierung eines Klassikers empört aus dem ersten Rang in Richtung Bühne gerufen hatte: „Das ist doch ein anständiges Stück, das muss man doch nicht so spielen!"

Zur Wahrheit gehört aber auch, dass viele Hamburger Kunst- und Kultureinrichtungen durchaus großzügig unterstützen. Auch das hat eine lange Tradition, wird nur nicht so oft erwähnt. **Mäzenatentum** findet im Stillen statt.

Im öffentlichen Raum war Kunst lange Zeit in Hamburg kaum zu finden. Heute aber schon, und ganz besonders geballt entlang der **Alsterrunde.** So wird der Spazier- und Joggingweg genannt, der einmal um die Außenalster führt, eine Strecke von 7,4 Kilometern. Und entlang dieser Runde stehen am Wegesrand diverse Skulpturen und Kunstwerke. Ergänzt man die klassische Alsterrunde noch um die Binnenalster, summieren sich diese Kunstwerke auf stolze **37 Objekte.** Das ist eine ganze Menge und spannt auch einen **sehr weiten zeitlichen Rahmen.** Das älteste Objekt ist eine Barockputte (kleine Skulptur einer Kindergestalt) aus der Zeit um 1730, die am Neuen Jungfernstieg, Ecke Fehlandstraße (Binnenalster), zu finden ist. Auch der Gedenkstein für den Schiffsmakler und Kaufmann *John Fontenay* ist sehr alt, er entstand nach 1835 und steht an der gleichnamigen Straße (Außenalster).

Das **Alstervorland,** das sich heute so idyllisch darstellt, war im 18. Jahrhundert ein außerhalb der Stadttore gelegenes Gebiet. Reiche Hamburger bauten sich hier Sommerhäuschen, um der Enge der Stadt zu entfliehen. Im Laufe der Zeit wurden aus den Sommerrefugien prächtige Villen, in denen reiche Reeder, Kaufleute, Bankiers und höhere Beamte lebten. **„Straße der Millionäre"** wurde damals der Harvestehuder Weg genannt, der auf der (laut Stadtplan) linken Alsterseite entlangführt. Von diesen schicken Villen schaute man auf die Außenalster, und dieser Blick war schon immer ein Traum; das Vorland sollte auf keinen Fall bebaut werden. Auch die **Nationalsozialisten** fanden Gefallen daran, vertrieben jüdische Besitzer, und sowohl der damalige Bürgermeister als auch der Gauleiter residierten hier in feuda-

Die Skulptur „Die Kniende" von Gustav Seitz

len Villen. Dann kamen die **Briten** und beschlagnahmten ihrerseits die Gebäude. Da nach dem **Krieg** die Not groß war, legten Hamburger im Alstervorland **Kleingärten** an, Ausgebombte hausten ebenfalls hier, und selbst Kleingewerbe siedelte sich an.

Das stieß auf Dauer auf Kritik, und man forderte, das Alstervorland solle wieder **frei zugängliches Parkgelände** werden. Dazu waren harte Maßnahmen erforderlich bis hin zu Enteignungen, sodass das Gelände in **städtischen Besitz** überging. Ab 1951 gestaltete man die Zone tatsächlich wieder in eine öffentliche Parklandschaft um.

Und darin sollte auch **Kunst** gezeigt werden. Initiiert wurde das Ganze 1953, als die erste **Internationale Gartenausstellung** (IGA) in Hamburg stattfand und im Zuge dessen die Aktion **„Plastik im Freien"** im Alstervorland. Damals wurden 50 moderne Skulpturen präsentiert, kostenlos für das Publikum. Dies war damals ein neuer Ansatz zur Ausstellung von Kunst, denn ansonsten musste man gegen Eintritt ein Museumsgebäude betreten, um sie zu genießen. Damit fing es an, weitere Kunstwerke folgten, auch auf der anderen Alsterseite.

Immer wieder ergänzten neue Formate und Skulpturen die älteren, forderten zu **Diskussionen** heraus. Unter anderem auch darüber, ob ein Kriegsdenkmal von 1870/1871 hier seine Berechtigung habe. Immerhin erinnert es an das Infanterie-Regiment 76 aus Hamburg (→ **Tipp 73**) und seinen Gefallenen im Deutsch-Französischen Krieg. Es gibt auch das gegenteilige Motiv, nämlich das Denkmal für „den unbehausten Dichter" *Wolfgang Borchert* (→ **Tipp 68**), zu finden beim Literaturhaus am Schwanenwik (Außenalster, rechte Seite).

Bekannte Werke entlang der Alsterrunde sind z.B. „Drachensteigenlassende" oder „Drei Männer im Boot" von *Edwin Paul Scharff,* oder auch die Doppelskulptur „Orpheus und Eurydike". Wer genau aufpasst, entdeckt auch **kleinere Schmankerl,** so beispielsweise die Nachbildung eines Raben mit riesiger Lesebrille auf dem Straßenschild Alte Rabenstraße. Ein Spaziergang einmal rund um die Außenalster ist also nicht nur ein ausgezeichnetes Fitnessprogramm, sondern auch eine sehr interessante „Kul-Tour".

Tipp: Es gibt bei der Touristeninformation (u.a. im Hauptbahnhof zu finden, auch bei den Landungsbrücken) eine **Karte** mit einer Übersicht zu allen Kunstwerken.

70

Alsterwiese Schwanenwik

Der schönste Blick über die Alster

Wie komme ich dahin?
Per U-Bahn mit der Linie U3 bis „Uhlandstraße".

Die Außenalster ist zwar ein Fluss, sie wurde aber schon vor sehr langer Zeit aufgestaut, sodass sie wie ein riesiger innerstädtischer See wirkt. Und tatsächlich sind die Ausmaße enorm: Geht man einmal um die Außenalster herum, beträgt die Wegstrecke 7,4 Kilometer. Das weiß man so genau, weil die **„Alsterrunde“** eine sehr beliebte Strecke für Läufer ist. Diese wurde sogar amtlich vermessen und mit Entfernungsmarkierungen (alle 500 Meter) versehen, beginnend beim Café Cliff. Zusätzlich gibt es den Halbzeitstein bei km 3,7. Sehr schnelle Läufer benötigen weniger als 30 Minuten, aber die meisten sind gemütlicher unterwegs, zwischen 40 und 45 Minuten. Spaziergänger setzen sich keine Zielzeiten, sondern genießen die frische Luft und die tollen Fernblicke über die Alster auf die Silhouette von Hamburg. Die Frage der Spaziergänger lautet deshalb auch: Von wo habe ich den besten und schönsten Blick? Tja, die einen sagen so, die anderen so ... Überall dort, wo eine Landzunge oder ein Steg ins Wasser ragt, hat man eine gute Sicht. Sehr gut beispielsweise am Anleger Alte Rabenstraße oder auch am Café Cliff (beides linke Seite bei einem Blick auf den Stadtplan). Auch von der Krugkoppelbrücke (→ Tipp 71) guckt man hervorragend, aber noch viel besser ist der Blick von der rechten Alsterseite; nicht zufällig heißt hier eine **Straße „Schöne Aussicht“**. Wer dort wohnt, hat einen Wohnzimmerblick zum Niederknien.

All diese genannten Stellen haben einen kleinen Schönheitsfehler: Sie sind mit öffentlichen Verkehrsmitteln nicht direkt anzufahren, man muss sie sich erlaufen. Einfacher erreichbar ist die Alsterwiese **Schwanenwik.** Der **Name** bezeichnet eine Bucht, in der sich früher Schwäne in einem geschützten Raum aufhalten konnten. Heute heißt eine Straße entlang der Außenalster zwischen den Vierteln Uhlenhorst und Sankt Georg so. Und genau hier schiebt sich eine Grünanlage ein wenig ins Wasser. Es ist eine offene Rasenfläche, die sogar offiziell als Grillplatz ausgewiesen wurde. Direkt am Ufer erhebt sich die markante Skulptur „Drei Männer im Boot“. Wer hier steht und über die Alster schaut, genießt einen fantastischen Panoramablick auf Hamburg. Erkennt die hoch aufragenden Türme der innerstädtischen Kirchen inklusive der unverwechselbaren Form des Michels. Weiterhin stechen der Fernsehturm heraus, das Hochhaus-Hotel am Dammtorbahnhof und rechts die Kirchtürme der Johanniskirche in Harvestehude und der der Nikolaikirche am Klosterstern (→ Tipp 89). Dieser Platz ist natürlich auch so beliebt, weil er von der City leicht zu erreichen ist. Es kann hier also durchaus voll werden bei Sonnenschein und am Wochenende.

71

Die Krugkoppelbrücke

Drei Baumeister für eine Brücke

Wie komme ich dahin?
Per U-Bahn bis „Klosterstern" und dann etwa 10 Minuten Fußweg über den Harvestehuder Weg.

Die Krugkoppelbrücke überspannt die Alster, und zwar genau an der Stelle, wo sie sich von einem See zu einem schmalen Flusslauf zurückverwandelt. Sie verbindet die Stadtteile Harvestehude und Winterhude, und sie ist die **erste Möglichkeit überhaupt, die Alster zu queren,** wenn man aus der Innenstadt kommt. Erst hier war es überhaupt möglich, eine Brücke zu bauen, vorher war die Alster einfach zu breit. Neben dieser rein praktischen Funktion zählt die Krugkoppelbrücke auch zu den **schönsten Brücken** an der Alster, hier waren sehr bekannte Hamburger Baumeister beteiligt.

1891 existierte hier eine **Holzbrücke,** die letzte in Hamburg erbaute Brücke aus diesem Material. Sie war 71 Meter lang und hatte fünf Durchfahrten von je 8 Metern Breite, die mittlere maß 9 Meter. Aber wie das so ist, Holz verwittert, und deshalb entstand auch bald eine **neue Brücke,** die 1928 fertig wurde. Sie besteht aus drei verklinkerten Halbbögen und ist 72 Meter lang. Oben am Brückenrand stehen auf beiden Seiten je zwei Kandelaber. Die wuchtigen Brückenpfeiler zeigen Muschelornamente.

Die erste Holzbrücke entwickelte der gebürtige Hamburger **Franz Andreas Meyer** (1837–1901), der sich auch beim Bau der Speicherstadt einen Namen machte; dort war er oberster Planer. Die nächste Brücke entstand unter **Fritz Schumacher** (1869–1947), einem der bekanntesten und profiliertesten Baumeister Hamburgs. Er war Oberbaudirektor und setzte sich in vielen Bauten für die Verwendung von Backstein ein, der ganze Viertel prägte und dem Zeitgeist entsprach. *Schumacher* plante auch die radikale Neugestaltung in der City nach der Cholera-Epidemie (→ Tipp 10) mit dem Bau der breiten Mönckebergstraße. Auch das Bernhard-Nocht-Institut (→ Tipp 36) beruht auf seiner Planung. *Fritz Schumacher* ersann für die Krugkoppelbrücke das noch bestehende markante Korbbogengewölbe sowie die Ornamente und die Verklinkerung.

Die **Muschelornamente** an der Brücke stammen vom Bildhauer **Richard Kuöhl** (1880–1961), einem in den 1920er und 1930er Jahren sehr gefragten Künstler. Er schuf auch das Kriegerdenkmal am Dammtorbahnhof in Erinnerung an das 76. Infanterie-Regiment (→ Tipp 73) und die Hummel-Hummel-Skulptur (→ Tipp 22).

Wer heute auf der Brücke steht, erkennt die detailgetreuen Arbeiten, die Kandelaber, eventuell wird auch das Hamburger Wappen als Schmuckelement erkannt, aber wahrscheinlich genießen die meisten Besucher doch eher den schönen Blick über die Außenalster und auf die innerstädtische Silhouette. Auch aus der Ferne ahnt man das dortige urbane, pulsierende Leben. Wechselt man nun die Brückenseite und schaut in die andere Richtung, fällt

Warten am Anleger Krugkoppelbrücke auf den Alsterdampfer

der Blick auf eine ländliche Idylle. Die Alster verjüngt sich deutlich, links öffnet sich ein Park, ein paar Häuser stehen hier noch, aber der Bewuchs nimmt zu. Hier herrscht eine andere Atmosphäre: mehr Ruhe, mehr Grün, mehr Entschleunigung. Noch fahren hier auch die Alsterdampfer, aber nicht mehr weit. Paddeln kann man noch ein Stückchen weiter, aber auch das ist dann irgendwann vorbei. Man kann aber sehr wohl die Alster noch über viele Kilometer zu Fuß begleiten, ein **Wanderweg** schlängelt sich immer in Flussnähe bis fast zur Quelle bei Kayhude. Die Wanderstrecke von Kayhude bis zur Alstermündung in die Elbe beträgt insgesamt 37 Kilometer, von der Krugkoppelbrücke sind es vielleicht 32 Kilometer. Man taucht ein in eine kaum für möglich gehaltene Welt mitten in Hamburg. Über weite Strecken ist es so grün, ist der Weg durch überhängende Weiden fast so verdeckt wie in einem Dschungel (→ **Tipp 92**).

72

Joseph-Carlebach-Platz

Hier stand die größte Synagoge Hamburgs

Wie komme ich dahin?
Per S-Bahn bis Bahnhof „Dammtor“.

Hamburgs jüdische Bevölkerung zog im späten 19. Jahrhundert verstärkt aus der Neustadt weg und siedelte um in die Stadtteile Rotherbaum und Harvestehude. Sie etablierte sich besonders im Grindel-Viertel. In Hamburg lebten 1933 etwa 24.000 Menschen jüdischen Glaubens. Zwischen 1904 und 1906 war eine sehr große Synagoge errichtet worden, die Platz für 1100 Gläubige bot. Die bisherigen Synagogen waren alle viel kleiner gewesen, eine ganz in der Nähe liegende hatte nur Platz für 500 Gläubige gehabt. Die neue Synagoge ragte mit ihrer Kuppel immerhin 39 Meter in die Höhe, innen maß sie 19,50 Meter. Alsbald war sie **Mittelpunkt des jüdischen Lebens,** ganz in der Nähe befand sich ab 1911 auch die Talmud-Tora-Schule; das Gebäude war farblich auf die Synagoge abgestimmt. Diese Schule existierte seit 1805 und war die größte jüdische Lernanstalt in Norddeutschland; 1937 hatte sie 800 Schüler.

Dann kam es 1938 zum **Novemberpogrom.** Am 10. November wurden tagsüber Geschäfte von Juden durch SA-Kommandos beschmiert, zerstört und geplündert. Auch die prächtige **Inneneinrichtung der Synagoge** wurde beschädigt; zwei Tage später wurde sie durch ein von Brandstiftern gelegtes Feuer weiter zerstört. Im Frühjahr 1939 wurde die jüdische Gemeinde gezwungen, ihre Synagoge **abzureißen,** auf eigene Kosten! Ein Jahr später war von dem Gebäude nichts mehr erhalten.

Nach dem Krieg erinnerte nur eine kleine **Gedenktafel** an die Synagoge, ihr ehemaliger Standort wurde als Parkplatz genutzt. Schließlich besann man sich aber auf die historische Bedeutung, und der Platz wurde umgestaltet. 1988 schuf *Margrit Kahl* ein **Linienmonument** auf dem Boden, das den früheren Grundriss der Synagoge abbildet. Die polierten schwarzen Granitsteine zeigen das frühere Deckengewölbe, die grauen unpolierten Steine füllen die Flächen dazwischen. Es ist ein offener Platz, frei von Verkehr und nur für Fußgänger gedacht. Wer den geschichtlichen Hintergrund nicht kennt, geht hier achtlos vorüber und nimmt die Stein-Markierungen vielleicht nur als Dekoration wahr. Wer sich aber die Gedenktafel anschaut, erkennt die Struktur. Spätestens da setzt dann auch das Nachdenken über die unfassbaren Geschehnisse ein.

Das Gebäude der **Talmud-Tora-Schule** wurde 2004 an die jüdische Gemeinde zurückgegeben, heute befindet sich dort eine Grundschule. Der Platz ist heute nach *Joseph Carlebach* benannt, dem damaligen Direktor der Talmud-Tora-Schule und Oberrabbiner von Altona und Hamburg. *Carlebach* wurde im Ghetto Riga ermordet.

73

Krieger- und Antikriegsdenkmal

Ein Kriegsklotz und seine Gegendenkmäler

Wie komme ich dahin?

Per U-Bahn bis „Stephansplatz“ oder per S-Bahn bis „Dammtor“.

Am Stephansplatz beim Dammtorbahnhof stehen drei benachbarte Denkmäler, ein Kriegerdenkmal und zwei Gegendenkmäler. Das **Kriegerdenkmal** wurde bereits 1934 von einem Traditionsverein aufgestellt, es erinnert an das **76. Infanterie-Regiment,** das in Hamburg stationiert war. Es ist ein mächtiger Block aus Muschelkalk und zeigt im Gleichschritt marschierende Soldaten in Viererreihen. Darüber ist eine unsägliche Inschrift angebracht: „Deutschland muss leben, und wenn wir sterben müssen". Das ganze Monument war ausdrücklich als Gegenentwurf zu einer Stele von *Ernst Barlach* gedacht, die von ihm 1931 zur Erinnerung an die Toten des Ersten Weltkrieges geschaffen wurde und die noch heute auf dem Rathausplatz steht. Die Stele trägt die Inschrift „Vierzigtausend Söhne der Stadt ließen ihr Leben für Euch, 1914–1918"; außerdem zeigt sie eine trauernde Mutter mit Kind. Dies wurde damals als politisches Statement gegen Rechtsparteien verstanden. Als die Nationalsozialisten schließlich an die Macht kamen, werteten sie dieses Denkmal als entartete Kunst und ließen ein anderes erschaffen, eben das Kriegerdenkmal vom Dammtorbahnhof, damals ausdrücklich als Gegendenkmal gedacht. Beteiligen konnten sich „reichsdeutsche arische Architekten und Bildhauer, die der Reichskammer der bildenden Künste angehören".

Nach dem Zweiten Weltkrieg entspannen sich **Kontroversen** um den „Kriegsklotz", wie das Denkmal nun genannt wurde. Die Vorschläge reichten von Sprengung bis zur Entfernung der Inschrift, aber es blieb dann doch alles beim Alten. 1982 beschloss die Kulturbehörde jedoch, zumindest ein Gegendenkmal zu platzieren, ein Mahnmal gegen den Krieg. Beauftragt wurde **Alfred Hrdlicka** aus Wien. Sein Entwurf sah vier Teile vor, von denen nur zwei realisiert wurden. Thematisiert werden sollten die Leiden der Hamburger Zivilbevölkerung, der Soldaten und der politisch Verfolgten. Die vier Teile sollten so angeordnet sein, dass sie ein zerbrochenes Hakenkreuz bildeten. Tatsächlich wurden wegen finanzieller Streitigkeiten nur zwei Teile fertiggestellt, das Mahnmal kommt deshalb nicht zu seiner vollen Wirkung. Einer der beiden erstellten Teile zeigt den **Hamburger Feuersturm** nach der schlimmen Bombardierung während der sogenannten „Operation Gomorrha" im Jahr 1943 (→ **Tipp 17**). Der andere Teil thematisiert die **Versenkung des Schiffs „Cap Arkona"** durch britische Bomber in der Ostsee kurz vor Kriegsende mit mehreren Tausend KZ-Häftlingen an Bord.

2015 wurde die beiden gegensätzlichen Denkmäler um einen **Gedenkort für Deserteure und anderer Opfer der NS-Militärjustiz** ergänzt. Er zeigt ein gleichschenkliges Dreieck, zwei Seiten werden von einem filigranen Gitterwerk gebildet, in dem Sätze aus dem Werk „Deutschland 1944" von *Helmut Heißenbüttel* eingearbeitet sind. Die dritte Seite ist eine geschlossene Betonwand mit Namen hingerichteter Deserteure. Zu dieser Gedenkstätte gibt es eine Audioinstallation.

74

Tropengewächshaus im Park Planten un Blomen

Kurzer Spaziergang vom Dschungel zur Wüste

Wie komme ich dahin?
Per S-Bahn bis „Dammtor", per U-Bahn bis „Stephansplatz".

Der Park Planten un Blomen ist eine große innerstädtische **Grünzone,** in die auch der alte Botanische Garten der Universität Hamburg integriert wurde. Dieser Botanische Garten wurde 1821 gegründet, auf einer bescheidenen Fläche von 2½ Hektar, aber diese Fläche vergrößerte man im Laufe der Zeit mehrfach. 1919 übernahm das Botanische Institut der Universität das Gelände. Durch das Bombardement im Krieg erlitt auch der Park schwere Schäden. In den Nachkriegsjahren begann rasch der Wiederaufbau, aber ganz besonders profitierte der Park von drei großen **Gartenschauen,** die in den Jahren 1953, 1963 und 1973 in Hamburg gefeiert wurden. 1979 wurde der Botanische Garten dann nach Klein Flottbek verlegt. Er trug lange den Namen „Neuer Botanischer Garten" und heißt heute „Loki Schmidt Garten", benannt nach der Ehefrau von Altkanzler *Helmut Schmidt.* Der alte Botanische Garten wurde 1986 in einen öffentlichen Park umgewandelt und ist heute Bestandteil der großen Parklandschaft Planten un Blomen.

Zur zweiten Gartenschau 1963 eröffnete man im Alten Botanischen Garten auch das Tropenschauhaus. In diesen Gewächshäusern finden sich auf 2800 Quadratmetern etwa **2000 Pflanzenarten** aus den unterschiedlichen Klimazonen dieser Erde, vom Dschungel bis zur Wüste. Auf einem Rundgang spaziert man durch diese Zonen, die durch Glastüren getrennt sind, und man spürt hautnah die klimatischen Unterschiede. So herrscht im Tropenhaus eine große Wärme bei hoher Luftfeuchtigkeit. Hier wird den Besuchern das Ökosystem Regenwald präsentiert, es wachsen Palmen, Orchideen und auch Bananen. Das Subtropenhaus hat mediterrane Verhältnisse mit trockener Wärme im Sommer und milden Temperaturen im Winter. Hier herrscht die Pflanzenwelt des Mittelmeerraumes vor, u.a. wachsen hier Zitronen. Im Kakteenhaus wechseln die Temperaturen zwischen hohen Tageswerten und sehr niedrigen in der Nacht, wie es auch in Wüsten und Halbwüsten der Fall ist. Das Farnhaus hat ähnliche klimatische Bedingungen wie das Tropenhaus mit hoher Luftfeuchtigkeit. Es ist wirklich faszinierend: Man unternimmt hier eine Weltreise im ganz Kleinen. Tritt man am Ende wieder heraus, vielleicht sogar bei Hamburger Schmuddelwetter, ist das ein echter Klimaschock ...

Das „Tropengewächshaus des Botanischen Gartens", so der offizielle Name, hat folgende Öffnungszeiten: März bis Oktober Mo–Fr 9–16.45 Uhr, Sa, So und feiertags 10–17.45 Uhr. November bis Februar Mo–Fr 9–15.45 Uhr, Sa, So und feiertags 10–15.45 Uhr. Der Eintritt ist frei; Einlass bis 30 Minuten vor Schließung.

75

Wasser-Licht-Spiele im Park Planten un Blomen

Ein einmaliges Spektakel für Augen und Ohren

Wie komme ich dahin?
Per S-Bahn bis „Dammtor", per U-Bahn bis „Stephansplatz".

Mitten in der Grünanlage Planten un Blomen öffnet sich eine größere **Wasserfläche oberhalb des Cafés Seeterrassen.** Am Ufer versammeln sich zu bestimmten Zeiten stets viele Menschen und warten auf ein zumindest in Hamburg einmaliges Spektakel: auf die Wasser- und Licht-Spiele. Zu festen Zeiten schießen **Wasserfontänen** in den Himmel, die von den buntesten Farben ausgeleuchtet werden und sich obendrein synchron zu Musik bewegen. Diese Vorstellung entfaltet ganz besonders vor dem dunklen Nachthimmel ihren außergewöhnlichen Reiz, aber auch am Nachmittag sind die Wasserfontänen sehr sehenswert, dann allerdings meist ohne farbliche Ausleuchtung.

Die **Musik** kommt vom Band, die Farben und die Fontänen aber werden **von zwei Personen live gesteuert.** Zu Beginn erklingt traditionell die „Fanfare for the Common Man" von *Aaron Copeland.* Die Fontänen schießen durch 99 Wasserdüsen und erreichen Höhen von bis zu 36 Meter. Die zweite Person bedient die Farben. Insgesamt 566 LED-Scheinwerfer sind in Schaltgruppen zusammengefasst und werden über eine Tastatur wie auf einem Klavier angesteuert. Die hohe Kunst besteht im Zusammenspiel der beiden, und wenn dann noch Musik vom Band die Farben und den Tanz der Wasserfontänen begleitet, ergibt das einen wahrlich einmaligen Kunstgenuss!

Zeitplan:
Wasserspiele ohne Licht: 1.5.–30.9.
14, 16, 18 Uhr, So und feiertags 14 Uhr
mit Musik.
Farbige Wasserlichtkonzerte: 1.5.–2.9.
ab 22 Uhr, 2.9.–30.9. ab 21 Uhr. Eintritt frei.

76

Stuhlmannbrunnen

Zäher Kampf um einen Fisch

Wie komme ich dahin?
Per S-Bahn bis „Altona".

Mitten in einer Grünanlage steht zwischen dem Rathaus und dem Bahnhof von Altona ein auf den ersten Blick etwas merkwürdiger Brunnen. **Zwei Figuren, halb Mensch, halb Pferd, kämpfen verbissen um einen Fisch.** Die Symbolik hinter den beiden um den Fisch ringenden Zentauren: Hamburg und Altona kämpfen um die Vorherrschaft im Fischfang und um die Fischverarbeitung, also auch darum, welcher Fischereihafen der wichtigere, größere und wirtschaftlich erfolgreichere ist.

Gestiftet wurde der Brunnen von **Günther Ludwig Stuhlmann** (1797–1872), Direktor der Altonaer Gas- und Wasseranstalt. Er vermachte „seiner Vaterstadt“ Altona 75.000 Mark Courant mit der Vorgabe, unter anderem einen Springbrunnen zu errichten. Sogar dessen genaue Lage gab er vor, nämlich zwischen Bahnhof und Elbhang. Damals lag der Bahnhof noch an anderer Stelle, nämlich dort, wo heute das prächtige Altonaer Rathaus steht. Erst durch die Verlegung des Bahnhofs an seinen jetzigen Standort fand man auch einen geeigneten Platz für den Brunnen. Aber es dauerte! Erst 25 Jahre nach des Stifters Tod wurde ein Ideenwettbewerb ausgeschrieben, und der Berliner Bildhauer **Paul Türpe** (1859–1944) schuf dann das symbolträchtige Werk, das 1900 eingeweiht wurde. Noch sehr viel später, nämlich 2010, wurde das Stadtwappen von Altona angebracht.

Und wer gewinnt nun diesen Kampf? Ein Zentaur ragt ein wenig hervor, sollte das „Altona“ sein? Historisch betrachtet war Altona in diesem Bereich tatsächlich einmal erfolgreicher, hingegen hatten die Hamburger in ihrem Hafen den viel größeren Warenumschlag. Auf jeden Fall scheinen die beiden wilden Kerle andere Figuren zu stören, die am Brunnenrand empört Wasser speien. Triton beispielsweise, ein Gott des Meeres, oder eine Nereide, eine Meeres-Nymphe, die nach der griechischen Mythologie Schiffsbrüchigen hilft. Es sieht ein bisschen so aus, als wollten die beiden ihre Ruhe haben und die wilden Kerle vertreiben. Nach dem Motto: Lasst eure Machospielchen! Wäre dann auch ein sehr subtiler Hinweis darauf, dass es doch eigentlich eher egal ist …

77

Dänische Fahne am Zollhaus

Warum weht der Danebrog in Altona?

Wie komme ich dahin?
Per S-Bahn bis „Altona“ oder per Bus 111 bis „Rathaus Altona“.

Wer am schönen weißen Rathaus von Altona vorbeifährt und weiter in Richtung der ebenso schönen Elbchaussee, der passiert an der Klopstockstraße 28/29 ein Haus, an dem oft eine große dänische Fahne weht. Nanu, fragt man sich da, warum weht der Danebrog hier in Altona? Die Antwort in kürzester Form: **Altona war einmal dänisch!** Und anscheinend bedeutet diese Vergangenheit dem einen oder anderen Bewohner Altonas auch heute noch etwas.

Die längere Version könnte bei den Wikingern beginnen und darauf verweisen, dass die Geschichte Hamburgs und Dänemarks schon immer eng verwoben war. Mal friedlich (meist), mal weniger friedlich (selten, dann aber heftig). 845 jedenfalls überfielen die Wikinger die damals noch winzige Hammaburg und schlugen alles kurz und klein; Altona gab es damals noch nicht (eine erste urkundliche Erwähnung stammt aus dem Jahr 1537). Die Burg wurde wiederaufgebaut, und man lebte friedlich weiter. Die nächste Episode, drei Jahrhunderte später: Graf *Adolf III. von Schauenburg* (jener Graf, der auch Herrscher von Hamburg war und als Skulptur einen Platz auf der Trostbrücke fand, (→ **Tipp 14**) wurde von den Dänen gefangen genommen und musste als Preis für seine Freiheit auf Ländereien verzichten. Das ließ sich *Adolfs* Sohn nicht gefallen und schlug, wieder ein paar Jahre später, ein dänisches Heer in der Schlacht bei Bornhoeved vernichtend, was dann auch Folgen für Hamburg hatte (→ **Tipp 89**).

So ging es hin und her, über Jahrhunderte. Mal schickten die Dänen Freibeuter mit Kaperbrief gegen Hamburger Kaufmannsschiffe los, mal nahmen sie einen Bürgermeister der Stadt gefangen. Die Hamburger wehrten sich, schlugen mal zurück (gegen die Piraten) oder kauften sich frei (häufiger). Hochpolitisch wurde es 1640: Der letzte Graf *Schauenburg* verstarb kinderlos mit nur 26 Jahren nach einem Bankett bei einem schwedischen General. Da munkelten manche, ob vielleicht Gift im Spiel war? Die Folgen jedenfalls waren enorm: Die gesamte Grafschaft der *Schauenburgs* wurde aufgeteilt und fiel zum großen Teil an den dänischen König, den Rest teilten sich andere, wodurch die Sache auch nicht einfacher wurde. Hamburg blieb außen vor bei diesem Deal, aber Altona wurde dänisch, da es auf Schauenburger Gebiet lag. Und es versuchte seitdem, Hamburg den Rang als Hafenstadt abzulaufen. Altona bekam 1664 Stadtrechte, der Hafen entwickelte sich als Fischereihafen ganz gut, die Hamburger aber handelten mehr und erfolgreicher mit Waren. Daraufhin ließ der Dänenkönig eine neue Stadt an der Elbe gründen, nämlich Glückstadt.

Dort sollte ein noch größerer Hafen als in Hamburg entstehen, was aber nicht so richtig klappte. Altona entwickelte sich wirtschaftlich gut, denn hier herrschten Religions- und Gewerbefreiheit, und es fehlte der Zunftzwang. So siedelten sich viele Handwerker und Werften dort an. Nicht ganz falsch heißt es seitdem: Altona und Hamburg hätten zwar beide ein Stadttor im Wappen, aber das von Altona ist geöffnet, während das Hamburger geschlossen sei. Die **freie Religionsausübung** war ein echtes Privileg, viele Glaubensflüchtlinge ließen sich in Altona nieder und brachten ihre Kontakte und Fertigkeiten mit.

1844 wurde eine Bahnverbindung von Altona nach Kiel eröffnet, natürlich am Geburtstag seiner Majestät des dänischen Königs. Auf so eine Idee wären die Hamburger Kaufleute niemals gekommen (ein Hamburger huldigt keinem fremden Herrscher!). Altona prosperierte und war lange Zeit die zweitgrößte Stadt im dänischen Gesamtstaat, der damals sehr viel größer war als das heutige kleine Dänemark.

In Altona herrschte **Zollfreiheit:** Für die Ein- und Ausfuhr von Waren wurden keine Zollgebühren erhoben. Das änderte sich erst 1844, als Altona dieses Privileg verlor und nun die Ausfuhr seiner Waren in den dänischen Staat verzollen musste. Zitat aus dem historischen „Handbuch der Zollgesetzgebung in den Herzogtümern Schleswig und Holstein“ (die beide damals dänisch waren): „Wir Christian der Achte [dänischer König] thun kund hiermit: Wir haben Uns Allerhöchst bewogen gefunden, die der Stadt Altona seither angestandenen Zollbegünstigungen einer Revision zu unterziehen zu lassen …“ „Revision“ bedeutet meist nichts Gutes, und so war es auch hier. Weiter heißt es in dem historischen Text: „Alle aus der Fremde sowohl see- als auch landwärts in Unsere Stadt Altona eingehenden Waaren und Producte sind (…) von jeglicher Zollabgabe und Zollcontrolle gänzlich frei, bei der Einfuhr von Altona in die Zolllinie der Herzogtümer Schleswig und Holstein (und damit ins dänische Staatsgebiet) sind solche indessen nach dem geltenden Tarif zu verzollen.“ Deswegen wanderten viele Firmen ab ins benachbarte Ottensen, das außerhalb der Zollgrenzen lag (Ottensen ist heute in Hamburg-Altona eingemeindet). Die Zollgrenze zwischen Altona und Ottensen verlief damals unmittelbar beim Friedhof der Christuskirche, das Zollhaus stand gegenüber an der Klopstockstraße 28/29, genau dort, wo heute noch sehr häufig die große dänische Fahne gehisst wird.

Die **dänische Herrschaft endete 1864,** als Altona an Preußen fiel und die Dänen auch noch das gesamte Gebiet der früheren Grafschaft Schauenburg verloren.

78

Palmaille

Eine Straße für Spieler

Wie komme ich dahin?
Per S-Bahn bis „Altona“ oder per Bus 112 bis „Rathaus Altona“.

Die Palmaille ist **eine der ältesten Straßen von Altona.** Sie wurde 1638 als Bahn für ein Ballspiel angelegt, das ein wenig an Crocket erinnert und auf Italienisch **Palla a maglio** heißt, woraus sich der Name „Palmaille" abgeleitet haben soll. Das Ganze geht auf Graf *Otto V. von Schauenburg* zurück, der sich in „seinem" Altona eine schnurgerade Spielbahn von 647 Metern Länge am Elbhang wünschte, für eben dieses Ballspiel. Beidseitig wurden 400 Linden gepflanzt, und am Ende stand jeweils ein Tor aus Eisen; hierhin musste der Ball geschlagen werden. Leider hatte Graf *Otto* nicht lange Freude an der Bahn, denn bereits zwei Jahre später segnete er das Zeitliche. Da er keine Kinder hatte, fiel Altona nach einigen Erbstreitereien an Dänemark, und die pragmatischen Dänen hatten, soweit bekannt, keinen großen Sinn für dieses Ballspiel. Die Bahn blieb also ungenutzt und verfiel. Eine Zeitlang nutzten Reepschläger die Palmaille aufgrund ihrer Länge für die Herstellung ihrer Seile und Taue, ähnlich wie die Reeperbahn in Hamburg.

1717 hatten die Dänen immer noch das Sagen in Altona; der Statthalter des Dänenkönigs hieß **Detlev von Reventlow** (→ **Tipp 81**). Er ließ die Palmaille zu einer **Allee** mit beidseitigen Wegen umgestalten, und so präsentiert sie sich noch heute. Und dann dauerte es auch nicht mehr lange, bis einige Wohlhabende die schöne Lage oberhalb der Elbe erkannten und sich hier repräsentative Häuser bauten, vor allem im klassizistischen Stil. Hierzu wurde oft und gern der dänische Architekt **Christian Frederik Hansen** (1756–1845) engagiert. Dieser war seit 1784 Landesbaumeister des dänischen Königs für Holstein und Altona. Mehrere seiner schicken Gebäude stehen immer noch: Palmaille 29, 35, 49 und 112–120. Im Zweiten Weltkrieg wurden mehrere Häuser zerstört, sie konnten aber originalgetreu nach den ursprünglichen Plänen von *Hansen* wiederaufgebaut werden. Im Jahr 1823 baute hier *Heinrich Christian Schuhmacher* eine private **Sternwarte;** das Gebäude wurde im Krieg zerstört. *Schumacher* selbst ist am Schleepark bestattet (→ **Tipp 81**).

Heute ist die Palmaille eine stark befahrene Straße, welche die Hamburger Innenstadt mit Altona verbindet, und der Verkehr fließt auch weiter über die Elbchaussee nach Blankenese. Dennoch kann man immer noch recht entspannt auf dem Mittelstreifen spazieren und die schicken Häuser bewundern, in denen heute Notare, Reedereien und Büros von renommierten Firmen zu finden sind, weniger Wohnraum. Verglichen mit der sonstigen Wohn- und Sozialstruktur von Altona fällt die Palmaille als großbürgerliche Straße damit sehr deutlich aus dem Rahmen.

79

Auswanderer-Denkmal am Elbhang

Fünf Millionen Menschen wanderten über Hamburg nach Amerika aus

Wie komme ich dahin?

Das Auswandererdenkmal steht an der abschüssigen Kaistraße in Altona, Bus Nr. 111 hält schräg gegenüber an der Haltestelle „Elbhang". Das Auswanderermuseum Ballinstadt liegt nahe der S-Bahnstation „Veddel – Ballinstadt", drei Stationen nach dem Hauptbahnhof mit der S3.

Etwas versteckt steht es, dieses Monument zur Erinnerung an Millionen von Auswanderern, die den Weg in ein neues Leben über Hamburg wählten. Es steht zwar nicht schlecht gewählt am Elbhang und hat damit durchaus einen Bezug zum Hafen und zur Reise übers Meer, aber einen etwas prominenteren Platz könnte man sich schon vorstellen. Immerhin reden wir hier von fünf Millionen Menschen. **Emigration war ein sehr wichtiger Teil der Hamburger Geschichte.**

Das Monument wurde von der kroatischen Künstlerin **Ljubici Malulec** erschaffen. Diese machte die Skulptur 1989 der Stadt Hamburg zum 800. Hafengeburtstag zum Geschenk. Damals war die Arbeit noch aus Holz; das Werk hielt dem Hamburger Klima aber nicht lange stand und verwitterte mit der Zeit. Deshalb wurde das Monument erneut hergestellt und zusätzlich mit Bronze übergossen. Seitdem steht es wetterfest an der Altonaer **Kaistraße.** Es zeigt eine Menschenmenge mit markanten, aber ähnlichen Gesichtszügen, die sich um eine Art Stele winden. Im unteren Bereich findet sich das Hamburger Wappen, es symbolisiert das sprichwörtliche Tor zur Welt, als das sich Hamburg immer rühmt und das Auswanderer auf dem Weg in ihre neue Heimat passierten. Darunter waren auch 400.000 Kroaten.

Ab Mitte des 19. Jahrhunderts wanderten viele Menschen aus den unterschiedlichsten Gründen aus und strebten als erste Station Häfen an, von wo die Schiffe nach Übersee ablegten. Das waren in erster Linie Hamburg und Bremen. Allein über Hamburg reisten zwischen 1850 und 1934 fünf Millionen Menschen nach Amerika. Diese Zahl zeigt, dass dies auch ein profitables **Geschäft** war. Und mittendrin agierte *Albert Ballin,* Chef der Hamburg-Amerikanischen-Packetfahrt-Actien-Gesellschaft, kurz: HAPAG.

Über Hamburg wanderten neben vielen Deutschen vor allem Osteuropäer aus. Viele wollten der Armut entkommen, andere flohen vor politischer Willkür, darunter auch viele Deutsche nach der gescheiterten Revolution von 1848. Andere Gründe waren Pogrome gegen Juden (Russland) oder erzwungener Militärdienst (Preußen). Die HAPAG-Reederei jedenfalls stieg groß ins Geschäft ein. Reisten 1856 nur 3043 Auswanderer von Hamburg nach New York, stiegen die Zahlen in der Folgezeit rasch deutlich an: Ab 1903 waren es alljährlich mehr als 100.000. Den Höhepunkt bildete das Jahr 1913 mit 192.733 Auswanderern. Diese vielen Menschen drängte es zunächst nach Hamburg, wo sie alle auf einen freien Platz auf einem Schiff warteten. **Die Stadt war überfüllt,** alle Herbergen belegt, selbst die heruntergekommensten Häuser. Dann brach 1892 die **Cholera** in Hamburg aus (→ **Tipp 10**), und Stimmen wurden laut, die den Auswanderern die Schuld gaben, die Seuche eingeschleppt zu haben. Der Senat jedenfalls verhängte eine **Einreisesperre.** Und nun? Die Stadt wollte die Menschen nicht mehr hineinlassen, aber sie sollten dennoch die Hamburger Schiffe nutzen. Da kam *Ballin* auf die entscheidende Lösung. Er ließ auf der **Elbinsel Veddel** außerhalb der Stadt 14 Baracken bauen, sogenannte **Auswandererhallen.** Dorthin wurden die Menschen nun gebracht, medizinisch untersucht, betreut, versorgt, und sie konnten dort schlafen. Es gab Platz für bis zu 5000 Auswanderer, und auch an Kirchen und eine Synagoge für Juden wurde gedacht. Auf diese Weise wurden die Menschen von der Stadt ferngehalten. Sie nahmen dies auch dankbar in Kauf, denn sie mussten teilweise mehrere Wochen auf einen freien Schiffsplatz warten. Allerdings kam dann immer noch längst nicht jeder an Bord: Alle wurden vor Abfahrt noch einmal medizinisch untersucht, und nur Gesunde reisten schließlich mit. Falls jemand krank in New York ankam, konnte die amerikanische Einwanderungsbehörde diese Leute abweisen, dann musste die HAPAG sie auf eigene Kosten wieder zurücktransportieren. Wegen der strengen Gesundheitsprüfung wurden die Auswandererhallen bald auch „Hamburger Ellis Island" genannt, das Pendant zur amerikanischen Ankunftshalle.

Ballin dachte natürlich auch ans Geschäft. Einige Wohlhabende reisten richtig luxuriös, aber für die breite Masse waren die Reisebedingungen schlecht. Ein Jahresgehalt kostete das Ticket im fensterlosen Zwischendeck mit einer Höhe von 1,80 Metern, wo sich während der zweiwöchigen Überfahrt die Massen drängelten.

Das alles funktionierte dennoch bis zum Ausbruch des Ersten Weltkriegs, dann flaute die Auswanderungswelle ab. *Ballin* selbst verkraftete diesen Einbruch nicht, am 9.11.1918 setzte er seinem Leben ein Ende.

Die Hallen auf der Veddel blieben bestehen, wurden später auf unterschiedliche Art genutzt; heute sind sie zu einem sehr interessanten Museum zur Auswanderung umgestaltet worden, zum **Auswanderermuseum Ballinstadt** (www.ballinstadt.de).

Die Ballinstadt lag etwas außerhalb von Hamburg auf der Elbinsel Veddel. In diesen Hallen versammelten sich die Auswanderer, bevor es mit dem Schiff über den Atlantik ging

80

Wohlers Park und der Grünzug

Durch vier Parks zur Elbe spazieren

Wie komme ich dahin?

Startpunkt des Spaziergangs ist an der S-Bahnstation „Holstenstraße"; die Tour endet am Fischmarkt, von dort kann man mit dem Bus Nr. 111 ab Fischauktionshalle weiterfahren.

Altona ist einer von sieben Bezirken Hamburgs, mit knapp 3500 Einwohnern pro Quadratmeter einer der am dichtesten besiedelten (in zwei Bezirken lebt man noch „kuscheliger"). Altona war schon immer **dicht bebaut,** hier lebten viele Handwerker und Arbeiter, die in den Fabriken von Ottensen oder Altona arbeiteten oder im Altonaer Hafen. Raum zum Entspannen oder gar weitläufige Parks waren rar, viel wichtiger war Wohnraum in der Nähe der Arbeitsplätze. Noch heute ist Altona von seiner Vergangenheit als Arbeiterviertel geprägt, mit drei- bis fünfstöckigen Wohnblocks und einer bunt gemischten Sozialstruktur.

In den Jahren zwischen den beiden Weltkriegen galt Altona als **„Klein-Moskau",** da hier viele Sozialisten und Kommunisten lebten (siehe „Stichwort"). Im **Bombardement** des **Zweiten Weltkriegs** wurde Altona schwer getroffen, ganze Straßenzüge wurden ausgelöscht. Nach dem Krieg wurde wieder aufgebaut, dabei auch neu strukturiert, und man schuf auch einige wenige Freiflächen. So existiert heute ein sogenannter **„Grüner Zug",** bestehend aus vier hintereinanderliegenden kleinen Parks, durch die man ganz entspannt bis hinunter zur Elbe spazieren kann. Eine kleine grüne Oase mitten im ehemaligen Zentrum des Vorkriegs-Altona. Ausgehend von der **S-Bahnstation „Holstenstraße"** sind es nur knapp zwei Kilometer, und man steht am Fischmarkt vor dem Elbufer. Auf geht's, machen wir einen kleinen Spaziergang!

Vom Bahnhof zur markanten **Christuskirche** sind es nur wenige Schritte. Dort liegt eine kleine grüne Freifläche, wo Urban Gardening betrieben wird. Weiter durch die **Suttner-Straße** zur breiten **Max-Brauer-Allee.** *Bertha von Suttner* (1843–1914) wurde 1905 als erste Frau mit dem Friedensnobelpreis ausgezeichnet. Die Max-Brauer-Allee wird überquert, und dann geht es hinein in den **Wohlers Park,** einen früheren Friedhof, auf dem 1945 die letzte Bestattung stattfand. Dieser quadratische Park ist sehr kunstvoll gärtnerisch gestaltet, mit geometrischen Mustern, zwei sich kreuzende prächtige Lindenalleen treffen sich in einem großen Rondell. Hier befindet sich übrigens die Grabstätte von *Friedrich Chemnitz* (1815–1870), der den Text für das Lied „Schleswig-Holstein, meerumschlungen" schrieb.

Dann geht es um einen hohen Wohnblock in den **Emil-Wendt-Park,**

Fast zu schaden, hier nur durchzugspazieren

der den Namen eines deutschen Kommunisten trägt; dieser wurde 1933 nach dem Altonaer Blutsonntag (siehe „Stichwort") zu zehn Jahren Zuchthaus verurteilt und starb 1944 in Haft. Der Park ist ein großzügiger **Kinderspielplatz,** viele Bewohner der benachbarten Wohnblocks kommen hierher ins Grüne.

Eine leicht geschwungene Fußgängerbrücke führt über die breite **Holstenstraße** zum **Walter-Möller-Park.** Dieser ist ganz nett gestaltet, hat auch einen Kinderspielbereich und sogar ein Terrassenlokal (Park Café). Der Park ist benannt nach *Walter Möller,* der nach dem Altonaer Blutsonntag zum Tode verurteilt und mit drei anderen Männern hingerichtet wurde. Dieser Park läuft aus vor der breiten **Louise-Schroeder-Straße,** und auf der anderen Straßenseite liegt der große **Jüdische Friedhof.** Links des Friedhofs führt ein Weg vorbei zur **Königstraße,** wo auch der Eingang zum Friedhof liegt.

Jenseits der Königstraße liegt eine weitere Grünanlage bei der **Kirche St. Trinitatis.** Ein Weg mit schönem Blick auf die Kirche führt durch diese Zone. Der abschüssige Weg unterquert die Breite Straße und erreicht den **Fischmarkt** an der Elbe.

Die Barockkirche St. Trinitatis liegt nett im Grünen

Altonaer Blutsonntag

Kurz vor der Machtübernahme durch die Nationalsozialisten im Jahr 1933 fanden am 31. Juli 1932 **Reichstagswahlen** statt. Die Stimmung war in ganz Deutschland aufgeheizt, bei **Demonstrationen** kam es mehrfach zu gewalttätigen Auseinandersetzungen zwischen Nazis und Gegendemonstranten, bei denen zahlreiche Menschen starben. Für den **17. Juli 1932** plante die SA einen organisierten **Marsch von 7000 uniformierten Nazis durch Altona**, damals noch eine eigenständige Stadt in Preußen. Altona galt als „rot" und wurde auch „Klein-Moskau" genannt, da hier viele Sozialisten und Kommunisten lebten. Ein derartiger Nazi-Marsch wurde in Altona als Provokation aufgefasst. Er wurde trotzdem genehmigt, die Nationalsozialisten zogen los, es kam zur Konfrontation. Es fielen **Schüsse,** zwei Nationalsozialisten lagen tot auf der Straße. Polizei wurde angefordert, sie schossen zurück, insgesamt 16 Anwohner starben. Dann wurden die Häuser durchsucht und 90 Menschen festgenommen.

Die Reichsregierung unter *Franz von Papen* setzte die amtierende preußische Regierung am 20.7.1932 ab, gestützt durch eine Notverordnung. 1933 kam es dann nach der Machtergreifung zu **Schauprozessen,** bei denen vier Todesurteile gefällt wurden. Einer der Verurteilten war *Walter Möller,* nach dem heute ein Park benannt ist, der etwa dort liegt, wo 1932 die Konfrontation mit den Nationalsozialisten stattfand. 12 Menschen wurden zu langjährigen Haftstrafen verurteilt, darunter auch *Emil Wendt.* Er musste für zehn Jahre ins Zuchthaus, wurde aber nach Verbüßung der Strafe nicht freigelassen, sondern verblieb in Haft und wurde schließlich im Gefängnis ermordet.

81

Der Schleepark

Abitur ohne Neugriechisch?
Dank Dr. Schlee ist es möglich!

Wie komme ich dahin?

Die Grabanlage im Schleepark befindet sich in der Struenseestraße, unmittelbar neben der S-Bahn-Station „Königstraße“.

Manche Handlungen wirken sich erst spät aus, manchmal sogar erst viele Jahrzehnte später. Und manch mutiger Visionär war seiner Zeit schlicht voraus, gedankt wird es ihm aber leider nicht immer. Ein bisschen so erging es auch **Dr. Ernst Schlee** (1834–1905). Er war Begründer und Direktor des **Realgymnasiums zu Altona.** Diese Lehranstalt gilt als die älteste deutsche **Reformschule,** denn Dr. *Schlee* setzte für Preußen etwas durch, wofür ihm noch heute Generationen von Schülern dankbar sein müssten, nämlich ein **Abitur** im neusprachlichen Zweig **ohne Latein und Neugriechisch.** Es war sicher keine Kleinigkeit, diese Idee umzusetzen, aber in Altona des späten 19. Jahrhunderts war es möglich; man darf vermuten, dass Dr. *Schlee* ziemlich hartnäckig um seine Reformschule gekämpft hat. Aber Freigeister waren sie schon immer in Altona.

Eigentlich hätte man ihm ein viel größeres Denkmal zugestehen müssen und nicht nur einen kleinen Gedenkstein an einer Nebenstraße, andererseits passt er doch auch ganz gut hierher. Der Schleepark ist eine Grünfläche mit einem großen Kinderspielplatz auf dem Gelände eines **ehemaligen Friedhofs.** Es war zwischen 1741 und 1878 der Friedhof der **St.-Trinitatis-Kirche,** im Jahr 1970 wurde der Friedhof entwidmet und in eine Grünanlage umgewandelt. Einige Grabsteine und Grabmäler sind noch erhalten, darunter die Gruft von *Conrad Hinrich Donner* (1774–1854), Gründer der nach ihm benannten Privatbank. Und auch *Heinrich Christian Schumacher* ist hier bestattet, ein Astronom aus Altona (siehe „Stichwort“).

Weiterhin gehörte zum Kirchhof auch die **Heilig-Geist-Kapelle** (1718 fertiggestellt, im Zweiten Weltkrieg zerstört) sowie ein **Armenstift.** Auch Letzteres passt gut zu Altona, wo weniger reiche Kaufleute wohnten, sondern mehr kleine Handwerker und Arbeiter. Da hält man zusammen und passt auf sich auf. Ein wenig weht dieser Geist auch heute noch durch die Wohnblocks, die hier beim Schleepark stehen.

Das **Reventlowstift,** so der offizielle Name des Armenstifts, wurde vom Grafen *Reventlow* gestiftet, der als Vertreter des dänischen Königs in Altona saß. Geschichtlich ist es etwas kompliziert, aber die selbstständige Stadt Altona war damals unter dänischer Herrschaft. Der König saß im fernen Kopenhagen, und ein Statthalter musste vor Ort nach dem Rechten sehen. Das tat Graf *Reventlow*, der das Amt des Oberpräsidenten innehatte. Ein gemütlicher Posten, könnte man meinen, aber 1704 musste der Graf höchstselbst in eine Schlacht ziehen, was seine Gattin verständlicherweise ängstigte. Sie versprach 3000 Taler für arme Waisen zu spenden, sollte der Gatte heil zurückkehren. So geschah es, und der Graf legte selbst noch einmal 4000 Taler dazu. So entstand ein Gebäudekomplex für etwa 80 Personen. Hier lebten verarmte Bürger und Witwen, sie erhielten u.a. Brennmaterial und etwas Taschengeld (12 Schilling wöchentlich). Immerhin 162 Jahre bestand das Armenstift, dann wurde das Gebäude wegen Baufälligkeit abgerissen und in der Nähe weitergeführt. Wie gesagt, irgendwie passt all dies gut zu Altona und da macht es dann auch nichts, dass der Park ein bisserl versteckt liegt. Ein Denkmal zu Ehren *Otto von Bismarcks* steht hier ebenfalls, aber doch in gehörigem Abstand und fast als Blickfang an der vielbefahrenen Königstraße. Dr. *Schlee* und das Reventlowstift bleiben dagegen mehr im Hintergrund. Großes Aufhebens wollte man nicht um die Dinge machen, man tat sie einfach.

Heinrich Christian Schumacher, ein Altonaer Astronom

Schumacher lebte von 1780 bis 1850. Er gründete die **Sternwarte Altona** und baute sie unter finanzieller Unterstützung des dänischen Königs an der Palmaille auf. Weiterhin gab er seit 1821 die „Astronomischen Nachrichten" heraus. Diese himmelskundliche Fachzeitschrift existiert noch heute und gilt damit weltweit als älteste ihrer Art. Eine besondere Ehrung wurde ihm 1935 zuteil, als ein Mondkrater nach ihm benannt wurde.

Eine **Gedenktafel** am Eingangsbereich zur S-Bahnstation „Königsstraße" bei der Struenseestraße erinnert an den **Altonaer Meridian.** Das war die Basislinie, nach welcher der dänische Gesamtstaat vermessen wurde. *Schumacher* hatte diesen Wert für seine Sternwarte bestimmt. Am Ausgang der S-Bahnstation liegt eine **Bronzeschiene** mit der Beschriftung: „Altonaer Meridian 0s 30' 25" östlich von Paris".

82

Erste Deutsche Fußballmeisterschaft

Gedenkstein für ein denkwürdiges Finale

Wie komme ich dahin?

Der Gedenkstein steht auf dem Gelände der Firma Mediadruckwerk an der Straße Rondenbarg 6. Per S-Bahn bis zur Station „Diebsteich" fahren und dann noch 15 Minuten Fußweg. Bus 180 fährt ab S-Bahnhof „Holstenstraße" (citynaheste Haltestelle) bis fast vor die Tür, Haltestelle „Marlowring", aber leider sehr selten.

Das Stadion, in dem Altona 93 bis heute spielt, liegt an der Griegstraße 62.

Wir schreiben das Jahr 1900. Ein paar Jahre schon wird in Deutschland Fußball gespielt. Erste Vereine haben sich gegründet, auch schon Regionalverbände, und nun taucht die Frage nach einem nationalen Verband auf. Getagt wird in Leipzig, am 28. Januar. Man argumentiert, verwirft, bedenkt, und am Ende folgt eine Abstimmung: Mit 62:22 Stimmen wird der **DFB** (Deutscher Fußballbund) gegründet. Drei Jahre später soll eine erste Deutsche Meisterschaft ausgespielt werden. Aber das Interesse ist nicht besonders groß, gerade einmal sechs Mannschaften melden sich, darunter auch der DFC Prag (Deutscher Fußball Club Prag, wurde bereits 1896 geründet). Wohl weil so wenige Clubs mitmachen wollen, erlaubt der DFB auch die Teilnahme von deutschen Verbänden aus dem Ausland. Die Deutsche Meisterschaft wird im K.O.-System ausgetragen; die Spiele sollen eigentlich auf neutralem Platz stattfinden, was aber aus Kostengründen dann doch meist unterbleibt. Damit die Vereine sich nicht noch kurzfristige Verstärkung holen, gilt die Regel, dass die Spieler wenigstens vier Wochen vor Beginn des Wettbewerbs am Vereinsort wohnen müssen.

Im Viertelfinale bezwingt der Altona 93 (Hamburg) den Magdeburger FC Victoria deutlich mit 8:1, gespielt wird in Altona, das damals noch nicht zu Hamburg gehörte (→ Tipp 77). Im zweiten Spiel unterliegt der Berliner SV dem VfB Leipzig mit 1:3, gespielt wird in Berlin. Das dritte Spiel, DFC Prag gegen Karlsruher FV, ist dann ein Kuriosum. Es gibt nämlich ein mehrfaches Hin und Her über den Spielort. Erst soll es Prag sein, dann München, dann doch lieber Prag und zuletzt Leipzig. Irgendwann wird es dem DFB wohl zu blöde: Das Spiel findet gar nicht erst statt, und beide Teams kommen eine Runde weiter.

Im Halbfinale besiegt der VfB Leipzig dann Altona 93 mit 6:3, das Spiel findet übrigens in Leipzig statt. Die zweite Begegnung ist das bereits schon einmal ausgefallene Spiel zwischen Prag und Karlsruhe, es soll ebenfalls in Leipzig stattfinden. Aber auch dieses zweite Spiel findet nicht statt. Die Karlsruher sind abreisebereit, da trifft ein **Telegramm** ein mit dem lapidaren Hinweis, das Spiel sei abgesagt, Unterschrift: Der Verband. So wird es erzählt, das Originaldokument ist leider verloren. Die Karlsruher reisen nicht und treten damit nicht an, die Prager kommen eine Runde weiter. Leider war das besagte Telegramm eine **Fälschung,** und es hält sich bis heute das Gerücht, es sei aus Prag abgeschickt worden. Damit kommt Prag ins Endspiel, ohne zuvor auch nur eine einzige Partie bestritten zu haben.

Das Endspiel findet dann tatsächlich auf neutralem Boden statt, in Altona auf der **Exerzierweide.** Das ist eine sehr große Freifläche, die lange vom preußischen Militär genutzt wurde, aber seit 1890 war das Fußballspiel hier erlaubt. Die Fläche war immerhin so groß, dass es Platz für neun Spielflächen gab. So konnten sich hier mehrere Vereine friedlich die Plätze teilen. Kabinen gab es anfänglich nicht, zum Umziehen und Feiern enterte man das nächstbeste Lokal. So rustikal ging es bis in die 1920er Jahre zu, dann wurde die Fläche in Schrebergärten umgewandelt und nach dem Zweiten Weltkrieg in ein Gewerbegebiet.

Hier also soll nun das erste Endspiel um die Deutsche Meisterschaft stattfinden. Das Interesse der Bevölkerung ist durchaus vorhanden, es sollen etwa 2000 Zuschauer zum Spiel kommen. Da will der ausrichtende Club Altona 93 partizipieren und lässt das Gelände von der Feuerwehr absperren. Die Zuschauer zahlen brav Eintritt (1 Mark oder 50 Pfennig im Vorverkauf), und um 16 Uhr soll es losgehen. Aber, oh Schreck, es fehlt der Ball … Daran hatte niemand gedacht, also muss schnell jemand los und einen besorgen. Mit einer Verzögerung von 45 Minuten beginnt die Partie. Als Schiedsrichter fungiert *Franz Behr,* Mittelfeldspieler von Altona 93. Die Prager gehen in der 22. Minute in Führung, aber die Leipziger halten dagegen und führen in der 54. Minute schon mit 3:1. Die Prager kommen noch einmal näher mit ihrem zweiten Tor, aber es reicht nicht. Zwischen der 69. und 88. Minute schießen die Leipziger noch vier Tore, Endstand: 7:2 für den Verein für Bewegungsspiele Leipzig. Das „Prager Tageblatt" resümiert: „Leipzigs gesamte Mannschaft arbeitete namentlich in der zweiten Zeit vorzüglich, die Prager waren gut, hielten aber nicht aus."

Der erste Deutsche Fußballmeister hieß also VfB Leipzig, das ist nicht vergessen. Ins Vergessen aber geriet lange Zeit die Spielstätte dieses Finales. Das wollte die „Initiative 1903" ändern. Man studierte alte Stadtpläne, identifizierte das Gelände und konnte mit tatkräftiger Unterstützung von Sponsoren einen **Gedenkstein** genau dort platzieren, wo im Jahr 1903 dieses erste Finale stattfand. Der Stein wurde feierlich eingeweiht und steht heute auf dem Gelände einer Druckerei, man kann ihn aber durch den Zaun sehr gut sehen. Die Initiative 1903 schaffte es in den folgenden Jahren, in allen sechs Orten, aus dem die teilnehmenden Vereine dieser ersten Deutschen Fußballmeisterschaft stammten, jeweils einen Gedenkstein zu platzieren.

Erinnerung an die erste Deutsche Fußballmeisterschaft im Jahr 1903

83

Das Hafenmuseum und die „Peking"

Wie funktionierte der Hafen in der Vor-Container-Zeit?

Keine Frage, Hamburg als Hafenstadt braucht solch ein Museum! Als „Schatztruhe der Hafengeschichte" bezeichnet ein Flyer völlig zu Recht die Sammlung. In diesem speziellen Museum wird die Hafenzeit der letzten 100 Jahre anschaulich dargestellt. Besucher bekommen eine Ahnung, welch harte Arbeit im Hafen verrichtet wurde. Über 10.000 Objekte sind hier gesammelt und in thematischen Blöcken ausgestellt. Betreut von Ehrenamtlichen, die mit den meisten der hier ausgestellten Exponaten noch selber gearbeitet haben. Die wissen also ganz genau, wovon sie erzählen, man muss sie nur fragen. Die sogenannten „Hafensenioren" können jedes Detail, jeden Handgriff, jedes Werkzeug anschaulich erklären.

Das Museum hat ein **Freigelände,** auf dem Großgeräte stehen, wie unterschiedliche Kräne, Waggons der Hafenbahn, Arbeitsschiffe und auch Van Carrier zum Transport von Containern. Im Inneren des Kaischuppens 50A ist das **Schaudepot** untergebracht. Dort lagern in Hochregalen die gesammelten Exponate zum Umschlag, zum Stapeln, zum Lotsenwesen, aber auch

---

Wie komme ich dahin?

Busse der Linie 256 fahren vom S-Bahnhof „Veddel" bis vor die Tür, Haltestelle „Hafenmuseum". Leider liegt die Haltestelle in Veddel etwas versteckt an einer viel befahrenen Straße. Vom S-Bahnsteig den Ausgang „Nord, Hafen" wählen und dann nach links durch das ehemalige Zollgelände gehen, ab dort gibt es eine leidliche Ausschilderung. Der Bus fährt alle 30 Minuten, als Fußweg sind es etwa 15 Minuten, das Hafenmuseum ist für Radfahrer ausgeschildert. Es geht auch etwas umständlicher, aber schöner. Bis zu den Landungsbrücken fahren, dann zu Fuß durch den Alten Elbtunnel (→ Tipp 46) und auf der anderen Seite hat der Bus 256 seine End- und damit auch Starthaltestelle. Einsteigen und direkt am Museum aussteigen. Schneller geht's so nicht, aber man fährt sehr viel angenehmer mit Blick auf das schöne Hafenpanorama. Die „Peking" liegt dort im Hansahafen direkt vor dem Schuppen 50A.

HAMBURG

Auch die Großgeräte, die auf dem Freigelände des Museums stehen, sind sehenswert

zum Holzschiffsbau mit zahlreichen Werkzeugen. Nachgebaut ist eine Lotsenstation sowie eine Kaffeeklappe (→ **Tipp 28**), es stehen hier Schiffsmodelle, Utensilien der Taucher, Karren, Säcke, und alles wird durch Infotafeln erklärt.

Im Außengelände liegt auch das Schiff **„Peking"**, es wird in ein paar Jahren das Aushängeschild des neuen Deutschen Hafenmuseums werden. Hamburg hat ein sehr emotionales Verhältnis zu diesen stolzen Frachtseglern und scheute weder Kosten noch Mühen, um das Schiff vor dem Verfall zu retten.

Hafenmuseum Hamburg, auf dem Kleinen Grasbrook im Kopfbau vom Schuppen 50A an der Australiastraße, geöffnet von Ende März bis Ende Oktober täglich außer Dienstag von 10–17, Sa und So bis 18 Uhr. www.shmh.de.

Die „Peking"

Der Viermaster „Peking" ist einer der letzten verbliebenen legendären **Flying-P-Liner der Reederei Laeisz** (→ Tipp 15). Er lief 1911 vom Stapel, gebaut von der Hamburger Reederei Blohm & Voss, und sollte vor allem **Salpeter aus Chile** nach Hamburg transportieren. Das 106 Meter lange Schiff war ein beeindruckender Anblick, wenn alle 34 Segel an den vier Masten gesetzt waren, die über 50 Meter hoch aufragten. Bei jeder Reise zwischen Hamburg und Chile wurde Kap Hoorn zweimal umrundet, was den jeweiligen Kapitänen ebenfalls einen legendären Ruf einbrachte.

Die „Peking" fuhr die Strecke mehrfach unter wechselnden Kapitänen, dann wurde sie in die Ereignisse des **Ersten Weltkriegs** verwickelt. Zunächst wurde das Schiff in Chile beschlagnahmt, dann nach Kriegsende als Reparationsleistung nach Italien gegeben, wo man aber nicht so recht etwas mit dem Viermaster anfangen konnte. Ab 1923 fuhr die „Peking" wieder für Laeisz nach Chile. 1932 verkaufte die Reederei das Schiff nach **London.** Dort erhielt es den Namen **„Arethusa"** und wurde als **Schul- und Internatsschiff** genutzt. 1975 gelangte es schließlich nach **New York** und lag dort über 40 Jahre unter seinem ursprünglichen Namen „Peking" als **Museumsschiff** am Kai.

Doch schließlich nagte der Zahn der Zeit unwiderruflich am ehemals stolzen Schiff. Die Amerikaner wollten es loswerden und hätten es wohl verschrottet. Das schreckte halb Hamburg auf, und es begann eine **Rettungsaktion** für die „Peking". Politiker schalteten den Bundestag ein, der Haushaltsausschuss bewilligte 120 Millionen Euro (angeblich) für den Hamburger Kulturetat, aus dem dann 26 Millionen für die Restaurierung der „Peking" flossen. Die Hamburger erklärten sich sogar bereit, das Schiff auf eigene Kosten über den Atlantik zu holen, die Amerikaner waren jedenfalls froh, den – aus ihrer Sicht – Schrotthaufen loszuwerden, und verramschten ihn für schlappe 100 Dollar. So kam die arg marode „Peking" 2017 in einem Dockschiff nach Wewelsfleth (50 km nördlich von Hamburg). Dort wurde sie fachmännisch entkernt, Altlasten wurden entsorgt, und alles wurde originalgetreu wiederaufgebaut. Das dauerte. Und kostete, am Ende schlug die Aktion wohl mit 38 Millionen Euro zu Buche. Aber was will machen bei einer Liebhaberei?! Im September **2020** kehrte die „Peking" dann wieder nach **Hamburg** zurück und wurde begeistert von den Hamburgern empfangen. Begleitet von Dutzenden kleineren und größeren Booten fuhr sie im Triumphzug die Elbe hoch, Tausende standen am Ufer und winkten dem Schiff begeistert zu. Nun liegt die „Peking" vorerst im Hafenmuseum. Später einmal wird sie einen festen Platz im neuen Deutschen Hafenmuseum bekommen, das sich derzeit noch im Aufbau befindet.

84

TRUDE

Eine ganz schön gefräßige Dame

Wie komme ich dahin?

Museum der Arbeit, Wiesendamm 3, Per U-Bahn oder S-Bahn bis „Barmbek".
Öffnungszeiten des Museums: Mo 10–21, Mi–Fr 10–17, Sa/So 10–18 Uhr.
Eintritt für alle ab 18 J. 8,50 €, 5 € ermäßigt. Kinder und Jugendliche unter 18 J. frei.

Da hatte man sich wohl gründlich verschätzt, damals, Ende der 1960er Jahre. Hamburg ging es wirtschaftlich gut, das zeigte sich auch am **Straßenverkehr.** Der flutete damals überwiegend durch die Innenstadt, denn als gewaltige Barriere lag die Elbe im Weg. Nur über die **Elbbrücken** und damit auch meist durch den Hafen konnten Fahrzeuge sich mühsam ihren Weg in die Stadt suchen; einige nutzten auch den schon bestehenden **Alten Elbtunnel** (→ Tipp 46). Selbst wer gar nicht nach Hamburg, sondern von Süden kommend in Richtung Norden wollte, beispielsweise nach Skandinavien, musste das Elb-Hindernis passieren und doch meist durch die Innenstadt fahren. Etwa 100.000 Autos und Lkw nutzten damals täglich die Elbbrücken.

Das war auf Dauer natürlich kein haltbarer Zustand, eine große Lösung musste her. Ein **neuer Elbtunnel** sollte gebaut werden, angeschlossen an eine Autobahn, die außen an der Stadt vorbeiführte und damit zukünftig auch die Innenstadt entlastete. Man plante, dass nach Fertigstellung etwa 60–70.000 Fahrzeuge täglich den Elbtunnel nutzen würden. Baubeginn war am 19. Juni 1968, sieben Jahre später, 1975, wurde der Tunnel vom damaligen Bundeskanzler *Helmut Schmidt* eröffnet. Hamburg feierte ein großes fünftägiges Fest, die Bevölkerung war eingeladen, einmal durch den Tunnel zu spazieren, um ihn kennenzulernen. Und die Massen strömten: Etwa 600.000 Menschen marschierten durch eine der drei Röhren, erwartet waren höchstens 100.000.

Dann folgte die **Bewährungsprobe** im Alltag: Der Verkehr floss auf sechs Fahrbahnen durch die drei Röhren. Obwohl die Fahrtrichtung durch Sperrungen oder Freigeben einzelner Spuren flexibel dem Verkehrsaufkommen angepasst werden konnte, kam es immer wieder zu **Staus.** Einerseits hatte man sich schlicht verschätzt, was die Menge an Fahrzeugen betraf, die den Tunnel passieren wollten. Bereits zehn Jahre nach Eröffnung lag die Zahl bei 86.000 Fahrzeugen täglich, 1995 sogar schon bei 117.000. Außerdem ereigneten sich immer wieder Rückstaus durch langsame Fahrer, „Kachelzähler" genannt. Manche von ihnen genossen die Fahrt wohl so, dass sie dabei vergaßen, dass sie sich auf einer Autobahn bewegten. Anfänglich forderte die Polizei aus der Leitzentrale dann auch per Lautsprecher die Fahrer auf, doch bitteschön schneller zu fahren. Das dröhnte jedes Mal ordentlich laut und ließ ängstliche Fahrer erschrocken eher auf die Bremse als aufs Gaspedal treten. Und auch das war ein Phänomen, dass einige Fahrer eine Art Tunnelphobie entwickelten und in der Röhre eher dahinschlichen. Aber das größte Problem war klar das gestiegene Verkehrsaufkommen: Der Elbtunnel geriet regelmäßig an seine Belastungsgrenzen, vor allem am Wochenende und zu Ferienzeiten.

Was konnte man tun? Die Lösung: Eine **vierte Röhre** bauen. Geplant und diskutiert wurde lange, prozessiert auch, aber letztlich erfolglos. 1995 wurde mit dem Bau begonnen, der eigentliche Tunnelbau startete 1997. Und da kam dann **TRUDE** ins Spiel. Die **Schildvortriebsmaschine** war mit ca. 60 Metern Länge und einem Außendurchmesser von 14,20 Metern die seinerzeit größte Tunnelbohrmaschine der Welt. Die 2000 Tonnen schwere TRUDE fraß sich, von Süden kommend, zwischen 1997 und 2000 durch den Elbuntergrund und schaffte etwa sechs Meter pro Tag. Am 27. Oktober **2002** konnte dann die vierte Röhre feierlich eröffnet werden; sie ist die westlichste und liegt an ihrer tiefsten Stelle etwa 23 Meter unter der Elbe. Wie so oft bei derartigen Projekten, verteuerten sich die **Baukosten** erheblich, von geplanten 815 Millionen D-Mark auf tatsächliche 790 Millionen Euro. Dafür wurde man ein knappes Jahr früher fertig als geplant, was ja auch nicht selbstverständlich ist. Der fleißigen TRUDE wurde danach ein würdiger Platz gegönnt, oder genauer gesagt einem Teil von ihr: Das riesige Schneiderad (Gewicht: 380 Tonnen) steht, wie passend, im Museum der Arbeit.

Und das **Verkehrsaufkommen?** Das hat sich abermals gesteigert, heute fahren ca. 150.000 Fahrzeuge täglich durch den Elbtunnel. Wird man also irgendwann eine fünfte Röhre bauen? Nein, wohl nicht. Geplant ist hingegen, einen **Tunnel** im Zuge der Autobahn 20 beim etwa 50 Kilometer entfernten **Glückstadt** zu bauen, aber auch da gibt es Klagen und Verzögerungen. Erste Planungen erfolgten bereits 2002, aber bis heute ist noch kein Spatenstich für diesen Tunnel erfolgt. Auch die nötigen Autobahnanschlüsse sind erst teilweise erstellt, es fehlen noch etliche Kilometer auf beiden Elbseiten. Fertigstellung? Derzeit unklar.

Ach ja: TRUDE ist ein **Akronym für „Tief runter unter die Elbe“**, erfunden von einem Schüler.

85

Der Mittelpunkt von Hamburg

… liegt zufällig bei einer Luthereiche. Oder doch nicht?

Wie komme ich dahin?
Immenhof 10, Per U-Bahn U3 bis „Mundsburg".

Hamburg ist groß, sehr groß sogar, stolze 755 Quadratkilometer, und damit ist Hamburg die **flächenmäßig zweitgrößte deutsche Gemeinde.** Das war nicht immer so, denn so riesig wurde Hamburg erst **1937,** und zwar per Federstrich über Nacht. Die **Nationalsozialisten** nahmen mit dem sogenannten Großhamburger Gesetz eine **Eingemeindung** mehrerer großer und vormals eigenständiger Orte und Städte vor. Damit wurden mehrere Ortschaften aus Preußen der Stadt Hamburg zugeschlagen, die **Stadtfläche vergrößerte sich um etwa 80 Prozent!** Diese Gebietsänderung gilt noch heute, sie wurde nicht wieder rückgängig gemacht. Unter anderem verlor die einstmals eigenständige Stadt Altona ihren Status und ist heute „nur" noch einer von sieben Hamburger Bezirken. Damit veränderten sich aber auch die **Koordinaten** der Stadt Hamburg, der **geografische Mittelpunkt** liegt seitdem auf der **Uhlenhorst,** einem Hamburger Stadtteil nahe der Außenalster. Man legt hier übrigens Wert auf die Formulierung „Wir leben auf der Uhlenhorst" und nicht etwa „in Uhlenhorst". Hängt wohl mit der früheren Insellage des damals sehr abgelegenen Gebietes zusammen. Ähnlich sprechen auch die Bewohner der Elbinsel Veddel, dort heißt sogar eine Schule ganz offiziell „Schule auf der Veddel".

Zurück auf die Uhlenhorst, zurück zum geografischen Mittelpunkt Hamburgs. Der wird verortet in der Straße **Immenhof 10,** direkt neben der **St.-Gertruden-Kirche.** Erstaunlicher Zufall, denn diese Kirche wurde genau hier erst 1885 fertig gebaut. Zufall deswegen, weil diese Kirche ursprünglich in der City stand, ganz nahe der Mönckebergstraße. Dort wurde sie Ende des 14. Jahrhunderts bei einem Friedhof erbaut. Die Kirche brannte beim Großen Brand 1842 (→ **Tipp 11**) vollständig ab und wurde dort nicht wiederaufgebaut. Heute befindet sich an dieser Stelle ein offener Platz, der den Namen „Gertruden Kirchhof" trägt. Die Gemeinde wurde auf der Uhlenhorst neu gegründet, eine Kirche neu gebaut und 1886 geweiht. Ihr 88 Meter hoher Kirchturm überragt den ganzen Stadtteil und könnte schon für sich genommen auf den Mittelpunkt verweisen. Aber direkt vor dem Haupteingang mit dem Kirchturm steht eine **Luthereiche.** Der Baum wurde 1883 zum 400. Geburtstag des Reformers *Martin Luther* gepflanzt, also weit vor der Verabschiedung vom Großhamburger Gesetz. Eingefriedet ist der Baum von acht gotischen Obelisken mit den Namen der damaligen Hamburger Hauptkirchen, auf der Innenseite sind Stationen der lutherischen Reformation vermerkt. Und genau hier wird nun der geografische Mittelpunkt von Hamburg verortet, konkret bei 53 Grad 34 Minuten 2 Sekunden nördlicher Breite und 10 Grad 1 Minute 38 Sekunden östlicher Länge. Oder stimmt das vielleicht doch nicht? Es gibt Stimmen, die behaupten, der Mittelpunkt läge ein Stückchen weiter, nämlich beim Gymnasium Lerchenfeld, Lerchenfeld 10, und zwar ganz konkret bei einer Kastanie auf dem Schulhof. Tja, da scheint es noch Klärungsbedarf zu geben. So oder so, der Mittelpunkt von Hamburg liegt auf der Uhlenhorst.

86

Der Uwe-Seeler-Fuß

Passende Ehrung für Hamburgs Fußball-Idol

Wie komme ich dahin?

Per S-Bahn bis „Stelligen" und von dort mit Bus 22 Richtung „Blankenese" zwei Stationen bis zur Haltestelle „Hellgrundweg" fahren. Dann über den Hellgrundweg etwa 300 m gehen bis links die Sylvesterallee abzweigt, nach weiteren 150 m wird direkt vor dem Volksparkstadion der Fuß erreicht.

Uwe Seeler genießt ohne Zweifel einen Heldenstatus in der Hansestadt, wahlweise auch „HSV-Ikone“, „HSV-Idol“ oder „HSV-Legende“ genannt. Stimmt ja auch alles, „Uns Uwe“, wie der Fußballer liebevoll genannt wird, dürfte in ganz Hamburg beliebt sein, egal, für welchen Verein man sonst so mitfiebert. Deshalb muss auch eine **passende Ehrung** her. Aber wie ehrt man einen Fußballspieler? Ganz einfach und eigentlich schon fast genial: Man bildet seinen **rechten Fuß** nach, mit dem er seine Tore schoss. Genau so geschah es, als bronzene Skulptur im Maßstab 1:20, 3,50 Meter hoch und 5,15 Meter lang. *Brigitte Schmitger* schuf damit die **größte Fuß-Skulptur weltweit.** Das Denkmal steht vor dem **Volksparkstadion** (wo sonst?) und erinnert die HSV-Fans auf dem Weg ins Stadion zum nächsten Spiel an bessere, aber vergangene Zeiten. An Zeiten, als „Uns Uwe“ Tore wie am Fließband schoss.

Uwe Seeler spielte während seiner gesamten **Karriere** ausschließlich für den HSV. Bereits mit 16 Jahren wurde er erstmals in der Herrenmannschaft in einem Freundschaftsspiel eingesetzt. Bei seinem ersten Pflichtspiel in der ersten Mannschaft schoss er mit 17 Jahren gleich vier Tore. Dabei blieb es nicht: Zwischen 1953 und 1972 erzielte er **404 Tore in 476 Spielen.** In der Nationalmannschaft kam er in 72 Spielen auf 43 Tore. 1972 wurde er zum **Ehrenspielführer der Nationalmannschaft** ernannt und 2003 zum **Ehrenbürger Hamburgs.**

Das schafft man nicht so einfach, „nur“ Tore schießen reicht nicht. Und doch ehrten die HSVler auch andere verdiente Spieler. Rund um den Seeler-Fuß entstand ein **„Walk of Fame“,** in dem die Fußabdrücke von bekannten und verdienten Spielern bzw. Trainern eingelassen sind (alternativ von Torhütern die Handabdrücke). Große HSV-Namen sind hier verewigt, aber nur der größte Name bekam seinen eigenen Fuß.

Uwe blieb bodenständig. Rackerte auf dem Platz und spielte mit vollem Körpereinsatz, jedoch immer **fair.** Seine Kopfbälle waren genauso legendär wie seine Fallrückzieher. Er war auch bekannt dafür, dass er voller Emotionen meckerte und schimpfte, aber nur auf dem Platz, hinterher war dann auch wieder gut.

Eine Entscheidung dankten ihm die Hamburger noch viele Jahre, andere hielten sie schlicht für verrückt. 1961 erhielt *Seeler* ein **Millionen-Angebot** vom italienischen Verein **Inter Mailand.** Es war die Rede von einer Ablösesumme von 1,2 Millionen Mark, damals eine Wahnsinnssumme, und *Seeler* selbst hätte den Vertrag seines Lebens unterschreiben können. Sollte er? Nein, man riet ihm ab, denn *Uwe Seeler* war kein Mann fürs Ausland, er war in

Das schmucke Volksparkstadion, hier hätte „Uns Uwe" sicherlich auch gerne gespielt

Hamburg verwurzelt, und tatsächlich **lehnte er ab.** Die Italiener konnten es nicht fassen. Hamburg und der HSV dankten es ihm durch Zuneigung und einen besseren Vertrag nebst einer Vertretung für adidas. Damals arbeiteten die Spieler noch überwiegend nebenher und waren keine Vollprofis.

So entstehen Legenden. Dabei half aber auch, dass schon Uwes Vater *Erwin Seeler* („Vadder Seeler") ebenfalls erfolgreich für den HSV spielte (200 Pflichtspiele) und sein Bruder *Dieter Seeler* ebenfalls. Die Brüder wurden 1960 mit dem HSV Deutscher Meister, *Uwe* schoss zwei Tore im Endspiel.

Der HSV hatte viele gute Spieler in seinen Reihen, auch mehrere, die dem Legenden-Status sehr nahekamen, aber nur einer hat es zum Gesamt-Hamburger Fußball-Idol geschafft, über alle Vereinsgrenzen hinweg. Und das ist mit „seinem" Fuß dann doch richtig gut und passend dargestellt. So passend, dass sogar Google Maps den Uwe Seeler-Fuß findet.

87

Dahliengarten

Auch der Herbst hat noch schöne Tage

Wie komme ich dahin?

Der Dahliengarten liegt an der Luruper Chaussee, Ecke Stadionstraße. Mit einem Bus der Linie 2 ab Bahnhof Altona bis zur Haltestelle „Stadionstraße" fahren.

Der **Volkspark** ist in Hamburg so ziemlich jedem Bürger ein Begriff. Einerseits als großes Waldgebiet mit vielen Grünflächen, aber auch als Sitz des Fußballstadions des HSV; dieses Stadion heißt nun wieder so wie auch früher schon: Volksparkstadion. Am Rande dieses Parks liegt ein wenig abseits des allgemeinen Blickwinkels ein Kleinod, nämlich **Europas ältester noch existierender Dahliengarten.** Bereits 1920 wurde ein erster Schaugarten am Rande des Volksparks angelegt, 1932 wechselte er dann an seinen jetzigen Standort. Es ist ein einzigartiger Park, in dem auf 15.000 m^2 etwa **11.000 Exemplare von 850 Dahlienarten** wachsen. Diese Stauden entfalten erst im Spätsommer und im Herbst ihre wunderschöne Blütenpracht. Am Eingang erhalten Besucher einen Flyer und erfahren, dass sich das farbliche Spektrum aus nur vier Farben speist: Elfenbein, Gelb, Rot und Purpur. Daraus bilden sich alle farblichen Varianten, nur kein Blau, Schwarz oder Braun.

Der Dahliengarten ist thematisch strukturiert, man findet Sorten, die nach Prominenten benannt sind, es gibt großblumige Schmuckdahlien, Dahlien nach 18 Ländern sortiert und noch einiges mehr. Sogar einen Miniatur-Dahliengarten hat man angelegt. Die einzelnen Pflanzen sind mit Hinweisschildern versehen. Man schlendert staunend hier durch, bewundert die zarten Pflanzen in ihrer unglaublichen Farbenpracht und die Vielfalt der Züchtungen. Sehr beeindruckend ist die über 3,03 Meter hohe Kalinka-Dahlie, die sogar im Guinness Buch der Rekorde von 1996 steht. Und wer sich fragt, wie all diese Pflanzen gewässert werden ... Es ist ganz einfach: Der Garten hat einen eigenen 32 Meter tiefen **Grundwasserbrunnen.**

Diese ganze Herrlichkeit hält nur bis zum ersten Frost, **Dahlien sind nicht winterhart.** Deshalb müssen die Wurzelknollen der Pflanzen ausgegraben und bei 5 bis 7 Grad Celsius dunkel zwischengelagert werden. Das sollen die vier Gärtner in gut einer Woche schaffen. Und dann senkt sich die Winterruhe über das Gelände, bis die Pracht im nächsten Spätsommer wieder von vorn beginnt.

Wer als **Hobbygärtner** auf den Geschmack gekommen ist, kann am Kiosk einen Bestellzettel ausfüllen, und die Dahlien werden dann von Zuchtbetrieben geliefert.

Geöffnet ist von Mitte Juli bis zum ersten Nachtfrost Ende Oktober täglich ab 8 Uhr bis Einbruch der Dunkelheit, der Eintritt ist frei.

88

Die Isestraße

Die vielen Gesichter einer Straße

Wie komme ich dahin?

Die Isestraße wird mit der U3 bis „Hoheluftbrücke“ oder „Eppendorfer Baum“ erreicht.

Die Isestraße dürfte den meisten ein Begriff sein, selbst wenn sie noch nie dort gewesen sind. Entweder weil **„da doch die U-Bahn oberirdisch fährt"** oder weil **„da doch dieser Markt ist".** Stimmt beides. Die U3 fährt entlang der Isestraße auf einem Viadukt oberirdisch so dicht an den schicken Häusern vorbei, dass man in die Wohnungen gucken kann (→ **Tipp 99**). Und unterhalb dieser Bahntrasse findet zweimal pro Woche ein gut besuchter Wochenmarkt statt, am Dienstag und am Freitag. Dieser ist auch sehr beliebt bei Marktbeschickern, wie die Händler hier genannt werden, denn die Isestraßen-Bewohner sind in der Regel kaufkräftig.

Wenngleich die Isestraße als wohlhabende Wohnmeile gilt, so gibt es doch **feine Trennlinien.** Die sieht man nicht von außen, denn entlang der vielleicht 1,4 Kilometer langen Straße stehen überall schicke Häuser, meist aus der Gründerzeit, und doch … Im Volksmund hat sich nämlich der halb spaßhafte Schnack von einer **Dreiteilung** dieser Straße etabliert: **Fiese Straße, Miese Straße und Isestraße.**

Die **„echte" Isestraße** liegt im **nördlichen Bereich** (mit den hohen Hausnummern) und verläuft ab Heilwigstraße so etwa bis zur Oderfelder Straße. Dieser Abschnitt ist sehr ruhig, fast dörflich, ohne Hektik, ohne Durchgangsverkehr, ohne U-Bahn. Den dezenten Wohlstand kann man allenfalls erahnen (anhand der geparkten Autos). Die Mehrparteienhäuser sind von zurückhaltendem Schick, die Wohnungen erreichen Größen von 250 Quadratmetern, und die Gegend zählt unter Maklern zu Hamburgs Top-Lagen.

Ähnlich schicke Häuser stehen auch **jenseits der Oderfelder Straße,** und doch weiß der Volksmund, dass hier die **„miese" Isestraße** beginnt. Warum, wird nicht so recht klar. Vielleicht, weil hier laut Makler-Wissen die Wohnungen „nur" 70 bis 100 Quadratmeter groß sind? Sehr schick anzuschauen sind sie allemal. Übrigens wurde in diesem Abschnitt (Isestraße 95) die frühere Bundeskanzlerin *Angela Merkel* geboren. Das wissen hier eigentlich alle, aber es ist kein besonderes Thema. An Prominente ist man nämlich gewöhnt, die schlendern auch ganz selbstverständlich mit einem Einkaufskorb über den Isemarkt. Der beginnt nicht weit entfernt, jenseits der breiten und immer stark befahrenen Straße **Eppendorfer Baum.** Diese Straße schlägt nicht nur eine optische Schneise durchs Viertel, auch eine akustische: Es ist laut hier! Dort nun verläuft auch endlich die Isestraße unterhalb der U-Bahn-Trasse, parken unzählige Autos (bis auf dienstags und freitags) und schieben junge Mütter ihre Kinderwagen zum nächsten Latte-

Shop, tragen Freiberufliche wichtige Papiere und Mienen nach Haus. Dieser Abschnitt wird **„fiese" Isestraße** genannt, vielleicht, weil hier immer die U-Bahn entlangrattert und jedes Balkongespräch regelmäßig unterbricht? „Ise-Pause" nennen Insider diese Unterbrechung, wenn man mitten im Satz stoppen muss. Manche stört's, andere nicht. Immerhin sind die Wohnungen hier groß, Makler melden durchschnittliche Größen von 120 bis 180 Quadratmeter. Manche haben nach hinten übrigens Kanalblick, was ja auch nicht zu verachten ist. Erkennbar parken hier auch mehr Fahrräder vor den Häusern als Porsches, auch das kann ja in manchen Augen „mies" sein.

Zusammengefasst: Die Isestraße ist ein **ganz eigenes Biotop** mit sehr großen Wohnungen; wer hier lebt, der lebt gerne hier und geht ungern weg.

In der Historie der heute so beliebten Isestraße gibt es aber auch ein sehr **trauriges Kapitel,** das hier nicht unerwähnt bleiben kann. Die Straße gehört zum Stadtteil Harvestehude, welches ans Grindel-Viertel grenzt. Seit dem späten 19. Jahrhundert siedelten sich hier viele jüdische Bürger an. Viele verblieben rund ums Grindelviertel, wohlhabendere zogen nach Harvestehude und damit auch in die Isestraße. Im Grindel-Viertel stand eine der größten Synagogen überhaupt; sie wurde von den Nationalsozialisten zerstört (→ Tipp 72). Die **Verfolgung der Juden** machte auch vor der Isestraße nicht Halt. Etlichen gelang noch rechtzeitig die Flucht, andere, die zu lange zögerten, verloren einen Großteil ihres Besitzes („Reichsfluchtsteuer"), und sehr viele wurden schließlich deportiert und ermordet.

Der **Künstler Gunter Demnig** wurde deutschlandweit bekannt durch seine **Aktion „Stolpersteine".** Er gab all diesen Menschen wieder einen Namen, indem er am jeweils letzten Wohnsitz einen 10 mal 10 mal 10 Zentimeter großen Stein aus Beton in den Boden einließ, bedeckt mit einer Messingplatte, auf der die Lebensdaten eingraviert sind. In ganz Hamburg liegen mittlerweile 5800 Stolpersteine, in der Isestraße nach letztem Stand 284. Bedenkt man, dass sich hinter jedem Stein und jedem Namen ein grausames Schicksal verbirgt, spaziert man doch mit ganz anderen Gedanken durch diese Straße. Vor manchen Häusern liegen zwei oder drei Steine, vor anderen neun oder gar dreizehn und vor einem sind es sogar sechsundzwanzig. Oftmals mit den gleichen Nachnamen, hier wurden ganze Familien deportiert. Bei der Deportation ging es von der Isestraße zunächst zur Moorweide neben der Universität beim Dammtorbahnhof (der Platz heißt heute „Platz der Jüdischen Deportierten") und von dort für viele zum Hannoverschen

Die Stolpersteine auf der Isestraße erkennt man sofort

Bahnhof, von wo die Deportationszüge starteten (→ **Tipp 30**).

Vor diesem Hintergrund bekommt der Begriff „fiese oder miese Isestraße“ noch eine ganz andere Bedeutung, denn in die **leeren Wohnungen** zogen gerne und oft Nazi-Profiteure ein.

Info-Broschüre

Es gibt eine sehr empfehlenswerte Veröffentlichung der Landeszentrale für Politische Bildung mit dem Titel: **„Stolpersteine in der Hamburger Isestraße“.** Die beiden Autorinnen spürten den Lebensläufen der Deportierten nach, bebildert mit vielen Fotos, die im krassen Gegensatz stehen zur grausam-emotionslosen Bürokratensprache („Ihre Sicherungsanordnung“) der Nationalsozialisten. Eine beklemmende und zugleich wichtige Lektüre. Für 3 Euro erhältlich direkt im Shop der Landeszentrale für Politische Bildung am Dammtorwall 1. Geöffnet: Mo–Fr ab 12.30 Uhr, U-Bahn: Stephansplatz.

89

Klosterstern

Hamburgs schönster Kreisel

Wie komme ich dahin?
Per U-Bahn mit der Linie U1 bis „Klosterstern".

Hamburg ist nicht gerade ein Vorreiter in Sachen Kreisverkehr. Sicherlich wurden in den letzten Jahren etliche Kreuzungen in einen Kreisel verwandelt, dennoch bleibt die Zahl überschaubar. Als erster echter Auto-Kreisel wurde 1937 der Horner Kreisel eingerichtet, der die Zufahrt aus der City zu den Autobahnen nach Berlin und Lübeck regelt. Dann passierte kreiselmäßig lange nichts, erst 1967 folgte der nächste, in den 1990er Jahren weitere sechs. Ab 2002 baute man dann jährlich ein bis drei neue Kreisverkehre.

Aber einer, der existiert schon sehr lange. **Der Kreisverkehr Klosterstern wurde bereits 1884 eingerichtet.** So früh? Gab's denn damals schon Autoverkehr? Antwort: Nein, durch Hamburgs Straßen rollte das erste Auto erst Ende des 19. Jahrhunderts. *Friedrich Hermann Faerber,* der Gründer der Wachsfigurenausstellung „Panoptikum" auf St. Pauli (existiert noch heute), kaufte sich 1894 einen viersitzigen Benz Patent-Motorwagen „Vis-à-vis". Diese „Kutsche ohne Pferd", wie das Gefährt zunächst genannt wurde, hatte einen Zylinder, drei Pferdestärken und erreichte eine Spitzengeschwindigkeit von 18 Stundenkilometern. Es existieren noch historische Fotos, wie die Familie auf dem Fahrzeug sitzt, Vater *Friedrich* am Lenkrad, stolz und zugleich etwas ängstlich guckend. War ja auch was Neues! Und neu war auch der Kreisel Klosterstern. Warum der eigentlich eingerichtet wurde, ist nicht so recht bekannt. Man sieht ihm heute noch an, dass er nicht nach heutigen Verkehrsverhältnissen konstruiert wurde: Es ist ein weiträumiger Kreisel, von dem sechs Straßen abzweigen. Der ganze Platz ist begrünt, in der Kreisel-Mitte stehen hoch aufragende Bäume (ein wenig die Sicht behindernd, wenn man das mal anmerken darf), an den Seiten staunt man über schicke Wohnhäuser. Heute teilen sich Autos, Busse und Fahrräder den knappen Platz. Ortsfremde haben manchmal Schwierigkeiten, sich zu orientieren, **sehr übersichtlich ist das Ganze nicht,** wenngleich nun auch große Hinweisschilder auf die abzweigenden Straßen aufgestellt sind. Eigentlich ist dieser Kreisel **viel zu schick für einen funktionalen Verkehrsweg.** Man möchte anhalten und die historischen Häuser bestaunen, durch die schönen Straßen schlendern und spontan zu einem Shoppingbummel über die nahe Einkaufsmeile Eppendorfer Baum aufbrechen. Geht aber nicht so leicht, erstmal müsste man einen Parkplatz finden. Die gibt es zwar, sie sind aber meist belegt. Weswegen auch nach neuen Konzepten für diesen nicht nur schicken, sondern auch historischen Kreisverkehr gesucht wird.

Historisch ist hier übrigens einiges, sogar der Eingang zur **U-Bahn-Station „Klosterstern".** Dort liest man noch den überholten Schriftzug „Hochbahn". Es ist der letzte im Originalzustand erhaltene U-Bahnhof Hamburgs, seine Eröffnung feierte man 1929. Noch weiter in die Historie zurück gehen muss man, um zu den **Ursprüngen des Gebietes** vorzudringen. Der Name „Klosterstern" deutet auf ein früheres Kloster hin, das auch tatsächlich hier einst stand, auf einem früher weit außerhalb der Hamburger Stadtmauern gelegenen Gelände. Das **Damenkloster Harvestehude** existierte hier zwischen 1293 und 1530; nach der Reformation zogen die Nonnen um in die Innenstadt. Warum baute man hier in der Einsamkeit überhaupt ein Kloster? Alles hängt mit *Graf Adolf IV. von Schauenburg und Holstein* zusammen. Dessen Vater, *Adolf III.*, herrschte einst über Hamburg, verlor aber 1202 seine Ländereien an die Dänen (→ **Tipp 77**). Sohn *Adolf IV.* wollte diese Scharte auswetzen und stellte 1227 die Dänen in einer Schlacht bei Bornhoeved. Es ging um viel, und zur Motivation legte der Graf ein **Gelübde** ab: Sollte er gewinnen, würde er ein Kloster gründen und fortan dort auch leben. So geschah es: Die Dänen wurden besiegt, und Graf *Adolf* gründete sogar mehrere Klöster, zwei in Hamburg, eines in Kiel, wohin er sich tatsächlich zurückzog. Seine Ehegattin *Heilwig zur Lippe* gründete 1246 ein Zisterzienserkloster in Herwardeshude, einem kleinen Flecken an der Elbe, etwa dort, wo heute jeden Sonntag der Fischmarkt abgehalten wird. 1295 verlegten die Nonnen ihr Kloster ins Hinterland, genauer ins heutige Harvestehude, und nannten ihr Kloster „In Valle Virginum" (Jungfrauenthal, noch heute ein Straßenname beim Klosterstern). Dieser offizielle lateinische Name setzte sich aber nicht durch, gebräuchlicher war der alte Name Herwardeshude, aus dem später „Harvestehude" wurde. Dann ein Zeitensprung. Nach der Reformation zogen die Nonnen 1530 um in die Innenstadt in das Stadtkloster St. Johannis; die dortigen Mönche hatte man einfach vertrieben. Die Nonnen mussten konvertieren, und das ehemalige Kloster Herwardeshude wurde zu einem evangelischen Damenwohnstift, es existiert noch heute. Im Laufe der Zeit entwickelte sich hier eine bevorzugte Wohngegend, vor allem nach Öffnung der Stadttore, als überwiegend wohlhabende Hamburger sich hier niederließen. Die Straßennamen verweisen noch heute auf das frühere Klostergebiet. Mehrere Straßen in der unmittelbaren Nachbarschaft tragen „fromme" Namen, wie z.B. Abteistraße, Jungfrauenthal, Nonnenstieg oder Innocentiastraße. Nach *Heilwig zur Lippe* ist die Heilwigstraße benannt, und die heutige St. Benedictstraße nach der Schutzpatronin des damaligen Klosters; beide Straßen verlaufen ganz in der Nähe des Klostersterns. Diese klösterlichen Straßen kreuzen sich teilweise, und an einem besonders wichtigen Kreuzungspunkt entstand dann der Kreisel Klosterstern.

90

Platz der Bücherverbrennung

Ausgerechnet Studenten warfen Bücher ins Feuer

Wie komme ich dahin?

Platz der Bücherverbrennung, Kaiser-Friedrich-Ufer, Ecke Heymannstraße, der Platz liegt direkt vor einem Spielplatz. Bus Nr. 4 ab „Hauptbahnhof/ZOB", „Rathausmarkt", „Jungfernstieg" oder „Bahnhof Dammtor" bis Haltestelle „Kaiser-Friedrich-Ufer". Dann noch ca. 5 Minuten Fußweg durch die Grünanlage beim Isebekkanal. Alternative: Per U-Bahn U2 bis „Christuskirche".

Am 15. Mai 1933 warfen in Hamburg vor allem Studenten Bücher „undeutscher Autoren" ins Feuer. Es waren Studenten aus dem Nationalsozialistischen Deutschen Studentenbund (NSDStB), die diese **„Aktion wider den undeutschen Geist"** organisierten. Sie formulierten zwölf Thesen, die sich deutlich gegen jüdische Bürger und Autoren richteten (These 4: „Unser gefährlichster Widersacher ist der Jude und der, der ihm hörig ist"). Der Buchhandel forderte flankierend, er „solle von jüdischen Autoren gesäubert werden". Es wurde eine Liste von 131 Autoren veröffentlicht, die verboten werden sollten. Kurz danach begann man, Bücher aus Bibliotheken zu entfernen, die nicht der Nazi-Ideologie entsprachen, darunter viele Werke bekannter Autoren wie *Heinrich Mann* oder *Erich Kästner*. Am 10. Mai wurden tatsächlich in 22 Universitätsstädten Bücher verbrannt, in Berlin vor 70.000 Zuschauern. In Hamburg erfolgte die Aktion fünf Tage später. Die Studenten hatten etwa 1000 Bücher eingesammelt, weitere 1000 Exemplare lieferte die Gestapo, darunter auch Werke von Hamburger Autoren. Es gab Zuschauer, aber anscheinend nicht genug; die ganze Aktion wurde deshalb am 30. Mai an einem größeren Platz wiederholt, diesmal vor Tausenden von Mitgliedern diverser Nazi-Organisationen, die eigens hierher zitiert wurden.

Die erste Aktion fand ganz in der Nähe des Grindel-Viertels statt, des größten jüdischen Wohngebiets, konkret an der Ecke **Kaiser-Friedrich-Ufer, Heymannstraße.** Heute steht hier ein **Mahnmal,** das 1985 von *Wolfgang Finck* erschaffen wurde. Es besteht aus einem gemauerten Halbkreis mit vier rötlichen Marmorblöcken, die unterschiedliche Inschriften tragen, darunter eine Auswahl der betroffenen Autoren und Titel. Alljährlich zum 15. Mai findet hier eine **Gedenkveranstaltung** statt, bei der aus den damals verbotenen Titeln gelesen wird.

Der Hauptorganisator der Bücherverbrennung in Hamburg war der Führer der Hamburger Studentenschaft, *Wolff Heinrichsdorf.* Er machte später in der Nazi-Hierarchie eine steile Karriere bis ins Vorzimmer von Propagandaminister *Göbbels.* Bei Kriegsende nahmen ihn die Russen gefangen und richteten ihn schließlich hin.

91

Kirche Altenwerder

Eine Kirche ohne Dorf

Wie komme ich dahin?

Am S-Bahnhof „Wilhelmsburg" vom benachbarten Busterminal mit Bus Nr. 151 bis zur Haltestelle „Am Altenwerder Kirchtal" fahren. Dort aussteigen, etwa 100 Meter zurückgehen und abbiegen in die Sackgasse Altenwerder Querweg, nach ca. 300 Meter steht man vor der Kirche. Zurück auf dem gleichen Weg. Frequenz der Busse: einmal stündlich.

„Lass mal die Kirche im Dorf!", ist eine feste Redewendung, wenn jemand etwas übertreibt. Hier in Altenwerder hätte man mit Fug und Recht auch behaupten können: „Lass mal das Dorf bei der Kirche". Leider ist es dafür zu spät, das Dorf ist verschwunden, nur die Kirche ist geblieben. Und die sieht man dank ihres 62 Meter hoch aufragenden Kirchturms von Weitem. Sogar von der Autobahn 7, kurz bevor man, von Süden kommend, den Elbtunnel erreicht. Da steht sie nun als Solitär, umgeben von reichlich Grün inmitten der ganzen Industriebereiche. Wie kam es dazu?

Altenwerder war eine bereits im 13. Jahrhundert bekannte **Elbinsel.** Hier lebten ein paar Fischer und Bauern, die Obst und Gemüse anbauten. Diese frischen Waren fehlten in Hamburg, und so lieferten sie ihre Produkte über die Elbe in die große Stadt und kehrten dann wieder zurück in ihr Naturidyll. Altenwerder war eine gewachsene Gemeinschaft, die bis 1925 auf etwa 2000 Einwohner anwuchs. Die heutige Kirche wurde 1831 erbaut, es gab mehrere Vorgängerbauten, die bis 1436 dokumentiert sind.

1951 zählte Altenwerder 2563 Einwohner und war ein ganz gewöhnliches Dorf – das aber leider **im Weg** lag. Der **Hamburger Hafen** hatte sich nämlich immer weiter ausgedehnt, und nun überlegte der Senat, wo es noch freie Flächen gab, um im großen Stil zu erweitern. Die waren allerdings Mangelware, und so traf es in den 1960er Jahren ein Gebiet, das auch Altenwerder einschloss. Das Dorf wurde zum **Hafenerweiterungsgebiet** erklärt, die Menschen sollten doch bitteschön mal flugs ihre **Häuser räumen und umziehen.** Man wolle ihnen auch eine Entschädigung gewähren, so sei man ja nun nicht. Nur flink müsse es gehen, sonst könne man auch anders, das böse Wort „Enteignung" geisterte herum. Die Altenwerder waren zunächst sprachlos, dann wütend, schließlich resignierten sie. Die meisten jedenfalls, und sie nahmen irgendwann alle die Entschädigung an. Als der Hamburger Senat 100 Jahre früher etwas ähnliches beim Bau der Speicherstadt (→ **Tipp 27**) durchgezogen hatte, vertrieb man einfach 20.000 Menschen, und fertig! Jedes Haus, das Hamburg kaufen konnte, wurde sofort **abgerissen,** und so standen schließlich nur noch einige wenige Aufrechte, die letzten fielen erst 1998. Als allerletztes Gebäude blieb die Kirche mit dem nun nicht mehr genutzten Friedhof stehen, als gesetzlich vorgeschriebener „Grünausgleich" für

Das Dorf Altenwerder ist verschwunden, die Kirche blieb

das Neubaugebiet. Auf dem Gebiet des ehemaligen Dorfes entstanden der **Containerterminal Altenwerder** und ein **großes Logistikzentrum.** Es ist heute ein geschäftiges Gebiet, dauernd brummen Lkw vorbei, im Hintergrund rauscht der Verkehr der Autobahn, und man fühlt sich als Fußgänger in einer völlig fremden Welt. Aber dann biegt man ab in die Sackgasse Altenwerder Querweg und erreicht nach 300 Metern die Kirche. Sie steht heute mitten in einer begrünten Zone, eine regelrechte Ur-Landschaft, die eine seltsame, unwirkliche Stille ausstrahlt. Mit einem Mal hört man wieder Vögel piepen, irgendwo knackt ein Ast, das geschäftige Rauschen ist verklungen, Ruhe und Frieden senken sich aufs Gemüt. Noch heute finden in der Kirche Gottesdienste statt, und auch Trauungen werden vorgenommen. In einem Garten seitlich der Kirche können Brautpaare Apfelbäume pflanzen als Zeichen der Hoffnung.

92

Der Alsterwanderweg

Alsterspaziergang einmal ganz anders

Wie komme ich dahin?

Wellingsbüttel wird mit der S1 ab Innenstadt erreicht. Die kurze Wanderung endet nach 4,2 km, und man kann mit der U1 ab „Klein Borstel" zurück in die City zum Hauptbahnhof fahren. Die gesamte Strecke bis zur Krugkoppelbrücke misst 13 km.

Ein Spaziergang um die Alster gehört für viele Hamburger zum Ritual. In der Mittagspause geht es rund um die Binnenalster, am Sonntag einmal rund um die Außenalster. Ist ja auch sehr schön, und es gibt eine Menge zu sehen. Aber genau deshalb trifft man auf diesen Spaziergängen auch immer sehr viele Leute. So richtig einsam ist es vielleicht an einem verregneten Montagmorgen im November. Doch es gibt durchaus eine Alternative beim Alsterspaziergang. Wie wäre es einmal mit einem Versuch **entlang des Flusses Alster?** Diese Variante führt in eine fast schon unwirkliche Naturszenerie und Einsamkeit. Hier ein Vorschlag für einen kürzeren (4 km) oder längeren (13 km) Spaziergang.

Gestartet wird in **Wellingsbüttel;** dazu mit der S-Bahn bis zur gleichnamigen Station fahren. Raus aus dem Bahnhof, etwa 200 Meter nach rechts über die **Rolfinckstraße** gehen bis zur Kreuzung. Diese überqueren und durch den schmalen Gang mit dem Namen **Kuhteichweg** bis zum Waldrand gehen. Dort dem **Waldweg** noch ein paar Hundert Meter folgen, und schon ist die **Alster** erreicht, hier noch ein ganz schmales Bächlein. Nun **nach links** und immer diesem Wasserlauf folgen. Sollte es einmal Zweifel über den Weg geben: Die Strecke ist durch **gelbe Dreiecke** gekennzeichnet. Man wandelt idyllisch unter sehr hoch gewachsenen Bäumen auf einem breiten Weg durch ein Waldgebiet und staunt über die urtümlich anmutende Landschaft. Nach kurzer Zeit folgt das **Torhaus** vom **Gut Wellingsbüttel,** wo auch ein Café zu finden ist. Für eine Pause ist es wohl zu früh, aber hübsch anzuschauen ist das Gebäude allemal. Das Torhaus entstand 1757, das Herrenhaus wurde sogar bereits 1296 erwähnt.

Weiter geht es entlang der Alster, immer noch durch ein bewaldetes Gebiet, unterbrochen nur von verstreuten Einzelhäusern in traumhafter Lage. Nach gut zwei Kilometern wechselt man auf die **rechte Alsterseite.** Dazu überquert man eine **Holzbrücke** direkt vor dem Gelände eines Sportplatzes, wo der Uhlenhorster Hockey Club spielt. Man bleibt danach weiterhin rechtsseitig unter Bäumen und staunt, wie grün, wie ruhig, wie idyllisch Hamburg doch sein kann. So langsam tauchen erste Paddler auf, auch das eine oder andere Tretboot wagt sich hierher, allerdings ist die Alster immer noch sehr flach, die meisten müssen bald umdrehen. Gelegentlich wechselt man die Flussseite über eine Brücke, zunächst folgt die **Kühnbrücke,** dann die **Reiterbrücke,** und immer noch bewegt man sich in bewaldeten Zonen. Nach 4,2 Kilometern erreicht man eine mächtige **Brücke,** über die die **U-Bahn** rattert. Wer genug hat, kann den Gang hier beenden. Dazu einfach die Brücke unterqueren und dann der links berganführenden Straße folgen. Nach ca. 200 Metern gelangt man zur U-Bahn-Station **„Klein Borstel".**

Wer noch genügend Energie hat, läuft weiter. Es geht einmal **um das Bootshaus-Gelände herum** und weiter auf der linken Seite. Jetzt erhöht sich die Zahl der Wassersportler. Nach 500 Metern passiert man ein weiteres Lokal, **Zur Ratsmühle,** auch hier kann man auf einer Terrasse eine Pause einlegen.

Jetzt unterquert man die breite **Ratsherrenbrücke,** und dahinter verbreitert sich die Alster; man folgt ihr weiterhin linksseitig. Ab und an stehen hier Häuser, und dann erreicht man ein Wehr, die **Fuhlsbütteler Schleuse.** Sie wurde 1914 erbaut und fast aufs Jahr genau einhundert Jahre später zu einem Wehr umgestaltet, das nun den Wasserstand auf der Oberalster reguliert. Seitlich befindet sich ein „Mäander Fischpass", eine Art Treppe für Fische, die über versetzt stehende Becken dieses Hindernis gegen die Strömung überwinden können.

Weiter geht's immer noch unter hohem Baumbestand und teilweise sehr fotogen überhängenden Weiden. Immer wieder bieten sich schöne Ausblicke, gelegentlich paddeln Enten oder Freizeitkapitäne vorbei. An einem Spielplatz genießt man einen sehr schönen Blick über die hier schon recht breite Alster. Jenseits der dann folgenden **Hindenburgbrücke** verstärkt sich die Bebauung, gelegentlich muss man mal ein kurzes Stück entlang einer Straße gehen. Dann erreicht man einen Alster-Abschnitt, an dem die Uferbefestigung gemauert ist und sogar Leitern ins Wasser führen. Hier wurde der Verlauf bewusst begradigt, und so sollte es eigentlich bis Eppendorf über viele Kilometer fortgeführt werden, aber dann entschied man sich doch für einen naturbelassenen Wasserweg. Entlang der Alster stehen hier etliche Backstein-Villen aus den 1920er Jahren, beispielsweise in der Brabantstraße, weiter in Richtung Innenstadt sind die Villen dagegen überwiegend weiß verputzt.

Nach dem Queren der **Rathenaubrücke** geht man ein kurzes Stück entlang der **Rathenaustraße,** bis es nach rechts in die **Wilhelm-Metzger-Straße** geht und dann gleich links weiter durch den schmalen Weg bei den Kleingärt-

oben: Amazonas? Nein, Hamburger Randgebiet direkt am Alsterwanderweg
unten links: „Über sieben Brücken musst du gehen", auch auf dem Alsterwanderweg liegen einige
unten rechts: Fotogen – Das Torhaus von Gut Wellingsbüttel

nern. Es bleibt grün, jedoch nimmt die Bebauung zu, und die Villen strahlen immer häufiger in gleißendem Weiß. Schließlich passiert man den **Anleger Hamburg,** einen großen Bootsverleih und zugleich Beach Club. Leider liegt er auf der anderen Alsterseite, sonst könnte man sich sofort für ein Päuschen in einen der gemütlichen Deckchairs fläzen. So bleibt nur, die schicken Häuser auf der anderen Alsterseite mit den Alsterblick-Balkonen zu bewundern.

Bald ist **Eppendorf** erreicht, der Weg wechselt auf die rechte Alsterseite, und kurz danach passiert man **Barmeier,** einen Kiosk mit Garten, eine verlockende Pausen-Einladung. Abermals wird dann die Alsterseite gewechselt, jetzt über eine moderne **Stahlbrücke,** und den Rest des Weges geht man ab da linksseitig über den Leinpfad vor meist sehr schönen weißen Villen. Auf der anderen Seite steht das auffällige **Kloster St. Johannis,** heute ein Stift für allein lebende Damen der Generation Ü-60. Direkt am Wegesrand befindet sich übrigens auch der Anleger „Winterhuder Fährhaus", eine Haltestelle der Alsterdampfer. Wer also genug gewandert ist, könnte hier die Tour beenden, eine Stärkung im **Café Leinpfad** einnehmen und dann mit dem Schiff bis in die City zum Jungfernstieg zurückfahren. Wer noch etwas Energie verspürt, läuft weiter bis zur **Krugkoppelbrücke** (→ Tipp 71) und erreicht dort den Alster-See. Jetzt noch einmal einen letzten, wunderbaren Blick über die breite Außenalster genießen, dann ab zum Bus. Kurz nach rechts ca. 100 Meter den **Harvestehuder Weg** gehen, bis zur **Kreuzung mit dem Mittelweg,** dort befindet sich auf der rechten Straßenseite die **Haltestelle für den Bus 19,** der in die Innenstadt bis zum Rathausmarkt und Hauptbahnhof fährt.

Zur Ratsmühle, Ratsmühlendamm 2, während der Saison täglich ab 12 Uhr, Sa/So ab 10 Uhr.

Anleger Hamburg, Deelbögenkamp 2–3, www.anleger-hamburg.de.

Barmeier, Eppendorfer Landstraße 180, www.bootshaus-barmeier.de, geöffnet ab 9 Uhr bzw. Fr, Sa ab 10 Uhr.

Café Leinpfad, Leinpfad 106, www.cafe-leinpfad.de, geöffnet ab 12 Uhr, Sa/So ab 10 Uhr.

93

Paddeln auf der Alster

… mit Verpflegungsservice direkt ans Boot

Sommerlicher Spaß auf der Alster beim Paddeln, Rudern und beim SUP

„Hamburg hat mehr Brücken als Venedig und Amsterdam zusammen.“ Wahrscheinlich haben Sie diesen Satz auch schon einmal gehört. Auch, wenn man zunächst zweifelt: Hamburg hat **ca. 2500 Brücken,** Amsterdam kommt auf nicht ganz 1300, und für Venedig werden überraschenderweise nur 400 vermeldet. Hamburg ist also europaweit Rekordhalter. Bei so vielen Brücken gibt es natürlich auch viel zu überbrücken, **Wasserwege** beispielsweise. Und tatsächlich fließen durch Hamburg nicht nur Elbe und Alster, sondern auch zahlreiche schmale Kanäle und breite Gräben, die hier überwiegend Fleete heißen.

Viel Wasser fließt in Hamburg auch **mitten durch die Wohngebiete.** Beispielsweise in Winterhude (beim Blick auf einen Stadtplan: oben rechts neben der Außenalster). Dies ist ein Stadtteil mit gut situierten Bewohnern und, wie man so schön in Hamburg sagt, gediegenen Häusern, Wohnlagen und Einkommensverhältnissen. Man wohnt also ruhig, inmitten von viel Grün und eben auch oft genug mit Blick aufs Wasser. Meist sieht man von der Straße nicht, dass direkt hinterm Haus ein Kanal vorbeiführt, und genau das macht den Reiz dieser Wohnhäuser aus. Makler würden schwärmen: „Lage, Lage, Lage!“

Und genau diese tollen Lagen kann man sich auch einmal anschauen, und zwar von einem **Boot** aus. Dazu mietet man einfach ein Paddel-, Ruder- oder Tretboot bei einem der Verleiher rund um die Alster, und los geht's. Die **Außenalster** selbst ist **für Einsteiger vielleicht nicht gerade ein geeignetes Revier,** denn hier ist doch immer eine Menge los. Hier wird viel gesegelt, gesurft, es fahren die Alsterdampfer, hochtrainierte Ruderer ziehen ihre Bahnen, SUPler sind auch immer häufiger unterwegs, und da sollte man schon wissen, was man mit seinem Tretbötchen macht. Nein, als Hobby-Wassersportler sollte man eher in die schmalen **Seitenkanäle** fahren. Dort geht es viel ruhiger zu, und vor allem kann man eine Menge sehen. Man kann z.B. eine schöne Runde drehen durch den **Goldbekkanal, Barmbeker Stichkanal** und zurück durch den **Langen Zug.** Oder etwas kürzer durch den **Mühlenkampkanal.** Übrigens gilt hier auch Rechtsfahrgebot, zumindest bei Gegenverkehr. Also rein in die Kanäle und eine völlig andere Welt erkunden. Man entschleunigt sofort, treibt an schicken Häusern mit Gärten bis zur Wasserkante entlang, weicht überhängenden Weiden aus, staunt über entspannte Menschen auf ihren Terrassen oder schaut zu, wie sie gerade ein Paddelboot am eigenen Haussteg klarmachen, und weicht einem Entenpaar aus, das sich seinen Weg schimpfend freischnattert. Schöne Villen stehen hier, moderne, stilsichere Neubauten, Mehrparteienhäuser mit dezentem Schick, genauso wie es die Hanseaten mögen. Wer wohnt hier? Prominente? Fernsehstars, Ex-Tennisspieler, Modekönige? Vielleicht, ist aber zweitrangig. Lieber die Stille und die fast dörfliche Idylle, dieses so ganz andere Hamburg-Feeling genießen, obwohl man sich nicht sehr weit weg von der Innenstadt bewegt.

Und dann gibt es ja noch das **Café Canale,** eine Pflicht-Anlauf-Station auf

So geht Service! Getränke-Nachschub am Café Canale

den Winterhuder Kanälen. Fast alle Wassersportler steuern den Mühlenkampkanal an, denn dort liegt das Café mit der offiziellen Adresse Poelchaukamp 7. Das aber ist für Wassersportler weniger wichtig, denn man muss nicht anlegen und sein Boot verlassen, um schmausen zu können. Nein, man fährt bis zum Café, klingelt einmal, jemand kommt an die Luke, und dann gibt man seine Bestellung auf. Was gibt es? Kalte Getränke, Kaffee, Bockwurst, Blechkuchen, Eis, solche leckeren Sachen. Das Bestellte wird durchs Fenster ins Boot gereicht (Achtung: nicht aufstehen und ins Wasser fallen!), man bezahlt, und weiter geht's, das nächste Boot wartet schon. Ist bei Weitem kein Geheimtipp mehr, gehört aber als Zwischenstopp bei einem Ruder-, Paddel- oder Tretboottrip auf Winterhudes Kanälen einfach dazu.

Café Canale, Poelchaukamp 7.
www.cafecanale.de

Es gibt mehrere Bootsvermieter an der Außenalster, hier eine Auswahl:
Bobby Reich, www.bobbyreich.de.
Bootsverleih Stute, www.hansa-steg.de.
Dornheim,
www.bootsvermietung-dornheim. de.
Bodo's Bootssteg, Facebook: Bodo's Bootssteg

94

Zweimal die Elbe queren

**Hin unter dem Fluss,
zurück oberhalb**

Wie komme ich dahin?

Bus Nr. 150 fährt ab Bahnhof Altona alle 10 bis 20 Minuten, je nach Tageszeit, Altona wird mit der S-Bahn erreicht. Die Fähre 62 legt alle 15 Minuten ab. Bus und Fähre sind in das Tarifsystem des Hamburger Verkehrsverbundes (HVV) integriert, man kann beides mit einer Tageskarte oder Hamburg Card nutzen.

Die Elbe ist nicht nur eine wichtige Verkehrsader in Hamburg, sie „durchschneidet" die Stadt auch und stellt somit eine **Barriere** dar. Diese mussten die Menschen schon immer überwinden, sei es, um in Hamburg rare Waren wie beispielsweise Gemüse anzuliefern (→ **Tipp 16**) oder um zu den Arbeitsplätzen im Hafen zu gelangen. Meist nutzte man Schiffe oder kleine Fähren, später baute man dann auch Tunnel (→ **Tipp 46**). Der erste Elbtunnel wurde 1911 eröffnet, damals noch für Fuhrwerke mit aufgestellter Peitsche konzipiert, 1974 folgte der zweite Elbtunnel, der für Autos ausgelegt war. Es gibt die Möglichkeit, mit dem Linienbus durch diesen Elbtunnel auf die südliche Flussseite nach Finkenwerder zu fahren und von dort mit einer Fähre wieder zurück. Interessiert? So geht's:

Direkt beim **Bahnhof Altona** liegt der große **Busbahnhof,** von wo der **Linienbus Nr. 150** abfährt. Sein Ziel ist Cranz, ein kleiner Ort auf der südlichen Elbseite. Die Fahrt bietet interessante Einblicke in mehrere ganz unterschiedliche Stadtteile.

Der Bus wühlt sich zunächst durch die engen Straßen von **Altona.** Das alte Arbeiterviertel besteht vorwiegend aus vier- bis sechsstöckigen Wohnblocks, manche mit historischem Charme, andere neu und modern gestaltet. Meist befindet sich unten ein kleines Geschäft oder ein Lokal, man schaut gelegentlich in Hinterhöfe – hier existiert ein ganz eigener Kosmos. Passiert wird auch ein auffälliges rosafarbenes Gebäude mit überragendem Kran. Das ist die **Fabrik,** ein Kulturzentrum seit 1971; früher lag hier eine Munitionsfabrik. Ein Stück weiter folgt links die ebenfalls auffällige **Kreuzkirche Ottensen,** eine neugotischer Bau aus der Gründerzeit in rotem Backstein, mit kupfernem Dach und einem 67 Meter hohen Turm. Nach dem Halt vor dem Krankenhaus Altona geht es dann über die Auffahrt „Othmarschen" auf die **Autobahn,** wo man in wenigen Hundert Metern den **Elbtunnel** erreicht. Hoffentlich ohne Stau, denn eine eigene Busspur gibt es nicht.

Der **Neue Elbtunnel** wurde zwischen 1968 und 1974 zunächst mit drei Röhren gebaut. Er hat eine Länge von 3325 Metern, wovon 1056 Meter unter der Elbe liegen. Bei mittlerem Tidehochwasser liegt der Tunnel 28 Meter unter der Wasseroberfläche. Die Fertigstellung war ein Meilenstein und eine große Erleichterung, denn nun musste der Verkehr nicht mehr zäh durch die

Stadt und über die Elbbrücken fließen. Aber es dauerte gar nicht lang, und der Tunnel kam an seine Kapazitätsgrenzen. Zwischen 1995 und 2002 wurde eine vierte Röhre gebaut. Dazu nutzte man eine Tunnelbohrmaschine namens TRUDE („Tief runter unter die Elbe"), die heute im Museum ausgestellt ist (→ Tipp 84). Der Bus rollt durch den gekachelten Tunnel, am Scheitelpunkt, der tiefsten Stelle, ist eine Markierung angebracht, und dann fährt Bus 150 auch schon wieder raus ans Tageslicht.

Und schon ändert sich die Perspektive, denn zur linken Seite hat man einen schönen Blick auf die weit geschwungene **Köhlbrandbrücke,** über die auch ein Linienbus fährt (→ Tipp 95). Noch spektakulärer ist der Blick nach rechts auf den **Containerterminal Burchardkai.** Hier legen riesige Schiffe an, und Tausende von Containern werden zügig be- und entladen.

Der Bus fährt weiter, durch dieses Gebiet, das anfänglich noch von Industrie geprägt ist, aber ziemlich rasch folgt **grüne Natur** in Form von Wiesen und Deichen, ein ganz anderes Bild.

Der Bus nähert sich nun **Finkenwerder,** früher eine Elbinsel, heute ein Hamburger Stadtteil. Bewohnt war der Ort ursprünglich nur von Fischern und Obstbauern, heute hat Airbus hier am Ortsrand ein riesiges Werk. Finkenwerder zeigt noch einen gewissen kleinstädtischen Charme, das mondäne Hamburg scheint weit weg. Schließlich stoppt der Bus an der **Haltestelle „Finkenwerder Fähre".** Hier steigt man aus und geht die paar Schritte bis zum Elbufer. Dort liegt das **Terrassenlokal Landungsbrücken Finkenwerder,** wo man ein Päuschen einlegen und prima auf die Elbe schauen kann, bei hausgemachtem Kuchen und Fischspezialitäten.

Zurück aufs andere Elbufer und nach Hamburg geht es mit der **Fähre 62,** die bis zu den Landungsbrücken fährt, mit Stopps am „Bubendey-Ufer", bei „Neumühlen Övelgönne" (→ Tipp 51), „Dockland" (→ Tipp 49) und „Altona Fischmarkt" (→ Tipp 47). Schließlich werden die Landungsbrücken erreicht, aber vorher öffnet sich ein spektakuläres **Hamburg-Panorama** mit der Elbphilharmonie, dem Michel, den Hafen-Kränen und den Landungsbrücken mit den vielen Schiffe davor. Und das Beste: Für die ganze Fahrt genügt eine **Tageskarte des HVV.**

95

Mit dem Bus über die Köhlbrandbrücke

Sagenhafter Blick auf den Containerhafen und die Stadt

Wie komme ich dahin?
Bus 151 fährt ab Busterminal beim S-Bahnhof „Wilhelmsburg" einmal pro Stunde über die Köhlbrandbrücke, Endstation ist „Altenwerder Hauptstraße Süd".

Die Köhlbrandbrücke ist eine wichtige Hafenspange, sie verbindet die Elbinsel Wilhelmsburg mit der Autobahn 7 und ist in erster Linie eine Erleichterung für den Containerverkehr, der nicht unbedingt durch den Elbtunnel fahren muss. Da die Brücke bis auf **53 Meter Höhe** ansteigt, bietet sie auch herrliche Ausblicke auf die Stadt und den Hafen. Für Fußgänger und Radfahrer ist die Benutzung verboten, da aber ein Linienbus hier hinüberfährt, kann man dennoch einen tollen Blick auf Hamburg werfen.

Es geht los am **Busterminal Wilhelmsburg,** direkt neben der gleichnamigen S-Bahn-Station. **Bus Nr. 151** fährt etwa einmal stündlich, am besten nimmt man auf der rechten Fahrzeugseite Platz. Zunächst geht es durch **Wilhelmsburg,** heute ein bunter Stadtteil, früher ein reines Arbeiterviertel. Hier findet man eine ganz andere Sozialstruktur als in der City, ein ureigener, sehr bunter Kosmos. Alsbald nähert sich der Bus dem **Hafen,** und ab Reiherstieg geht's dann mit Anlauf zur Rampe, die hoch zur Brücke führt. Man hat einen wirklich schönen **Blick auf die Stadt** mit ihren Kirchtürmen, markanten Hochhäusern, dem Fernsehturm und den Hafenbecken. Auch die Elbphilharmonie ist zu erkennen und so manches Containerschiff. Dann verschwenkt die Brücke ein wenig, und es folgt ein wahrlich spektakulärer Blick auf den **Containerterminal Eurokai,** wo meist auch ein riesiges Schiff zum Be- und Entladen liegt. Von hier oben sieht es aus wie in einer Miniaturwelt mit riesigem undurchschaubaren Gewusel. Die im Vordergrund erkennbare Straße ist die Autobahn 7 in unmittelbarer Nähe zum Elbtunnel.

Dann senkt sich die Brücke ab und hält an der **BAB-Auffahrt Waltershof.** Man wundert sich schon ein wenig, dass ausgerechnet hier an einer Autobahnauffahrt Leute aus- und einsteigen, aber hier kann man tatsächlich in einen anderen Bus umsteigen oder zu seinem Arbeitsplatz gelangen.

Der Bus nimmt dann ein paar Kurven und erreicht das große **Industriegebiet Waltershof.** Etwas versteckt im Grünen ragt die Turmspitze der **Kirche Altenwerder** heraus (→ **Tipp 91**). Diese Fahrt über die Elbbrücke könnte man sehr gut mit dem Besuch dieser einzigartigen Kirche verknüpfen (dazu an der Haltestelle „Am Altenwerder Kirchtal" aussteigen), ansonsten bis zur **Endstation** fahren. Dort macht der Fahrer eine kleine Pause, und dann geht es auf dem gleichen Weg wieder zurück.

In weitem Bogen schwingt sich die Köhlbrandbrücke über die Elbe

Köhlbrandbrücke

Die 1974 fertiggestellte, 3618 Meter lange Köhlbrandbrücke verbindet die Elbinsel Wilhelmsburg mit der Autobahn 7. Es ist die **zweitlängste Straßenbrücke in Deutschland.** Da sie im Hafengebiet mit ihrer lichten Höhe von 53 Metern und den 88 markanten Stahlseilen weithin sichtbar ist, ist sie mittlerweile eines der **Wahrzeichen der Hansestadt.** Die Brücke wird täglich von ca. 35.000 Fahrzeugen genutzt, darunter sehr viel Schwerlastverkehr, der Güter und vor allem Container aus den Häfen transportiert. Für Fußgänger, Radfahrer und Mofas ist die Brücke gesperrt, Ausnahmen bilden das jährliche Radrennen Cyclassics und die jährliche Fahrrad-Sternfahrt, deren Strecke über die Brücke führt. Auch Läufer dürfen die Brücke seit 2011 immer am 3. Oktober beim „Köhlbrandbrückenlauf" unter die Füße nehmen.

Bemerkenswert ist auch, dass die Brücke **nirgends in der Innenstadt ausgeschildert** ist, da sie selbst kein Ziel darstellt.

Es ist geplant, dass die Brücke **bis 2030 ersetzt** wird. Zum Teil ist sie marode geworden, außerdem können schon jetzt die richtig großen Containerschiffe nicht mehr unter ihr hindurchfahren. Deswegen soll die neue Brücke mindestens 73 Meter hoch sein, oder man baut gleich einen Tunnel, auch diese Überlegung gibt es.

96

Spaziergang durch Planten un Blomen

Von der Alster zur Elbe durch einen stillen Park

Mitten in der Hamburger Innenstadt mit ihrem geschäftigen Treiben liegt eine Oase der Stille, ein 47 Hektar großer Park mit dem netten plattdüütschen Namen Planten un Blomen („Pflanzen und Blumen"). Er liegt auf den ehemaligen Wallanlagen der Hamburger Festung. Nach dem Krieg fanden hier zwei **Gartenausstellungen** statt, die das Bild des Parks nachhaltig beeinflussten. Anfänglich lag hier auch der Botanische Garten, der später nach Klein Flottbek umzog.

Man kann entspannt und weit genug entfernt vom beständigen Rauschen der Stadt durch die ganze Anlage von der Alster bis zur Elbe gehen. **Ausgangspunkt** ist die **Binnenalster in Höhe Lombardsbrücke.** Von dort vielleicht 200 Meter über die Straße **Esplanade** gehen, und schon wird der **Stephansplatz** erreicht, wo ein Parkeingang liegt. Dieser Teil, der frühere Botanische Garten, bietet heute zahlreiche schöne und stille Ecken. Man findet hier plätschernde Wasserläufe, verwunschene und zugewachsene Orte, wo man sich auf Ruhebänken lümmeln und den lieben Gott einen guten Mann sein lassen kann. Mehrere **Themengärten** wurden eingerichtet, u.a. eine Mittelmeerterrasse und ein japanischer Landschaftsgarten. Etwas weiter entfernt findet man einen Rosengarten und einen Apothekergarten mit Heilkräutern. Ebenfalls liegt hier das Tropenschauhaus (→ **Tipp 74**), und auch ein Wasserlauf plätschert hier. Kurz danach unterquert man die **Jungiusstraße** und erreicht eine andere Zone des Parks.

Jetzt wandelt sich das Bild, denn hier finden sich **großflächige Wiesen unter hochgewachsenen Bäumen.** Am Wasserlauf warten Ruhestühle. Als etwas störend für die Idylle könnte ein sta-

Wie komme ich dahin?

Per S-Bahn bis „Dammtor", per U-Bahn bis „Stephansplatz" oder aus der City ab Binnenalster zu Fuß.

cheldrahtbewehrtes Gebäude wahrgenommen werden, das Untersuchungsgefängnis von Hamburg. Lieber schnell weiter!

Durch eine weitere Unterführung geht es in den nächsten, noch größeren Parkbereich. Die **wuchtigen Bauten,** die hier stehen, sind Justizgebäude für Strafrecht und Zivilrecht, dazwischen sitzt das Oberlandesgericht.

Der nächste Parkbereich bietet auch **weite Rasenflächen, hohe Bäume** und linker Hand eine beliebte **Rollschuhbahn,** die sich im Winter in eine Eisbahn verwandelt. Dort liegt auch das **Terrassenlokal Park Café.** Im Hintergrund öffnet sich die Freifläche **Heiligengeistfeld** mit dem **Millerntor Stadion,** wo der Fußballclub FC St. Pauli spielt. Weiterhin gibt es hier einen großen Spielplatz, einen Minigolfplatz und gleich daneben eine Bienenwiese mit wild wachsenden Blumen. Kurz vor dem Ausgang liegt links das große Gebäude des **Museums für Hamburger Geschichte.**

Man verlässt den Park bei der **Millerntorwache** (→ Tipp 54). Nun muss die stark befahrene und breite Straße an der Ampel überquert werden, und es geht weiter durch den **Alten Elbpark** auf der anderen Straßenseite. Dort erhebt sich das mit 34 Metern größte **Bismarckdenkmal** weltweit, ein schmaler Weg führt links durch den Park vorbei. Jetzt ist man fast an der Elbe. Einmal die **Seewartenstraße** queren, ein paar Schritte die Auffahrt zur **Jugendherberge Zum Stintfang** hochgehen und gleich links dem schmalen Weg folgen, der einmal um die Herberge herumführt und direkt vor der **Aussichtsterrasse** endet. Von dort genießt man zum Abschluss einen fantastischen Blick auf den Hafen und die Landungsbrücken. Direkt unterhalb befindet sich die S- und U-Bahn-Station „Landungsbrücken".

oben: Rhododendron-Pracht im Park Planten un Blomen
unten links: Hamburg ohne Wasserlauf? Geht gar nicht, darf auch im Park Planten un Blomen nicht fehlen
unten rechts: Psst, bitte nicht stören, chillende Hamburger im Park

Hamburger Wallanlagen

Bereits im 13. Jahrhundert hatte das damals noch sehr kleine Hamburg eine erste **Stadtmauer.** Die wurde im Laufe der Zeit mehrfach verstärkt und natürlich auch versetzt, da die Stadt sich ausdehnte. Das ist noch heute dokumentiert beispielsweise in den Straßennamen „Neuer Wall" und „Alter Wall", die den früheren Verlauf der Mauern markieren. Aber eine richtig **massive Befestigung** ließ Hamburg erst **Anfang des 17. Jahrhunderts** bauen. Damals lag Hamburg im Dauerstreit mit der benachbarten Stadt **Altona,** die zum dänischen Königreich gehörte. Der dänische König wollte die Hamburger in ihrem Kern treffen und den wichtigen Hafen schwächen. Deshalb ließ er 1616 direkt an der Elbe unweit der Mündung in die Nordsee eine neue Stadt mit Hafen bauen, Glückstadt. Er hoffte, damit den Warenverkehr umlenken zu können, aber dieser Plan ging nicht auf. Glückstadt existiert noch heute, der dortige Hafen hat aber keine große Bedeutung. Hamburg war jedenfalls damals alarmiert. Worauf der Senat beschloss, richtig viel Geld in die Hand zu nehmen und eine gewaltige Festungsanlage zu bauen. Beauftragt wurde **Johann van Valckenburg** (1575–1625). Der Niederländer war ein erfahrener Baumeister für solche Anlagen und errichtete auch die Stadtbefestigungen in Lübeck, Lüneburg, Bremen und Rostock. Die Hamburger planten Größeres, und so dauerte der Bau von 1616 bis 1625. Hamburg wurde sehr großzügig mit einer bogenförmigen Festung eingefasst, die in einem Radius von 1,2 Kilometern rund um die Nikolaikirche verlief, sogar ein Damm durch die Alster wurde aufgeschüttet, die heutige Lombardsbrücke. Integriert waren **22 Bastionen** mit fünfeckigem Grundriss in den **10 Meter hohen Wall,** dem ein **70 Meter breiter Wassergraben** vorgelagert war. Das Ganze wurde mit **300 Kanonen** bestückt.

Diese Festung war uneinnehmbar und **so massiv, dass Hamburg in 200 Jahren keine Angriffe erlebte.** Als eine der ganz wenigen deutschen Städte blieb Hamburg sogar von den Schrecken des Dreißigjährigen Krieges verschont. Im Gegenteil, viele Flüchtlinge kamen in dieser Zeit nach Hamburg, die Stadt erlebte einen wirtschaftlichen Aufschwung, von dem andere Orte nicht einmal träumen konnten.

Ab etwa Ende des 18. Jahrhunderts wurde der Wall nicht mehr als so wichtig angesehen und deshalb **ab 1820 abgebaut und umgewandelt.** Und da bewiesen die Hamburger ausnahmsweise mal keinen Geschäfts-, sondern eher Gemeinschaftssinn und gestalteten den früheren Festungswall in eine **Parklandschaft** um. Fast die gesamte Anlage zwischen Elbe und Alster ist heute ein durchgehender Park mit dem plattdeutschen Namen Planten un Blomen („Pflanzen und Blumen"), mitten in der Innenstadt. Nur das Teilstück zwischen Dammtor und Alster wurde für die Gestaltung der Kunsthalle und des Hauptbahnhofs abgebaut. Von den ehemals 22 Bastionen kann man noch eine erkennen, die **Bastion Rudolfos** steht unterhalb des Cafés Schöne Aussichten, und auf der ehemaligen **Bastion Casparus** erhebt sich heute das riesige Bismarckdenkmal. Die Bahnschienen zwischen Bahnhof Dammtor und Hauptbahnhof liegen auch auf der früheren Festungsanlage.

97

Wanderung „Der Grüne Ring"

Einmal rund um Hamburg wandern durch ganz viel Grün

Wie komme ich dahin?

Teufelsbrück kann mit der Fähre 62 von den Landungsbrücken und einmaligem Umsteigen in Finkenwerder auf die Fähre 64 erreicht werden. Oder man nimmt den Bus 111 aus der HafenCity, Speicherstadt, Landungsbrücken. Vom S-Bahnhof „Stellingen" fahren die Linien S3 und S21 in die City.

Hamburg besitzt sehr viele Grünanlagen. Da dachten sich wohl einige Verantwortliche: Warum diese ganzen **Grünzonen** nicht durch einen **Wanderweg** verbinden und diesen Weg **einmal um Hamburg herumführen?** Im Abstand von acht bis zehn Kilometer vom Rathaus. So entstand ein sehr schöner Wanderweg mit Namen **„2. Grüner Ring"** (es gibt auch noch einen 1. Grünen Ring, der aber deutlich kürzer ist und nur über einige Kilometer vom Elbpark bis zu den Lombardsbrücken verläuft). Er misst **100 Kilometer** und ist in **acht Etappen** unterteilt, alle in freundlicher Wanderdistanz gestaltet. Jede Etappe kann gut mit Öffentlichen Verkehrsmitteln erreicht werden. Vor Ort ist der 2. Grüne Ring mit einem grünen Symbol und einer 11 (Freizeitroute 11) gekennzeichnet. Für acht Etappen hat sicher kaum ein Besucher Zeit und Muße, aber für eine relativ kurze, sozusagen mal zum Reinschnuppern, könnte es wohl reichen. Deshalb soll hier die **erste Etappe** vorgestellt werden, die vom **Fähranleger Teufelsbrück** an der Elbe ausschließlich durch Grünanlagen über neun Kilometer bis zur **S-Bahn-Station „Stellingen"** führt. Würde man alle acht Etappen absolvieren, stünde man am Ende der letzten Etappe erneut an der Elbe, nur auf der anderen Seite in Finkenwerder und damit genau gegenüber von Teufelsbrück. Zurück an den Anfang ginge es dann mit der Elbfähre 64 einmal quer über den Fluss.

Der Startpunkt „unseres" Abschnitts liegt an der **Kreuzung Elbchaussee mit der Baron-Voght-Straße.** Von dort etwa 10 Meter die Baron-Voght-Straße hochgehen und dann gleich nach links in die Straße **Lünkbarg** einbiegen. Es wird sogleich ruhiger in dieser reinen Wohnzone. Die Straße endet nach ca. 300 Metern in einem Wendehammer, und geradeaus erreicht man schon das erste Grün, den **Wesselhöftpark,** durch den die Kleine Flottbek fließt, die dem Stadtteil Flottbek auch den Namen gab. Spätestens ab hier wird es sehr ruhig, das Verkehrsrauschen der Elbchaussee ist nicht mehr zu hören, stattdessen das vielstimmige Piepen der Vögel und das Rauschen der Blätter. Man staunt über die hochgewachsenen Bäume, die urwüchsige Landschaft und überquert dann eine Straße **(Quellental).** Schon folgt der nächste Park, der **Westerpark.** Dieser war im späten 18. Jahrhundert Teil einer großen Gutsanlage des Kaufmanns Baron *Caspar Voght,* der hier mit Pflanzen und deren Gestaltungsmöglichkeiten experimentierte, sein Hof galt damals als Mustergut (→ **Tipp 53**).

Der weitere Weg führt am **Flottbeker Derby Park** vorbei, wo seit 1920 immer zum Himmelfahrtswochenende das Deutsche Spring- und Dressur-Derby ausgetragen wird. Der Parcours gilt als sehr schwierig, mit einer ungewöhnlich langen Strecke und Naturhindernissen. Bekanntestes Hindernis dürfte die Nr. 14 sein, „Pulvermanns Grab", erschaffen von *Eduard Pulvermann,* nach dem ein schmaler Weg hier beim Reitgelände benannt ist. Bei diesem Hindernis muss nach einem Steil-

Man glaubt es kaum, es gibt Wiesen und Feldwege mitten in Hamburg

sprung ein Wassergraben in einer Senke überwunden werden, gefolgt von einem weiteren Steilsprung. Selbst der Namensgeber hat es angeblich nie fehlerfrei geschafft.

Beim Derby Park geht man nach links entlang der **Jürgensallee** und unterquert dann rechts den **S-Bahnhof „Flottbek"**. Auf der anderen Seite nimmt man den linken Ausgang und geht ein paar Hundert Meter die **Ohnhorststraße** entlang, bevor man nach rechts in die Straße **Hesten** einbiegt. Direkt beim Bahnhof liegt auch der Eingang zum **Loki-Schmidt-Garten;** der frühere Botanische Garten ist heute eine sehr schöne, 7000 Quadratmeter große Gartenanlage der Uni Hamburg. Die Wanderung führt nun erneut durch ein Parkgelände und auch entlang des Loki Schmidt Parks, von diesem allerdings durch einen Zaun getrennt. Man passiert mehrere Sportanlagen, quert auch mal eine Straße (Hemmingstedter Weg), aber insgesamt läuft man beständig in der Natur. An einem kleinen Teich stehen sogar zwei Sitzbänke, die zu einer Rast einladen.

Danach nähert man sich der geschäftigen Zone des Elbe Einkaufszentrums, biegt aber gerade noch vorher an einem Parkhaus rechts ab und geht nun entlang einer **Kleingartenanlage**.

Dann muss die stark befahrene **Osdorfer Landstraße** an der Ampel überquert werden, und weiter geht es zwischen zwei Spielplätzen über den **Eisenkrautweg** durch die Natur. Jetzt wandelt sich das Bild: Es öffnet sich eine **weitläufige Wiese** mit nur vereinzeltem Baumbestand, dafür einem unerwarteten Hügel, im Winter ein Tipp bei Rodlern. Der Park wurde geschaffen nach dem Bau des Elbtunnels (1968–1975): Der ausgehobene Erdboden aus der Elbe wurde hier abgelagert und zur Grünanlage umgestaltet. Vorher befanden sich hier eine Landefläche für Flugzeuge und ein Exerzierplatz des Militärs, da ist die Fläche jetzt doch netter genutzt. Wir befinden uns übrigens im **Lise-Meitner-Park,** benannt nach einer österreichisch-schwedischen Kernphysikerin. Der Name passt hervorragend, da hier auch das eingezäunte Gelände von DESY liegt, an dem man ein Stückchen entlanggeht. DESY steht für **Deutsche Elektronen-Synchrotron** und ist ein Zentrum zur Erforschung und Konstruktion von Teilchenbeschleunigern, wo auf großen unterirdischen Ringbeschleunigern Experimente durchgeführt werden, vielleicht ja sogar, während man oben entlangwandert.

Das DESY-Gelände steht an der **Luruper Hauptstraße,** die an der Ampel überquert wird. Weiter geht es nun in den weitläufigen **Volkspark** über die Stadionstraße bei der Eckkneipe Stadion Eck. Mit „Stadion" ist das des HSV gemeint, das Volksparkstadion, an dem man auch noch vorbeikommt. Da sich bei einem Heimspiel hier Tausende Menschen tummeln, sollte man die Wanderung vielleicht nicht gerade an Spieltagen unternehmen. Über die Stadionstraße geht es bis zum **Dahliengarten** (→ Tipp 87), der nur im Herbst zur Blütezeit der Stauden geöffnet ist. Es ist der älteste noch bestehende Dahliengarten in Europa. Beim Garten geht es nach rechts und nun auf recht breiten Wegen durch diesen weitläufigen Park. Und dann wird auch endlich das **Volksparkstadion** mit seinen Trainingsplätzen erreicht (→ Tipp 86). Das Stadion und das hauseigene Museum kann man besichtigen. Ansonsten wird jetzt zum Schluss-Akkord angesetzt: Auf recht breiten Betonwegen ausschließlich für Fußgänger geht es zum **S-Bahnhof „Stellingen".** In gewisser Weise ist auch dies ein historischer Weg, denn bereits Generationen von HSV-Fans marschierten hier vor und nach den Spielen entlang, immer in dicht gedrängten Massen vom/zum Bahnhof, um mit der S-Bahn an- oder abzureisen. Auf den letzten Metern unmittelbar vor dem Bahnhof geht es durch einen schlauchförmigen Tunnel, aber dann ist man endlich angekommen am Bahnhofsvorplatz, und die Wanderung der ersten Etappe ist beendet. Hoch geht's zum Bahnsteig, und in wenigen Minuten erreicht man wieder die quirlige Innenstadt.

Die beschriebene Wanderung ist 9 km lang, etwa 2 Stunden reine Wegstrecke sollten kalkuliert werden. Einkehrmöglichkeiten sind unterwegs etwas rar gesät.

98

Hamburger Jakobsweg

Einmal sehr kurz pilgern

Wie komme ich dahin?
Die Jakobikirche liegt nahe zum Hauptbahnhof, wo mehrere S- und U-Bahn-Linien halten. Von der Station „Landungsbrücken" fahren S-Bahnen zurück in die City oder auch die U3.

Auch durch Hamburg führt ein Jakobsweg, die **Via Baltica.** Dies ist ein **Fernwanderweg,** der in Ost-West-Richtung durch Norddeutschland verläuft, beginnend an der polnischen Grenze bei Usedom. Von dort führt er über Rostock, Wismar und Lübeck nach Hamburg und weiter über Bremen nach Osnabrück. Wer genug Ausdauer hat, kann von dort noch weiterlaufen, es schließen sich weitere Jakobswege an. So könnte man schließlich auch in Santiago de Compostela in Nordspanien landen, das wären dann aber stolze 2923 Kilometer von Hamburg aus. Ganz so weit muss es ja nicht sein. Hier ein Vorschlag für einen kurzen Weg von **drei Kilometern,** der aus der Innenstadt, an verschiedenen Sehenswürdigkeiten vorbei, bis zu den Landungsbrücken führt.

Ausgangspunkt ist die **Jakobikirche** in der Innenstadt, die auch als Pilgerkirche gilt. Auf dem Jakobikirchhof weist ein Schild in Richtung Santiago de Compostela. Die ersten Schritte führen entlang der **Steinstraße,** und der Weg wird ab der Kirche durch kleine **Aufkleber** mit der Jakobsmuschel und einem Richtungspfeil ausgewiesen. Der erste Hinweis befindet sich am Schaufenster des ehemaligen Kirchencafés, die weiteren kleben überwiegend an den Masten von Straßenschildern und sind leider mitunter nicht so einfach zu entdecken, da viele Masten mit allen möglichen Schildchen beklebt sind, aber man bekommt doch rasch einen Blick dafür. Also, der erste Anhaltspunkt ist die **Petrikirche** (→ **Tipps 5 und 6**), die nach ca. 200 Metern erreicht wird. Danach wird die **Bergstraße** gequert, und es geht weiter durch die **Rathausstraße.** Diese Straße mündet in die **Große Johannisstraße** unmittelbar vor dem prächtigen Hamburger Rathaus, das man an dieser Stelle von der Seite betrachtet. An der Großen Johannisstraße liegt ein Mix aus kleinen Geschäften und Lokalen, in den oberen Etagen haben verschiedene Firmen ihre Büros. Nach ein paar Hundert Metern geht es nach links in die Straße namens **Börsenbrücke** und gleich danach rechts zur **Trostbrücke.** Auf dem Geländer dieser Brücke stehen die Skulpturen von Bischof *Ansgar* und Graf *Adolf III. von Schauenburg;* beide gelten als Gründer von Hamburg (→ **Tipp 14**). Direkt hinter der Brücke erhebt sich das prächtige Gebäude der **Reederei Laeisz** (→ **Tipp 15**). Weiter geht es zum benachbarten **Mahnmal St. Nikolai** (→ **Tipp 17**), und dann wird ein Stückchen entlang der stark befahrenen **Willy-Brandt-Straße** gepilgert. Dabei wird auch der auf der rechten Seite liegende **Hopfenmarkt** mit dem Vierländerin-Brunnen (→ **Tipp 16**) passiert. In Höhe der auffällig verschlungenen **Fußgängerbrücke** biegt man nach rechts ab in den **Kleinen Burstah** und nach wenigen Schritten nach links in den **Großen Burstah.** Schon von Weitem sieht man nun den **Viadukt** der U-Bahnlinie U3, einer Ringbahn, die weitestgehend oberirdisch fährt und tolle Ausblicke ermöglicht (→ **Tipp 99**). Direkt unter dem Viadukt quert man die breite Straße an der Ampel und geht auf das **Steigenberger-Hotel** mit dem breiten Durchgang zu. Dabei überquert man das Alsterfleet auf der **Heiligengeistbrücke.** Der Name geht auf das frühere Heiligengeisthospital zurück, das an dieser Stelle seit dem 13. Jahrhundert stand. Ende des 19. Jahrhunderts wurde es verlegt, und am einstigen Standort entstand das schmucke Gebäude links, in dem viele Jahre eine Finanzbehörde ihren Sitz hatte. Nach dem Durchschreiten der großen Gebäudedurchfahrt wird die **Fleetinsel** erreicht. Es ist ein netter, offener Platz mit Lokalen, einigen Geschäften und einem Hotel. Weiter führt der Weg nach links über die **Michaelisbrücke,** die das Herrengrabenfleet überspannt. Direkt am Fleet stehen noch einige wenige historische Kontorhäuser, die von der Wasserseite früher mit Waren beliefert wurden, während die Kontore auf der anderen Gebäudeseite lagen. Nun geht es geradeaus durch die **Michaelisstraße,** am **Kleinen Michel** vorbei, wie die Katholische Kirche Sankt Ansgar und Sankt Bernhard auch genannt wird. Am Vorplatz fällt eine Figurengruppe aus vier Löwen und *Karl dem Großen* auf; der Herrscher war möglicherweise an der Gründung Hamburgs beteiligt, das ist aber bis heute umstritten. An diesen Skulpturen vorbei geht es abermals zur stark befahrenen **Willy-Brandt-Straße,** dort nach rechts, wo man die Fußgängerunterführung nutzt, um auf die andere Straßenseite zu gelangen, dorthin, wo der Michel steht. Am Ausgang der Unterführung steht die Skulptur der **Zitronenjette,** eines Hamburger Originals (→ Tipp 41). Einer ihrer Finger schimmert ganz gülden, diesen einmal zu berühren, soll Glück bringen. Weiter geht es die Stufen hoch und dann durch den **Krayenkamp** einmal um den Michel herum. Dabei kommt man auch an den **Krameramtsstuben** (→ Tipp 42) vorbei, einem der letzten historischen Häuserensembles von Hamburg. Schließlich stehen die Pilger vor dem **Michel** an der Straße **Englische Planke** (→ Tipp 44) und können ihn noch einmal in voller Pracht bewundern. Nun geht es die Treppen hinunter, parallel zum kleinen Park, und rechts ab in die **Ditmar-Koel-Straße.** Diese führt mitten durch das **Portugiesenviertel** mit seinen zahlreichen portugiesischen und spanischen Lokalen. Außerdem stehen hier die nordischen Kirchen der skandinavischen Länder Dänemark, Schweden, Norwegen und Finnland (→ Tipp 45). Jetzt sind es nur noch wenige Schritte bis zum **Hafenrand** und zu den **Landungsbrücken,** wo dieser Pilgerweg endet, direkt vor dem **Museumsschiff „Rickmer Rickmers“.** Offiziell führt die Via Baltica noch über ca. 20 Kilometer immer entlang des Elbufers bis Wedel, wo man die Fähre über die Elbe nach Lühe nutzen soll, um weiter zu pilgern bis … tja, wer möchte, bis nach Santiago de Compostela, mit dem Zwischenziel Osnabrück …

99

Die U-Bahnlinie 3

Sightseeing-Tour
mit einer oberirdisch fahrenden U-Bahn

Wie komme ich dahin?

In der Innenstadt sind zwei gute Einstiegsmöglichkeiten:
„Mönckebergstraße" oder „Rathaus".
Richtung „Schlump, Barmbek" fahren, das wäre die Richtung der hier beschriebenen Rundfahrt.

Die U3 ist eine **Ringlinie,** die weitestgehend oberirdisch fährt und dabei mehrere Sehenswürdigkeiten passiert, die sich so ganz bequem betrachten lassen. Außerdem durchfährt man mehrere Wohnviertel, mal gehoben-gutbürgerlich, dann wieder fast kleinstädtisch, aber auch frühere Arbeitersiedlungen. Diese Strecke ist die **älteste U-Bahnlinie in Hamburg,** sie wurde bereits 1912 in Betrieb genommen. Die Ringstrecke hat 26 Stationen, davon liegen nur neun unterirdisch. Es gibt ab Haltestelle „Barmbek" noch einen kurzen Seitenarm nach „Wandsbek-Gartenstadt", den wir ignorieren. Ab **„Barmbek"** fährt die U3 einmal im Kreis. Die gesamte Strecke misst 20 Kilometer, nur gut fünf Kilometer verlaufen unterirdisch. Einmal herum dauert die Fahrt etwa 40 Minuten. Also, auf geht's!

Einsteigen kann man natürlich überall, aber in der Innenstadt liegen zwei gute Einstiegsmöglichkeiten, **„Mönckebergstraße"** oder **„Rathaus".** Beide Stationen liegen unterirdisch. Die Station „Hauptbahnhof Süd" liegt ebenfalls in der City, ist aber weniger zu empfehlen, da in diesem großen und etwas unübersichtlichen Bahnhof viele Linien kreuzen. Also, hinunter in den Tunnel und zum Bahnsteig, wo die **Züge Richtung „Schlump, Barmbek"** fahren. Kurz nach Abfahrt aus der Station „Rathaus" kriecht der Zug betont langsam aus dem Tunnel an die Oberfläche und erklimmt einen Viadukt. Erster Halt ist **„Rödingsmarkt",** hier erspäht man schon das Hafenpanorama. Ab hier fährt der Zug entlang des Hafens und ermöglicht einen freien Blick auf die Speicherstadt und die Elbphilharmonie auf der linken Seite. Kurzer Stopp am **„Baumwall",** wo rechts das auffällige Verlagsgebäude von „Gruner + Jahr" auf Stelzen steht und sich links das beeindruckende **Hafenpanorama** öffnet. Man blickt auf die Elbe, auf große und kleine Schiffe, auf zwei Musical-Theater auf der anderen Elbseite und auch auf zwei große und sehr beeindruckende Schiffe, das Museumsschiff „Cap San Diego" und das Segelschiff „Rickmer Rickmers". Aber auch zur anderen Seite lohnt ein Blick, denn dort erhebt sich Hamburgs Wahrzeichen, der **Michel,** die Hauptkirche St. Michaelis.

Dann folgt die Station **„Landungsbrücken",** und kurz danach taucht die U3 ab in einen Tunnel. Der nächste Halt ist **„St. Pauli".** Dieser Bahnhof liegt am Beginn der Reeperbahn, und natürlich ist hier immer sehr viel los. Auch am nächsten Stopp **„Feldstraße"** steigen viele Menschen ein und aus, denn hier liegt das Fußballstadion des FC St. Pauli, außerdem das riesige Freigelände Heiligengeistfeld, wo dreimal im Jahr das große Volksfest namens Dom stattfindet. Weiter geht es zur **„Sternschanze",** einem sehr legeren Kneipenviertel. Dann folgt die Station **„Schlump",** ein wichtiger Kreuzungspunkt mit der U2. Auch hier sind immer viele Menschen unterwegs, und es geht oft etwas hektisch zu. Nach „Schlump" fährt die U3 wieder oberirdisch auf einem Viadukt durch die etwas feineren und gutbürgerlichen Viertel **Harvestehude** und **Eppendorf.** Erste Station ist **„Hoheluftbrücke",** entlang der folgenden Haltestellen **„Eppendorfer Baum"** und **„Kellinghusen-**

Eigentlich müsste die U3 doch O3 heißen, schließlich fährt sie größtenteils o-berirdisch, wie hier durch Eppendorf

straße" stehen viele schicke Häuser aus der Gründerzeit, teilweise sogar direkt am Wasser des Isebekkanals. Unterhalb des U-Bahn-Viadukts findet zwischen „Eppendorfer Baum" und „Hoheluftbrücke" am Dienstag und Freitag zwischen 8.30 und 14 Uhr der sehr beliebte **Isemarkt** statt. Dieser Wochenmarkt ist sehr schmal, zieht sich aber dafür etwa einen Kilometer in die Länge. Hier kaufen die zumeist gut betuchten Anwohner gerne ein, und ein Gang über den Markt bietet ganz spezielle Eindrücke (→ **Tipp 88**). Ab **„Kellinghusenstraße"** schwenkt die Bahn nach Osten, und es geht weiter über **„Sierichstraße"**, **„Borgweg"** und **„Saarlandstraße"** nach **„Barmbek"**. Von „Borgweg" bzw. „Saarlandstraße" ist es nur ein kurzer Fußweg bis zum großen Stadtpark, einer schönen grünen Lunge mit einem See, einer Freiluftbühne und einem tollen Planetarium.

Dann wird **„Barmbek"** erreicht. Hier muss man die **U-Bahn wechseln,** dazu einfach in den gegenüber wartenden Zug am gleichen Bahnsteig steigen. Weiter geht es mit der U3, ausgeschildert ist zunächst „Hauptbahnhof Süd, Schlump", aber diese Bahn fährt tatsächlich einmal um die Ringstrecke und endet dann wieder in Barmbek. Ganz nahe des Bahnhofs „Barmbek" befindet sich das **Museum der Arbeit** (gleich rechts vom großen Globetrotter-Shop), wo auch der riesige Bohrer „TRUDE" ausgestellt ist, der die vierte Röhre für den Elbtunnel durch den Elbboden

Nach links: freier Blick auf den Hafen aus der U3

grub (→ Tipp 84). Nun geht es zurück in die City, weiterhin oberirdisch. An den folgenden Stationen **„Dehnhaide"** und **„Hamburger Straße"** findet man eher geerdete Wohnverhältnisse, früher waren das hier klassische Arbeitersiedlungen. An der Station **„Mundsburg"** fallen die drei Wolkenkratzer von jeweils etwa 100 Meter Höhe auf. Sie entstanden Anfang der 1970er Jahre. In zweien der „Mundsburg-Türme", wie sie auch genannt werden, sind kleine Wohnungen untergebracht, im dritten Turm Büros, unten befindet sich obendrein ein großes Einkaufszentrum. Die folgende Station **„Uhlandstraße"** liegt nahe zur Außenalster. Wer einen schönen Fernblick über dieses Binnengewässer werfen möchte, könnte hier aussteigen und hinspazieren (→ Tipp 70). Auch zu Fuß ließe sich die Innenstadt dann in einem Spaziergang entlang des Alsterufers erreichen, obendrein liegen dort auch vereinzelte Bistros direkt am Wasser. Die U3 fährt weiter über **„Lübecker Straße"** zum **„Berliner Tor"** (ab hier unterirdisch). Letztere ist heute ein wichtiger Kreuzungspunkt von U- und S-Bahnen, früher befand sich hier tatsächlich ein Tor im Stadtwall, durch das die Straße nach Berlin führte. Danach wird der **„Hauptbahnhof Süd"** erreicht, ein sehr verwinkelter und weitläufiger Bahnhof mit vielen Umsteigemöglichkeiten. Nur eine Haltestelle weiter liegt die Station **„Mönckebergstraße"**, wo unsere Rundreise begann.

100

Linienbus Nr. 111

Vorbei an siebzehn Sehenswürdigkeiten

Hamburg hat ein dichtes Bussystem mit einer Vielzahl von Linien, das natürlich auf die Bedürfnisse der Hamburger Bewohner zugeschnitten ist. Was es sehr lange nicht gab, war eine **Linie, die sich auch gut für Touristen eignet.** Das aber ist Geschichte. Seit ein paar Jahren fährt die Linie 111 auf einer Route, wie sie kaum besser für Hamburg-Besucher eingerichtet sein könnte. Grob gesagt fährt der Bus entlang der Elbe, schwenkt einmal über die Reeperbahn, kehrt dann zurück ans Elbufer und rollt schließlich durch die Speicherstadt und die HafenCity. Insgesamt passiert er dabei 17 wichtige Sehenswürdigkeiten, wobei es eigentlich noch mehr sind, aber so wird diese Linie offensiv beworben: „Alle 111 Sekunden passiert der Bus eine von 17 Hamburger Sehenswürdigkeiten".

Ausgangspunkt ist der **Fähranleger Teufelsbrück** direkt an der Elbe, knapp außerhalb der Innenstadt. Von dort geht es über die Elbchaussee in Richtung des Stadtteils **Altona,** der früher eine eigenständige Stadt war (→ Tipp 77). Der Bus hält dabei auch am strahlend weißen Rathaus von Altona, das früher einmal ein Bahnhof war. Direkt danach passiert der Bus den Altonaer Balkon, einen Aussichtspunkt, von dem man aus 27 Meter Höhe einen fulminanten Blick auf den Hafen hat. Der Bus rauscht nun die abschüssige **Kaistraße** hinunter, biegt scharf nach links ab und fährt weiter **entlang der Elbe.** Passiert dabei den **Kreuzfahrtterminal,** wo früher die Englandfähre anlegte, und auch das benachbarte, sehr auffällige Gebäude **Dockland** (→ Tipp 49). Der Blick aus dem Bus-

---

Wie komme ich dahin?

Teufelsbrück kann erreicht werden per Hafenfähre ab Landungsbrücken, Brücke 3, mit der Linie 62, die hinüber ans andere Elbufer nach Finkenwerder fährt. Dort umsteigen auf die Fähre Nr. 64, die von Finkenwerder nach Teufelsbrück schippert.

Wer die umgekehrte Strecke befahren möchte, kann die U4 nehmen bis Station „HafenCity Universität".

fenster wandert hinüber zur anderen Elbseite, wo sich der riesige **Containerhafen** ausbreitet. Dort machen die Containerschiffe fest und werden von gewaltigen Kränen entladen. Der 111er fährt weiter über die **Große Elbstraße,** die Fisch-Meile mit zahlreichen Bistros, Restaurants und Händlern (→ Tipp 47). Der legendäre sonntägliche Fischmarkt (5–9.30 Uhr, im Winter ab 7 Uhr) findet aber nicht hier statt, sondern noch ein Stückchen weiter, etwa in Höhe Fischauktionshalle. Dann, also am Sonntagvormittag, fährt die Linie 111 hier nicht entlang, erst wieder am Nachmittag. Jetzt entfernt sich der Bus kurz vom Hafen, schnauft eine etwas steile Straße hoch und erreicht die **Reeperbahn.** Die zeigt sich am hellen Tag eher etwas trist, das glitzernde Leben auf St. Pauli beginnt erst spät. Dennoch kann man einen kurzen Blick auf die vielen Bars, Clubs und Erotik-Läden werfen und bei Interesse am Abend zurückkehren. Der Bus schwenkt in Höhe **Davidwache,** dem kleinsten Hamburger Polizeirevier, nach rechts und fährt über die Davidstraße wieder hinunter zum Elbufer. Vorher passiert er auch die Herbertstraße (rechte Seite), eine reine Prostitutionsstraße, deren Eingang durch Sichtblenden versperrt ist. Der Durchgang ist für Frauen und für männliche Personen unter 18 Jahren verboten. Unten an der Elbe angekommen, liegt rechts der **Kuppelbau zum Alten Elbtunnel** (→ Tipp 46), und etwas weiter werden die **Landungsbrücken** erreicht. Das ist einer der touristischen Hotspots der Hansestadt mit Lokalen, Fischbrötchen und mächtig viel Hafenflair.

Weiter geht's, und jetzt einmal kurz nach links geschaut, kann man beim Vorbeifahren einen Blick auf Hamburgs Wahrzeichen, den **Michel,** erhaschen. Kurzfristig rollt der Bus fast unterhalb des Viadukts, auf dem die U-Bahn U3 fährt (→ Tipp 99). Am Baumwall (auch ein Bahnhof der U3) biegt der 111er ab, und schon hat man das neue Hamburger Wahrzeichen im Blick, die **Elbphilharmonie.** Der Bus hat dort ganz in der Nähe natürlich auch eine Haltestelle. Dann fährt die Linie 111 zwischen Speicherstadt-Backstein-Gebäuden (links) und hochmodernen Wohngebäuden mit sehr viel Glas (rechts) zu den **Magellan-Terrassen,** einer recht großen Freifläche, die als eine der ersten in der Speicherstadt fertig wurde. Sie liegt direkt am Traditionsschiffhafen und bietet einen tollen Blick auf die „Elphi". „Einen Schlag weiter", wie man im Segler-Slang manchmal auch in Hamburg sagt, wird der sehr auffällige **Marco Polo Tower** erreicht, ein eigenwilliges, 55 Meter hohes Wohnhaus mit überkragenden Etagen. Dann fährt der Bus am Überseequartier vorbei und biegt ein in die **Osakaallee.** An der dortigen

Auch das schneeweiße Rathaus Altona passiert der Bus Nr. 111

Haltestelle steht das **Monument für den Piraten Klaus Störtebeker** (→ **Tipp 29**), und jenseits der kurzen Fußgängerbrücke erhebt sich das große **Maritime Museum.** Jetzt ist die Reise fast beendet. Ein Stopp erfolgt bei der **HafenCity Universität** (auch gleichnamige U-Bahn-Station) und derzeitige Endhaltstelle ist **Baakenhöft.** Nach einer kleinen Pause fährt der 111er dann wieder zurück nach Teufelsbrück.

Frequenz der Linie 111: alle 20 Minuten
Fahrtdauer der gesamten Strecke: 54 Minuten

Anhang

Thematischer Schnellfinder

Architektur
3 7 8 10 11 16 23 25 32 34 38 40 42 46 48 49 53 54 84 89

Ausblicke
1 6 17 32 36 46 49 51 63 70 94 95

Brücken
14 37 40 52 67 71 92 95

Denkmäler, Gedenkstätten und Skulpturen
2 17 20 21 22 24 29 30 37 39 41 43 50 57 58 63 68 72 73 79 81 82 86 88 90

Einkaufen und Essen
3 12 13 41 47 49 51 92 93

Feste und Märkte
9 16 19 45 47 66

Geschichte
2 4 5 7 8 9 10 11 12 14 15 16 18 20 22 23 26 27 29 30 34 37 38 39 42 43 44 46 54 55 58 67 71 72 73 77 79 80 85 88 90 96

Kirchen
6 17 31 35 43 44 45 46 58 81 91

Kunst und Kultur
3 5 12 13 16 17 20 21 22 23 26 28 31 32 44 55 56 57 59 64 69 75 76 82

Museen
15 24 25 27 32 38 42 51 79 83

Natur
19 36 51 63 65 66 70 74 87 92 97

Parks
53 59 64 65 74 75 80 81 87 96 97

Persönlichkeiten
2 14 22 27 29 37 39 41 43 50 53 56 57 64 68 81 86

Sightseeing
36 51 60 61 66 94 95 98 99 100

Skurriles und Interessantes
8 11 14 15 18 21 22 27 28 33 35 40 41 62 77 84 85 91

Spaziergänge und Wanderungen
36 51 52 61 63 66 69 70 71 78 80 92 96 97 98

Verkehrsmittel
1 35 60 66 67 83 93 94 95 99 100

HAM
BURG
CARD
%
HAMBURG CARD
ab 10,90 €*
Genießen SIE HAMBURG
MIT ALLEN VORTEILEN!
Überall freie Fahrt mit Bus, Bahn & Hafenfähren
%
Bis zu 20 % Ermäßigung bei über 150 Attraktionen
Immer up-to-date mit der Gratis-App
Online auf der Hamburg Tourismus
Website oder direkt über die App
„Hamburg – Erleben & Sparen"
#weilwirhamburgsind
SCAN ME
Hamburg
Tourismus
*Stand: 12/2020 | Hamburg Tourismus GmbH
Wexstraße 7 | 20355 Hamburg
Foto: gettyimages.de

Register

A

B

C

H

I

J

K

S

T

U

V

W

Z

Zugspitze, Foto: Aneta Niemitz

Impressum

Hans-Jürgen Fründt
Reise Know-How Mein Hamburg – 100 Entdeckungen für Feierabendflaneure & Wochenendhanseaten

erschienen im
Reise Know-How Verlag Peter Rump GmbH, Osnabrücker Str. 79, 33649 Bielefeld

1. Auflage 2022

ISBN 978-3-8317-3460-3

Gestaltung und Bearbeitung
Cover: der Verlag; Umschlag: der Verlag; Inhalt: Günter Pawlak, der Verlag
Karten: Thomas Buri
Titelfoto: Isadora Tast (Blick Richtung HafenCity mit Elbphilharmonie)
Fotonachweis: Archäolgisches Museum Hamburg (S.30),
Hans-Jürgen Fründt (S. 36, S. 39, S. 54, S. 63, S. 79, S. 109, S. 250, S. 271, S. 305,); Isadora Tast (alle anderen Bilder)
Lektorat: Andrea Hesse

Druck und Bindung: Hinckel-Druck GmbH, Wertheim

Bibliografische Information der Deutschen Nationalbibliothek
Die Deutsche Nationalbibliothek verzeichnet diese Publikation in der Deutschen Nationalbibliografie; detaillierte bibliografische Daten sind im Internet über http://dnb.dnb.de abrufbar.

Reise Know-How Bücher finden Sie in allen gut sortierten Buchhandlungen. Falls nicht,
kann Ihre Buchhandlung unsere Bücher hier bestellen:
D: Prolit, prolit.de und alle Barsortimente
CH: AVA Verlagsauslieferung AG, ava.ch
A: Freytag-Berndt und Artaria KG, freytagberndt.com
B, LUX, NL: Willems Adventure, willemsadventure.nl
oder direkt über den Verlag: **www.reise-know-how.de**

Wir freuen uns über Kritik, Kommentare und Verbesserungsvorschläge,
gern per E-Mail an **info@reise-know-how.de.**
Da die längerfristigen Folgen der Corona-Pandemie gerade für kleine und mittlere Betriebe im Tourismus- und Kulturbereich kaum abzuschätzen sind, bitten wir um Nachsicht, wenn sich in dieser Ausgabe des Buches Informationen finden, die nicht mehr den Gegebenheiten vor Ort entsprechen. Alle Informationen in diesem Buch sind vom Autor mit größter Sorgfalt gesammelt und vom Lektorat des Verlages gewissenhaft bearbeitet und überprüft worden. Da inhaltliche und sachliche Fehler nicht ausgeschlossen werden können, erklärt der Verlag, dass alle Angaben im Sinne der Produkthaftung ohne Garantie erfolgen und dass Verlag wie Autor keinerlei Verantwortung und Haftung für inhaltliche und sachliche Fehler übernehmen.Die Nennung von Firmen und ihren Produkten und ihre Reihenfolge sind als Beispiel ohne Wertung gegenüber anderen anzusehen. Qualitäts- und Quantitätsangaben sind rein subjektive Einschätzungen des Autors und dienen keinesfalls der Bewerbung von Firmen oder Produkten.

Foto: AdobeStock, EVERST

Schreiben Sie uns!

Wir hoffen, dass Ihnen dieser Reiseführer gefällt und er Ihnen ein guter Begleiter auf einer außergewöhnlichen und spannenden Reise ist.

Weil ein Reiseführer von Erfahrungen lebt, sind wir an Ihren Erlebnissen interessiert: Haben Sie in unserem Buch ein Restaurant entdeckt, das es nicht mehr gibt, eine Sehenswürdigkeit, die wir noch nicht aufgeführt haben, oder eine falsche Adresse? Dann schreiben Sie uns! **Wir nehmen jeden Hinweis und jede Kritik ernst und arbeiten kontinuierlich daran, die Bücher aktuell zu halten und immer weiter zu verbessern.** Jede Mail wird gelesen und beantwortet. Auch wenn wir nicht jeden Wunsch erfüllen können, machen wir uns immer Gedanken über Ihre Anmerkungen.

Schreiben Sie uns:
per Mail an info@reise-know-how.de oder an
Reise Know-How Verlag Peter Rump GmbH, Postfach 140666, 33626 Bielefeld

Wenn sich Ihre Infos direkt auf das Buch beziehen, würde uns die Angabe der Seitenzahl und der Auflagenzahl bzw. des Erscheinungsjahres Ihrer Ausgabe die Arbeit sehr erleichtern. Besonders hilfreiche Beiträge und Ergänzungen zu den Büchern belohnen wir mit einem Sprachführer Ihrer Wahl aus der über 240 Bände umfassenden „Kauderwelsch"-Reihe.

Herzlichen Dank und gute Reisen
Ihr Reise Know-How Verlag

Liebe Leserin, lieber Leser,

ein unabhängiger Verlag für unabhängig Reisende – das sind wir, der Reise Know-How Verlag aus Bielefeld, eines der letzten Familienunternehmen in der Branche. Obwohl wir zu den größten Reiseführerverlagen Deutschlands gehören, ist der familiäre Umgang miteinander in allen Bereichen des Verlagslebens zu spüren: In der Geschäftsführung in zweiter Generation, in einer wertschätzenden Arbeitsatmosphäre, in der Nähe zu unseren frei arbeitenden Autorinnen und Autoren, im engen Austausch mit unseren Leserinnen und Lesern – und auch in der Zusammenarbeit mit Druckereien in Deutschland, in denen wir ausschließlich und regional unsere Bücher produzieren. Die sollen schließlich erst mit Ihnen auf große Reise gehen.

Alles, was wir in unsere Bücher und Landkarten stecken, soll Ihnen eines ermöglichen: Auf Ihre ganz eigene, individuelle Weise die Welt zu entdecken. Wir wünschen Ihnen viel Freude und unvergessliche Erlebnisse mit diesem Reiseführer.

Es grüßen herzlich
Peter Rump & Wayan Rump

ST. PAULI
ELBE
4
Ring 2
Stresemann-str.
Budapester Str.
Holsten-str.
Reeperbahn
Königstr.
Millerntordamm
Neuer Kamp
Feld-
St. Pauli Fischmarkt
St. Pauli Hafenstr.
Helgoländer Allee
Glacis-
Schanzen-str.
Schulterblatt
Lippmannstr.
Juliusstr.
Mistralstr.
Paulsen-platz
Dohmweg
Allee
Wohlers-park
Wohlers
Lerchenstieg
Bei der Schilleroper
Jäger
Grünen
Beim
Ludwigstr.
Sternstr.
Augusten-passage
Beckstr.
Stern-str.
Schlachthof-passage
Vorwerkstr.
Laeiszstr.
Graben-
Markt-str.
Ölmühle
Turmstr.
Mat-hildenstr.
Neuer Pferde-markt
FELDSTR.
Norderreihe
Thaden-str.
Bernstorf-str.
Schmidt-Rottluff-Weg
Lerchen-str.
Brunnen-hofstr.
Bleicherstr.
Wohlwillstr.
Reihe
U-Bahn-
Sportplatz-reihe
Stadionreihe
St.-Pauli-
Millerntor-Stadion
Heiligengeistfe
Otzen-str.
Carlebachstr.
Saß-str.
Winklers-platz
Schepler-
Gilbertstr.
Am Brunnenhof
Paulinenstr.
Paulinen-platz
Brigittenstr.
Lamm-str.
Gerritstr.
Paul-Roosen-Str.
Hoyer-Str.
Annenstr.
Hummelreihe
Südreihe
St.-Pauli-Reihe
W.-Möller-Park
Kl. Freiheit
Große Freiheit
Talstr.
Hein-
Clemens-Schulz-Str.
Rendsburger Str.
Bremer-Str.
ST. PAULI
Louise-Schroeder-Str.
Simon-von-Ultrecht-Str.
Schmuckstr.
Kl. Marienstr.
Hamburger Berg
Hein-Hoyer-Str.
Seiler-str.
Detlev-
Seilerstr.
Kleine
Millern-torplatz
Nobistor
Beatles-Platz
REEPERBAHN
Hutmacher-hof
Trommelstr.
Finkenstr.
Herrenweide
A. Nobis-teich
Bertha-Keyser-W.
Silber-sackstr.
Querstr.
Hans-Albers-Pl.
David-str.
Spielbuden-platz
Taubenstr.
Trichter
Beim
Zirkusweg
Am Elbpark
Alter Elbpar
Hexenberg
Lincolnstr.
Silber-sackw.
Hein-Köllisch-Pl.
Friedrichstr.
Gerhard-str.
Herbert-str.
Kastanien-allee
Hopfen-str.
Hamburger Hochstr.
Antonistr.
Balduinstr.
Erichstr.
Seewartenstr.
Seewar
Alfred-Wegener-
Lange Str.
Heid-rittterstr.
Bernhard-Nocht-Str.
Davids-treppe
Davidstr.
Bei der Erholung
Balduin-treppe
Pinnasberg
LANDUNGSBRÜCKEN
Bei den St. Pauli-Landungsbrücken
St. Pauli Landungsbrücken
Alter Elbtunnel
80
58
56
55
57
54
37
36
46
40
59
0
100 m